航空公司应急管理

池 宏 祁明亮 高敏刚 李加莲 等 著

科学出版社
北京

内 容 简 介

作者长期从事突发事件应急管理研究与航空公司运作管理研究，奠定了本书将突发事件应急管理一般理论与航空公司应急管理实践紧密结合的基础。本书首先从航空公司突发事件的机理分析入手，阐述航空公司应急管理体系架构，进一步围绕应急预案，建立应急预案编制与评估方法、应急响应程序模块化模型、应急响应程序时效性评估模型、应急响应程序重构模型、应急处置团队能力评估模型；为应对大面积航班延误，建立航班延误顺延情景分析模型。

本书为航空公司管理者、应急管理理论研究的学者、高校学生等提供了一套航空运输企业应急管理理论与方法，也为企业、基层社会组织的突发事件应急管理工作提供了一个应用案例。

图书在版编目（CIP）数据

航空公司应急管理/池宏等著. —北京：科学出版社，2018.1
ISBN 978-7-03-056425-2

Ⅰ.①航… Ⅱ.①池… Ⅲ.①航空公司-运营管理 Ⅳ.①F560.6

中国版本图书馆 CIP 数据核字（2018）第 017275 号

责任编辑：陶 璇 / 责任校对：贾娜娜
责任印制：吴兆东 / 封面设计：无极书装

科学出版社 出版
北京东黄城根北街 16 号
邮政编码：100717
http://www.sciencep.com

北京京华虎彩印刷有限公司 印刷
科学出版社发行 各地新华书店经销

*

2018 年 1 月第 一 版　开本：720×1000　1/16
2018 年 1 月第一次印刷　印张：14 3/4
字数：290 000
定价：98.00 元
（如有印装质量问题，我社负责调换）

序

  2003年的非典疫情导致北京许多单位都停止正常工作，全社会都在积极应对这场史无前例的大疫情。当时也"被放假"的我和我的学生池宏通过电话一起讨论疫情现象和应对过程，提出了以动态博弈网络来辅助应急管理的技术，将应急过程看成一个应急管理者与突发事件之间的博弈，用网络计划表达处置过程，应对中要根据事态的变化，及时调整网络计划，直到事件得以控制。这个技术的提出并非灵光乍现，要感谢恩师华罗庚先生带领我们推广统筹方法的长期实践，使我不断深入领会统筹方法的内涵和精神实质。

  疫情结束后，在时任中国科学院研究生院工程教育学院院长黄钧的大力支持下，我们开设突发事件应急管理讨论班，开展突发事件应急管理研究、搜集案例并开展教学。2004年我们受中华人民共和国国家新闻出版广电总局委托开展安全播出应急保障机制研究工作，经过一段时间的探索，结合课堂案例教学活动，2006年出版了研究生教材《突发事件应急管理》。

  2006年之后，国家应急管理体系也不断加快建设的步伐，航空公司作为以安全第一为准则的企业也积极开展应急机制建设工作。但是，经过一些突发事件的实践发现，航空公司要建立统一指挥、灵活有效的应急管理机制，还需要方法论的支撑。

  2008年夏天，在时任中国国际航空股份有限公司（简称国航）副总裁宋志勇先生的提议下，在国航培训部的一个教室里，我们与国航一线部门主管一起，用了一周的时间，对"飞机空中机务故障应急预案"进行了充分研讨，制定了《首都机场飞机起落架放不下故障救援应急预案》范本，总结出了空中支援、地面准备、地面救援、事件恢复等空中机务故障的应急救援阶段流程，形成了航空公司操作预案编制方法，逐步确立以事件为中心，操作预案为抓手，信息系统为支撑的航空公司应急管理体制机制建设与完善的工作思路，开展"航空公司应急管理体系建设"研发项目，项目实施的过程也是民航业务专家与管理专家不断相互学习，相互促进应急管理研究的过程。

  我们的研究丰富和完善了航空公司突发事件的概念和内涵。突发事件不再局限于空难或航空器受损等传统认识，而是扩展到所有影响航班安全或航班正常性的事件。

  项目实施是一个将理论应用到实践，并不断丰富理论的研究过程。该书中的操作预案编制、应急响应程序模块化、应急响应程序重构、应急响应程序时效性评估、应急能力评估等方法，都是对动态博弈网络技术理论与方法的丰富。

项目实施也是将业务专家管理经验升华为管理知识的过程。对大面积航班延误的分析、航班计划调整等问题的研究，都是在业务专家全力参与之下形成的。

2009年，国际民航组织（International Civil Aviation Organization，ICAO）发出《安全管理手册》咨询通告，俗称蓝皮书，将"应急响应与预案"作为安全管理体系中的重要组成部分。中国民用航空局（Civil Aviation Administration of China，CAAC）及时引进，咨询通告中第一次系统阐述了安全管理体系的框架。该书是《航空公司安全管理》的姊妹篇，是在安全管理体系框架下，对航空公司应急管理中的具体问题与方法的论述，为航空公司应急管理体系提供了一个可操作、可借鉴的建设样本。

研究突发事件应急管理，就是给决策者提供做好"减法"的工具。长期以来，我国在建设与发展过程中都在盯着如何做好"加法"，而忽略了"减法"，随着我国经济水平的日益提高，做好"减法"也是经济发展和社会稳定的重要基础，应该并必将受到全社会的重视。

计 雷

2017年夏于北京

前　　言

　　我国航空公司系统开展突发事件应急管理工作的时间并不长，2006 年，我国开始建立国家突发公共事件应急预案体系，民航预案作为专项预案成为国家预案体系的一部分，航空公司也开展了相应的应急预案编制工作。为了提高航空公司应急预案的操作性，完善航空公司应急管理机制，2008~2012 年，作者与航空公司的专家一起，开展了航空公司应急管理体系的建设工作，系统梳理航空公司的突发事件类型，建立操作预案，完善应急管理体系，研究大面积航班延误、航班计划调整、应急响应程序重构等问题。研究期间，国际民航组织于 2009 年发布的第一版《安全管理手册》指出，应急响应是安全管理体系的组成部分。中国民用航空局也出台了相应的咨询通告，建议并鼓励航空公司加强安全管理体系建设工作。该项研究工作也成为航空公司安全管理体系建设的重要组成部分。本书将系统整理航空公司应急管理体系建设过程中的研究工作，希望能供航空公司应急管理工作人员参考和借鉴，也能对从事应急管理研究的科研工作者有所启发。

　　本书中航空公司面临的突发事件是指在航班运行中发生的、可能或者已经影响航班安全或航班正常性的事件，包括危及单个航班运行安全的事件和打乱正常航班计划的事件两大类。前者主要包括航空器故障类、运输安全类、医疗卫生类、人为破坏类，后者包括由大雪、雷雨等天气原因引起的大面积航班延误。两者对应急管理工作提出的需求不同，危及航班安全的突发事件在应急处置中对应急程序的要求更显著，在应急准备上要更加关注合理、科学、可操作的应急响应程序，它是保障有效应对的基础，围绕应急程序，应急准备工作还包括应急演练、应急管理体系建设、应急管理信息系统建设等。而大面积航班延误则主要关注的是在影响因素（如天气原因、机场原因等）结束后如何尽快地恢复航班计划。应急处置阶段的决策问题也不相同，前者需要快速生成响应程序，后者需要确定如何进行航班计划调整。

　　本书介绍应急管理工作的一般内容，包括航空公司突发事件类型、航空公司应急管理体系和应急响应程序编制方法，希望对航空公司应急管理日常业务有借鉴意义。同时围绕应急响应程序在实施过程中的动态调整开展研究，包括应急响应程序模块化、应急响应程序重构等问题研究，应急响应程序时效性评估、应急处置能力评估，以及航班延误波及分析、航班计划调整方法、地面服务保障人员调配方法等。

具体安排如下。

第 1 章介绍应急管理的一般理论与主要研究问题，综述我国民航应急管理的现状。

第 2 章对航空公司突发事件进行分类，主要分为航空器故障、危险品泄漏、空中颠簸、医疗急救、人为破坏及大面积航班延误等，并分别分析各类事件的主要发展过程。

第 3 章从分析应急管理的日常准备业务、应急响应业务入手，建立航空公司应急管理体系框架。

第 4 章阐述应急预案的三个层次以及应急响应程序编制方法和网络化表达。

第 5 章介绍智慧预案的整体架构及实现智慧预案的关键技术——动态博弈网络技术的定义和内涵。

第 6 章研究在应急响应程序网络化表达的基础上，从多个响应程序中，找出行动之间逻辑关系固定、实现功能相对完整的子图，形成响应行动模块。

第 7 章以影响应急响应行动效果的资源（包括行动执行者）数量和质量及完成时间等要素为基础，同时考虑前序行动对后序行动的影响，构建时效性函数，评价应急响应程序的预期效果。

第 8 章阐述应急响应程序如何面对变化的情况，快速地进行生成与调整的问题和重构方法。

第 9 章在应急响应程序的基础上，利用题目反应模型建立应急团队能力评估方法，并建立系统动力学模型，模拟救援过程，用救援仿真结果评估救援能力。

第 10 章针对航班延误事件，建立航班延误时间的概率分布函数；建立顺延情景分析模型，辅助航班计划调整；研究资源量与开工时刻双重约束下的航空公司地面作业排序问题。

第 11 章研究航空公司应急管理信息系统的主要功能，阐述应急演练子系统的功能设计框架。

全书由池宏负责总策划，第 1 章、第 2 章由祁明亮、池宏负责完成；第 3 章由池宏、祁明亮、许保光负责完成；第 4 章、第 6 章由祁明亮、池宏、许保光负责完成，邓婕参与第 6 章的研究工作；第 5 章由邵雪焱、池宏负责完成；第 7 章由李加莲、池宏负责完成；第 8 章由石彪、邵雪焱、池宏负责完成；第 9 章由池宏负责完成，张雪参与第 9 章的研究工作；第 10 章由高敏刚、许保光、池宏负责完成；第 11 章由祁明亮、池宏、许保光负责完成。全书的章节设计及统稿校对工作由池宏负责完成。在研究和书稿撰写中，得到了计雷、高柱先生的悉心指导，在此表示衷心的感谢。本书得到了国家自然科学基金（编号：70671098、71401162）

和中国科学院科技战略咨询研究院重大研究任务课题（编号：Y201161Z03、Y201181Z01）经费资助，在此表示感谢。

池 宏

2017年5月6日

目 录

序
前言
第1章 应急管理概述···1
  1.1 应急管理的基本概念···1
  1.2 应急管理一般理论概述·······································2
  1.3 民用航空突发事件应急管理···································6
  1.4 本章小结···10
  参考文献··10
第2章 航班生产中的突发事件类型····································13
  2.1 航空公司生产运行概述······································13
  2.2 事件类型··16
  2.3 过程分析··16
  2.4 本章小结··21
第3章 航空公司应急管理体系·······································22
  3.1 航空公司应急管理业务分析··································23
  3.2 航空公司应急管理体系框架··································26
  3.3 应急管理体系建设··33
  3.4 本章小结··36
第4章 航空公司应急预案的编制与评估·······························37
  4.1 应急预案的内容··37
  4.2 应急响应程序的数字化表达和存储····························38
  4.3 应急响应程序编制方法······································39
  4.4 预案评估··45
  4.5 本章小结··54
第5章 智慧预案···55
  5.1 "智慧预案"简介··55
  5.2 "智慧预案"建设的若干关键问题······························57
  5.3 本章小结··60
  参考文献··60

第 6 章 应急响应程序模块化问题·················61
6.1 问题描述·················61
6.2 模块化模型·················64
6.3 算例分析·················67
6.4 本章小结·················76

第 7 章 应急响应程序时效性评估·················77
7.1 应急响应程序时效性评估问题描述·················77
7.2 应急响应程序时效性评估概念模型·················78
7.3 资源一批到达情形下应急响应程序时效性评估函数构造·················80
7.4 本章小结·················101

第 8 章 应急响应程序重构问题·················102
8.1 应急响应程序重构问题描述·················102
8.2 资源无约束下的应急响应程序重构方法·················104
8.3 资源有约束下的应急响应程序重构方法·················114
8.4 本章小结·················134

第 9 章 应急处置团队的能力评估·················136
9.1 航空公司应急处置能力·················136
9.2 基于题目反应模型的应急团队能力评估方法·················138
9.3 基于系统动力学模拟的应急团队能力评估方法·················146
9.4 本章小结·················181
参考文献·················181

第 10 章 航班延误应对决策辅助方法·················183
10.1 航班延误分析·················186
10.2 航班延误顺延情景分析·················200
10.3 资源量与开工时刻双重限制下航空公司地面作业排序问题·················206
参考文献·················215

第 11 章 航空公司应急管理信息系统·················217
11.1 系统概述·················217
11.2 主要功能·················217
11.3 演练子系统·················219
11.4 本章小结·················223

第1章　应急管理概述

应急管理研究的热潮应该从 2001 年的美国 "9·11" 事件开始，我国则从 2003 年非典疫情过后开始。突发事件应急管理涉及多个学科，如管理学、信息科学与系统科学、心理学、预防医学与卫生学、法学、社会学等，是一个多学科交叉融合的新兴研究领域。本章将介绍应急管理和航空公司应急管理的基本概念与相关研究的进展情况。

1.1　应急管理的基本概念

（1）应急管理。应急管理是和突发事件紧密相连的一个概念。《中华人民共和国突发事件应对法》中定义突发事件"是指突然发生，造成或者可能造成严重社会危害，需要采取应急处置措施予以应对的自然灾害、事故灾难、公共卫生事件和社会安全事件"。

应急管理是在应对突发事件的过程中，为了降低突发事件的危害，达到优化决策的目的，基于对突发事件的原因、过程及后果的分析，有效集成社会各方面的相关资源，对突发事件进行有效预警、控制和处理的过程。

（2）应急机制。应急机制是应急管理过程中各级组织之间的运行关系。它是对应急管理工作的制度和方法的保障，一般可以理解为制度加方法。具体形式表现为法律、法规、规章制度、标准、工作程序等。

（3）应急管理体系。体系和系统同义，系统指能够完成一定功能的要素的总和。但是体系在日常用语中通常理解为通过一定关系连接的、能够完成一定功能的系统的总和。应急管理体系指通过一定关系连接的、能够完成应急管理功能的系统的总和。应急管理体系一般包括应急法规与制度、预案管理、物资管理、人员管理、信息管理等。

（4）应急预案。应急预案也称为应急计划，是面向未来可能发生的突发事件而制定的行动计划。我国在实践中将预案分为总体预案和专项预案。从行政层级上分别建立有国家、省级、市级、县级的总体预案，以及与之相对应的专项预案。总体预案主要阐述该行政辖区的应急管理政策、目的、组织机构、各应急行动组的构成与职责，并阐述应急响应的总体原则和预警、预控、响应、恢复四个阶段的职责分工与工作原则，是该地区应急管理的总体指导性文件。与之相对应的各个专项预案,是分别针对本地区的具体突发事件类型而制定的应急行动计划,是对总体预案中的职责分工与组织实施的细化和落实。

(5)应急演练。应急演练是指给定某种假想场景,应急组织依据预案,在法律法规框架下,采取应急响应行动的过程。我国将应急演练划分为桌面演练、专项演练和综合演练三种类型。桌面演练就是在会议桌旁,参演人员(不包括救助对象)对假想场景的应对进行讨论的过程。主要目的在于熟悉预案、检验流程,以及寻找新的解决方案。专项演练是指针对应急预案中的某个具体功能,如室内人员疏散、灭火等,在假想场景下,参与演练的指挥者、救援者及受救助者共同完成的演练活动形式。与桌面演练的最大不同是,专项演练有实际救援或救助行动,主要目的在于培训救助技能、检验专项预案或专项功能程序。综合演练是桌面演练和多个专项演练的集成。

1.2 应急管理一般理论概述

1. 应急管理体制

体制在《现代汉语词典》(第七版)中的解释是"国家、国家机关、企业、事业单位等的组织制度"[1],应急管理体制可理解为应急管理过程中的各种机构之间的组织制度。对突发事件进行分类、分级、分期是设立应急管理体制的基础,政府应急管理组织体系应遵循以下基本原则:职责分工,条块结合;分级管理,重心下移;预防为主,平战结合[2]。

平战结合原则:政府建立常设的应急管理中枢机构,同时各个领域也必须建立常设的应急管理责任部门。这种组织结构模式需要在平战间及时地切换。平时注重突发事件的预防准备工作,战时则快速进入紧急状态进行应对,适当进行组织和人员的调整,建立一个更广泛的应急队伍参与应急过程。分级管理原则:地方应急管理部门在其所辖范围内协调资源应对突发事件,当事件程度超过其能力范围时,则向上级部门申请支援,同时要坚持统一指挥和应急联动原则[3,4]。

观察我国多个省市应急管理组织结构发现,应急管理委员会是应急管理的最高领导机构,应急管理总指挥一般由当地最高行政长官担任,下辖各个专业组,一般包括应急处置、物资保障、通信保障、交通运输、灾民安置等,应急管理办公室是日常办事机构,各个专业组之间是协同关系。

2. 应急预案管理

应急预案管理主要包括预案制定、预案评估、预案实施过程中的动态调整等工作。

有效的预案需要具备情景、主体、客体、目标、措施、方法六个要素。情景就是对突发事件的发生情况的提前想定；主体是指预案实施过程中的决策者、组织者和执行者等组织或个人；客体即应急管理要救助的人、保护的基础设施等对象；目标即预案实施欲达到的目的和效果；措施就是预案在实施过程中所采取的方式和手段；方法是指应对突发事件的管理方法和技术手段[5, 6]。

应急预案编制完成后，预案评估是一项十分重要的工作，评估方法主要有综合评价方法和应急演练方法两类。对于第一类，从评估的时间上可以划分为事前评估（即灾害发生前的预案评估）和事后评估（即灾害发生后的预案评估）。事前评估主要是从编制原则、构成要素和内容等方面进行评估，一般的评估指标包括预案内容的完整性、程序的可操作性、措施的合法性和科学性，以及资源配置的合理性等。事后评估主要是对预案实施效果进行的评估，是为了分析原因，例如，在应急预案实施过程中出现资源未能满足需求的情况，是由于地区资源布局不足还是资源调度过程时间耽误，或者是应急指挥者的判断失误等[7, 8]，事后评估方法主要包括多指标评价方法[9]和基于应急响应程序的时效性评估方法[10, 11]。

另外一种预案评估的方法是通过演练进行的，也就是通过设定一些假想事件，参与演练的应急组织按照预案中的职责和要求开展模拟应对的过程，从而评估措施、资源及程序等要素的科学性、可操作性等，通过分析演练过程中呈现的状态来评价预案。这种评估方法是对预案综合评价方法的有效补充。两者的侧重点不同，前者侧重程序设计的合法合规及逻辑性，这是预案制定的底线；后者则更加强调程序的可操作性以及资源配置的合理性等，两者相互补充，不可互相替代。

鉴于突发事件的发生和演变是千变万化的，预案在实际的应对过程中，是需要进行动态调整的，并且这样的调整必须是快速的。为此作者曾提出了动态博弈网络技术概念[5]，近年来结合民航应急管理实践，形成一套包括应急响应程序数字化表达、响应程序模块化、响应程序重构、时效性评估、情景推演等的辅助决策方法[5, 9-15]。应急响应程序数字化表达是辅助决策分析的基础，本书采用项目管理中的网络图作为应急响应程序数字化的表达，这样有利于把应急响应程序动态调整问题表达为网络的重构问题，同时可利用网络计划评审技术的分析功能；为了提高重构的运算速度，可以像制造业中将若干零件预制成标准部件提高组装速度一样，将多个应急响应程序中具有相同行动子集与行动间关系的子网络组成模块，提高重构的速度；响应程序重构指的是重新构造行动和模块的网络关系，以达到满足应急需求、优化应急要素、减少损失的目的；在应急响应程序数字化表达的基础上，建立基于影响应急响应程序效果要素（资源的数量、质量、行动执行时间和前序行动效果）的时效性评估函数；情景推演是通过仿真技术模拟情景-应对的推演过程。

3. 应急资源管理

应急资源管理主要包括应急资源布局、资源调度。

1) 资源布局

应急资源布局问题包括应急资源的选址和配置两个部分。布局的目标是将应急资源的地址合理规划，在每一个地址上配置适量的资源，在应急管理中使资源的供应量达到最大或者最优。一般来说，选址问题和配置问题是相关联的，选址问题需要考虑到以后的资源配置问题，而资源配置问题也需要综合考察选址情况进行配置。对于某些地址已经确定的布局问题，资源配置要作为一个独立的问题来考虑。

应急管理中的资源布局主要包括三类模型，第一类是以 P-median 为代表的中心选址模型，主要就是每一个需求点到服务点的距离或者时间之和最小；第二类是一个覆盖模型，要求服务设施提供服务的时间和距离必须满足某一既定的标准；第三类是运用排队论进行需求表达的结合前面两类的综合模型[16]。

在进行资源布局时，考虑到突发事件发生的过程中资源的需求可能是动态变化的，例如，发生较大规模的火灾时，往往需要多个消防点共同救护，若把多个消防点到达火灾现场看作多个阶段，那么后一阶段的灭火资源需求量将取决于前一阶段的供应量，这样就产生了在消防点已知、消费资源总量有限、资源需求动态变化下的资源布局优化问题[17]。针对自然灾害发生的不确定性使得资源需求不确定，学者研究了有限个灾害情景下多阶段的随机整数规划模型[18]。某些自然灾害是呈现周期性的，例如，我国大部分地区在一年中夏季洪涝灾害多发，冬季则为冰雪灾害多发，所以存储的应急物资是不尽相同的，其需求呈现出周期性的变化。对于需求呈现周期性变化的应急物资存储问题，有研究提出了面向周期性需求变化的规划模型，使得在一个周期内满足应急需求的量最大化[19]。

某些突发事件本身的特点决定了在资源配置的同时必须考虑到一类突发事件向另一类或者深一级的突发事件发展的可能性，这就决定了资源布局（也包括资源调度）必须适合这些特点，针对这类动态的资源优化配置问题，学者研究了紧急医疗服务实时系统中的救护车调度问题，通过周期性地重新选址，在很短的时间内对需求作出动态响应[20, 21]。

此外，应急物资同时具备双重属性，即救灾时为应急物资，平时为日常生活物资或日常生产物资。针对该双重属性，主要研究有针对双重属性的物资存储策略，根据不同物资的特性建立如国家实物存储、协议下的厂家实物存储、产能存储等模式，还有研究在不同存储模式下的物资存储布局模型，使在一定存储成本预算下，存储物资的未来保障程度最大化[22-24]。

2) 资源调度

资源调度是指当突发事件爆发后,在现有资源配置状况下,调动库存资源来满足灾难主体的需求。在资源调度方面已经有一些研究成果,并且已应用于火灾、地震、矿井塌陷[25]、辐射性废料事故等具体灾难领域。在应急管理中,除了要考虑能否满足成本最小原则,还需要结合突发事件的特点进行考虑:①时效性或紧迫性。突发事件发生以后,应该以最快的速度进行救助,尽量将损失减少到最小程度,这时往往是时间效益高于经济效益,因此应急管理中的资源调度应该以反应时间最短为首要原则。②动态性。突发事件发生后,状况是不断变化的,这与一般的资源调度的需求任务有很大不同,救助工作不是单一阶段的工作,而是根据救援的情况和灾害的发展情况进行动态的多阶段的资源调度。

当突发事件发生的时候,很多情况是单个救援点的资源量不能满足出事点的需求,这样就产生了多救助点组合出救的问题。多救助点出救的紧急物资调度问题考虑了突发事件的不可避免性和动态性,根据连续应急问题的特点,研究给出了响应最快前提下救援点数目最少的应急模型以及限期条件下救援点数目最少的应急模型[26]。当然也可以研究时间最短、成本最低的应急救灾物资的调度问题,这类问题要求在进行物资调度的过程中要尽量做到在限定时间内保障物资供应的同时兼顾其系统费用[27]。

在突发事件救助过程中,如果考虑事态的发展同时有可能有另外的突发事件发生,在进行调度时,要根据其他地点发生突发事件的概率进行综合考虑,求得最优资源调度方案。这是考虑机会成本的资源调度模型[28]。

从救助点来看,针对突发事件的动态性和不确定性,各个受灾点对抗灾物资可能产生新的要求,在制订当前的资源调度方案时,不仅要考虑应急时间最短,而且要综合考虑一定时间内事态发展和资源布局可能发生的变化,以寻求资源调度的最优方案[29]。

4. 应急能力评估

应急能力评估是指以灾害应急管理系统为评价对象,以全面应急管理为指导,用科学的方法构造评价指标体系、建立评估模型并进行综合评价,找到问题和不足,不断进行完善和改进的过程。应急管理中能力评估包括针对某个机构的应急能力评估[30],如针对某个城市的应急能力评估[31]。

应急管理能力评估包括三部分的评估:突发事件发生前的评估、突发事件过程中的评估和突发事件发生后的评估。突发事件发生前的评估多为假设和预估的情况,突发事件发生过程中的评估是为了控制重要政策执行情况而作的评估,可以及早发现问题并适度修正执行过程中出现的偏差。多数情况下研究的评估是针对突发事件发生后的评估,即所谓的灾后评估,主要针对计划效益及执行效果作出估计。

美国对政府应急管理能力评估主要包括政府在突发事件应急管理中的管理职能、物资要素等方面；日本也有类似的灾害应急能力评估，在评估过程中，借助表格来回答具体的问题，再根据结果修正防灾与危机管理的不足。

我国有学者提出机构的应急管理能力包括静态保障能力和综合保障能力两个方面，静态保障能力就是针对机构的力量要素、装备要素、配套要素和布局要素等的综合评估，综合保障能力是指当机构在面对不同级别的突发事件时体现出来的应急能力。对后者的评估除了上述指标，还要有突发事件危害程度的指标，这些指标通过构建结构方程模型建立定量联系，为机构的评估和考核标准的制定提供依据[32]。有学者构建了城市危害危险性评价指标、易损性评价指标和承灾能力评价指标，对城市的应急管理工作进行评估[33]。还有学者针对特殊灾情的应急管理能力进行绩效评估[34,35]，如地震减灾、洪水防治等。另外，还可以针对应急管理中的政府因素进行评估，利用层次分析法（analytic hierarchy process，AHP）研究建立政府应急管理组织绩效评估模型，该模型使用到的主要指标有政府服务质量、损失程度、财政投入、管理能力、居民应急能力和资源保障能力等[30,36]。

系统或部门的应急能力是应对灾害，如自然灾害、突发性公共卫生与安全事件、军事冲突等的综合能力，可以从四个方面建立评价标准，包括紧急处理能力、预测能力、保障能力和灾后处理能力[37]。也有模型通过自我评估、客观知识、个人表现评级、团队绩效评级进行应急能力的评估[38]。

1.3 民用航空突发事件应急管理

1.3.1 民用航空突发事件应急管理概况

民用航空（简称民航）突发公共安全事件是指在民航系统正常工作计划之外或者在其认识范围之外突然发生的、对其利益具有损伤性或潜在危害性的事件[39]。民航突发公共安全事件具有突发性、不确定性、针对性、目的性、复杂性、破坏性等特征。为了保证公众生命财产安全、维持民航安全运营，近年来我国民航业开展了广泛的应急管理体系建设[40]。民航应急管理是指应对民航突发事件的过程中，为了降低突发事件的危害，通过对突发事件的原因、过程及后果进行分析，有效集成各方面的资源对突发事件进行预警、控制和处理的过程。一般涉及的单位有各级地方政府、机场、民航公司、空中管制部门、搜救队伍、消防部门、医疗救护单位、公安部门、环保部门、物资储备单位、新闻媒体等各组织机构[41]。特别是"9·11"事件后，政府和专家、学者对我国民航应急问题开展了许多研究，并逐步建设完善的中国民航应急体系。作为《国家突发公共事件总体应急预案》

的重要组成部分，2006年《国家处置民用航空器飞行事故应急预案》和《国家处置劫机事件总体预案》相继颁布，这是我国针对民航灾害应急管理的最高层次的制度规定[42]。

1. 民航应急管理体系

根据中华人民共和国国务院要求，2005年中国民用航空局（简称民航局）成立了"民航突发事件应急工作领导小组"来应对各种民航运行过程中碰到的航空事故，在突发事件发生的第一时间作出信息报告并对外界进行准确的信息发布，在部门协作下进行应急响应和处理，帮助恢复到原始状态。根据《中国民用航空应急管理规定》中相关的管理机制，民航应急管理体系包含四部分，分别为预防与应急准备、监测与预警、应急处置、善后处理[42]。

（1）预防与应急准备。在发生突发事件前，民航的应急管理要进行有效的前期预防措施和准备工作。相关单位应根据有关法律、行政法规、规章、上级行政主管部门及相关部门的应急预案，结合民航运行实际情况制定应急预案，建立健全应急预案体系。前期预防方案应该包括三个方面：全局性的应急预案、专项重点性的应急预案及具有区域性的专区预案。在制定了对分类有针对性的专项预案后，民航的应急管理部门应进行实际演练，明确预案演练的时间和周期，真正落实预案的实用性，通过演练完善并掌握预案。

（2）监测与预警。在应急阶段，民航的应急管理部门对管辖区内有潜在影响的航空突发事件进行有效的信息收集和分析，分析突发事件发生的可能性、危害的严重程度和范围；组织、协调相关应急处置人员、机构进入待命状态，动员后备人员、机构做好参加应急处置的准备；在对信息进行分析和评估后，组织协调应急处置人员进行预案准备。在准备的过程中了解相应的应急处置需要的物资设备和一些相关设施及场所。在规定的时间段内进行人员、物资的转移、疏散和撤离的准备工作，对人员的生命财产安全进行妥善的后续安排。

（3）应急处置。突发事件处理过程中，协调指挥的各部门根据突发事件的性质和影响程度进行分类分级处理，在处理的过程中采取全面的应急处置措施。相关企事业单位采取下列部分或全部应急处置措施：搜寻、援救受到突发事件危害的航空器和人员，开展必要的医疗救护和卫生防疫，妥善安置受到突发事件威胁或影响的人员；控制危险源，划定并有效控制民航应急处置区域；启用备份设备、设施或工作方案；抢修损坏的民航关键设备和重要设施；制定并采取必要的次生、衍生灾害应对措施；调集应急处置所需的民航专业人员、物资、设备、工具及其他资源；组织优先运送应急处置所需的人员、物资、设备、工具和受到突发事件危害的人员。

（4）善后处理。对伤亡人员、受到破坏的设备和设施进行损失评估，在此基础上进行全面的费用结算和制订灾后恢复、救助、安抚等计划并予以实施。最后，组织民航的各有关部门开展总结和评估工作，对突发事件当时的处理方法和后续完善作出全方位的合理分析，不断完善民航的应急管理体系，提高预警和救援保障能力。

2. 民航应急联动救援过程

我国现行的民航灾害应急联动救援体系主要依靠政府行政指挥，在相应级别的飞行事故应急指挥部领导之下，以机场为主体，成立危机现场指挥中心，一切指令通过指挥中心进行横向协调后发出，指导机场内救援组织和社会救援组织的工作。应急联动一般包括接警、启动应急反应程序、联动单位响应、现场状态监控、善后处理和恢复重建等。接警中心接到民航灾害警报后，立即向中国民用航空局、民航地区管理机构、事故发生地人民政府等报告。国家处置飞行事故指挥部迅速对灾害事件等级进行确定，启动相应的应急反应程序，同时派出有关人员赶赴现场，并将情况向联动单位传达。在事故现场应急指挥部统一指挥下，联动单位按照各自的预案和处置规程协同配合，共同实施搜救和紧急处置行动。此外，各应急联动救援队伍还要做好灾害事件的现场控制，防止次生、衍生和耦合事件的发生[43]。

3. 民航应急法制与应急预案体系建设

与民航相关的应急法律法规包括国际民航应急管理相关法规和中国民航应急管理相关法规。国际民航应急管理相关法规主要包括《国际民用航空公约》《航空器事故遇难者及其家属援助指南》等。中国民航应急相关法律法规主要包括《中华人民共和国民用航空法》《民用机场管理条例》《中华人民共和国搜寻援救民用航空器规定》《国家处置民用航空器飞行事故应急预案》《民用航空器飞行事故应急反应和家属援助规定》《民用运输机场突发事件应急救援管理规则》《中国民用航空应急管理规定》等[42]。

民航应急预案体系包括民航突发事件总体应急预案、民航突发事件专项应急预案、民航地区应急预案、民航企事业单位应急预案[44]。民航突发事件总体应急预案是民航突发事件应急预案体系的总纲，是国家民航主管部门为应对民航突发事件而制定的综合性预案和指导性文件，是国家民航主管部门组织、管理、指挥、协调相关应急资源和应急行动的整体计划与程序规范，是制定民航突发事件专项应急预案的规范性文件，民航总体应急预案由国家民航主管部门制定，报国务院备案。民航突发事件专项应急预案是国家民航主管部门为应对某一类别民航突发事件而制定的应急预案，民航专项预案由国家民航主管部门或其指定的内设机构制定，作为突发公共事件部门应急预案报国务院备案。民航突发事件地区应急预案是地区民航管理机构为应对各类民航突发事件和在本地区实施民航专项预案而制定的应急预案,民航地区预案由地区民航管理机构制定,报国家民航主管部门备案。民航企事业单位应对民航突发事件应急预案是从事或直接保障民航活动的企事业单位为应对各类民航突发事件,依据法律、法规和规范性文件而制定的应急预案,民航单位应急预案由企事业单位制定,报地区民航管理机构备案。

1.3.2 航班计划干扰管理

客观世界经常发生各种各样的随机事件,这些随机事件对系统产生不同程度的影响和干扰,使系统无法按照事先制订的计划继续执行,这类事件称为干扰事件。干扰事件发生以后,需要及时分析其对系统的影响,并将干扰事件对系统的负面影响降到最低限度,尽快恢复系统的正常运行,这就是干扰管理着力研究解决的问题。

应急管理中的突发事件也是随机产生的、对系统产生巨大影响的干扰事件,突发事件发生的频率稍低,但影响大于一般经常性的干扰事件。

干扰管理的研究在20世纪70~80年代在国外已经逐步展开,研究成果多集中在模型和算法方面,并在航空、物流等多个领域取得了经济效益。1993年美国Continental航空公司的基地Newark机场由于暴风雪袭击而被迫关闭了两天,造成了惨重的损失。事后,公司研制出一套恢复航班正常运转的软件系统Crew-Solver,较好地解决了这一问题,这套软件在2001年的"9·11"事件中,为公司节省了巨大的开支[45]。随着国内研究的进行,国外很多干扰管理方面的模型被介绍到中国[46],一些学者重点从数学模型和求解方法方面对鲁棒调度与受扰恢复策略进行研究并应用到航空领域,针对航空调度中发生的干扰问题,兼顾顾客利益与航空公司效益进行调整[47]。

干扰管理的主要内容可以分为以下几部分:识别定义干扰问题、确定干扰管理决策模型、通过决策模型制订出全局最优解或者局部最优且使系统扰动最小的调整方案。针对最后一部分内容,可以将干扰管理方法分为能够纠正回原状态的应对方法和不能完全纠正回原状态的应对方法。由于干扰管理所涉及的数学模型一般都是非确定性多项式(non-deterministic polynomial,NP)难问题,对于规模较大的模型求解比较困难,求解算法可以分为精确算法与启发式算法。精确算法一般只适用于规模较小的问题,当问题的规模增大时,精确算法很难在有限的时间内得到最优解,通常采用启发式算法来求解这类干扰管理模型,在较短时间内得到问题的较优解。

从应用领域看,干扰管理目前已经广泛应用于诸多领域,主要包括航空运输、物流配送、供应链管理及机器调度等。在航空运输方面干扰管理主要研究针对机器故障、天气影响等原因造成的航班取消或延迟等干扰,提出使扰动成本最小的航班调度调整方案,解决受干扰的航班的调度与恢复问题,并致力于满足乘客的需求,这类系统已经取得了较好的应用。在物流配送方面,干扰管理主要研究当车辆抛锚、车辆延迟或遭遇堵车等干扰事件发生时如何对车辆线路进行安排、如何利用后备车辆进行重新调度等问题[48]。在供应链管理方面干扰管理主要研究当干扰事件发生时,如何降低运输供应链的成本,并调整供应链的最优订货点和最优订货量[49]。

1.3.3 地面作业资源调度

地面作业是指从飞机进港到离港过程中,对飞机、乘客、行李货物等所做的一系列地面保障工作,如清洁、飞机加油、上水、更换食物等。当航班延误发生时,如何合理安排地面作业提高工作效率、最大限度地减少航班延误,是航空公司管理层面临的一个重要课题。这个问题可从两个层面来考虑。

(1) 从单机的层面考虑,一架飞机的地面作业包括若干个工序,有些研究利用网络优化技术,特别是利用关键路径的方法来优化一架飞机的地面作业[50-52]。

(2) 在单机地面作业优化的基础上,考虑一段时间内多架飞机地面作业的合理安排,因为大型航空公司在重要机场一天中降落起飞的飞机可能会有几十架甚至上百架。多机问题比单机问题更为复杂,多机的调度问题可描述如下:若干架飞机在不同时刻降落在某机场,希望在计划起飞时刻前完成各自的地面作业,而每架飞机的开始作业时刻不能早于落地时刻;另外,如果把每架飞机的作业看作一个任务,那么可把地面作业人员视为一种资源,而资源的数量是有限的。如何安排每架飞机开始作业的时刻,使得产生最大延误的那架飞机的延误时间最少,是一个资源量和开工时刻双重限制的调度问题[53, 54]。

1.4 本章小结

本章首先介绍了应急管理的基本概念,简要概述了包括应急管理体制、预案管理、资源管理、能力评估等应急管理的一般理论。然后从应急管理体系、应急联动救援过程、应急法制与应急预案体系建设等方面介绍了我国民用航空突发事件应急管理的概况。最后针对航班生产中的运行突发事件,简要介绍了航班计划恢复和地面资源作业调度问题。

参 考 文 献

[1] 中国社会科学院语言研究所词典编辑室. 现代汉语词典[M]. 7版. 北京:商务印书馆, 2016: 1289.
[2] 薛澜, 钟开斌. 突发公共事件分类、分级与分期:应急体制的管理基础[J]. 中国行政管理, 2005 (2): 102-107.

[3] 薛澜, 钟开斌. 国家应急管理体制建设: 挑战与重构[J]. 改革, 2005(3): 5-16.
[4] 祁明亮, 池宏, 许保光, 等. 突发公共事件应急管理: 管理科学与工程学科发展报告 2007-2008[R]. 北京: 中国科学技术出版社, 2008.
[5] 计雷, 池宏, 陈安, 等. 突发事件应急管理[M]. 北京: 高等教育出版社, 2006.
[6] 刘铁民. 应急预案重大突发事件情景构建[J]. 中国安全生产科学技术, 2012, 8(4): 5-12.
[7] 于瑛英, 池宏, 高敏刚. 应急预案的综合评估研究[J]. 中国科技论坛, 2009(2): 88-92.
[8] 刘吉夫, 张盼娟, 陈志芬, 等. 我国自然灾害类应急预案评价方法研究(I): 完备性评价[J]. 中国安全科学学报, 2008, 18(2): 5-11.
[9] 于瑛英, 池宏. 基于网络计划的应急预案的可操作性研究[J]. 公共管理学报, 2007, 4(2): 100-107.
[10] 李加莲, 池宏, 石彪, 等. 应急响应的时效性评估问题研究[J]. 运筹与管理, 2014, 23(6): 176-185.
[11] 李加莲, 池宏, 许保光, 等. 应急响应程序时效性评估函数构造与性质分析[J]. 系统工程理论与实践, 2016, 36(8): 2056-2067.
[12] 邓婕, 祁明亮, 池宏, 等. 应急预案响应程序模块化研究[J]. 运筹与管理, 2015, 24(5): 132-143.
[13] 石彪, 池宏, 祁明亮, 等. 资源约束下的应急预案重构方法研究[J]. 中国管理科学, 2017, 25(1): 117-128.
[14] Chi H, Li J L, Shao X Y, et al. Timeliness evaluation of emergency resource scheduling[J]. European Journal of Operational Research, 2017, 258(3): 1022-1032.
[15] 刘磊, 池宏, 邵雪焱, 等. 预案管理中的重构问题研究[C]. 第四届国际应急管理论坛暨中国(双法)应急管理专业委员会第五届年会, 北京, 2009: 329-332.
[16] 祁明亮, 池宏, 赵红, 等. 突发公共事件应急管理研究现状与展望[J]. 管理评论, 2006, 18(4): 35-45.
[17] 贾传亮, 池宏, 计雷. 基于多阶段灭火过程的消防资源布局模型[J]. 系统工程, 2005, 23(9): 12-15.
[18] 张玲, 黄钧, 韩继业. 应对自然灾害的应急资源布局模型与算法[J]. 系统工程理论与实践, 2010, 30(9): 1615-1621.
[19] 许建国, 池宏, 祁明亮, 等. 应急资源需求周期性变化的选址与资源配置模型[J]. 运筹与管理, 2008, 17(1): 11-17.
[20] Gendreau M, Laporte G, Semet F. Solving an ambulance location model by tabu search[J]. Location Science, 1997, 5(2): 75-88.
[21] Gendreau M, Laporte G, Semet F. A dynamic model and parallel tabu search heuristic for real-time ambulance relocation[J]. Parallel Computing, 2001, 27(12): 1641-1653.
[22] 祁明亮, 池宏, 许建国, 等. 平战结合下的公路养护多资源布局问题研究[J]. 管理学报, 2009, 6(2): 202-206.
[23] 赵琰, 祁明亮, 赵红, 等. 避难场所生活物资政府—企业联合储备优化问题研究[J]. 运筹与管理, 2013, 22(2): 80-85.
[24] 但斌, 胡丹. 平战结合下的大型服务系统应急备品备件管理研究[J]. 软科学, 2012, 26(1): 51-54.
[25] Cole H P, Vaught C, Wiehagen W J, et al. Decision making during a simulated mine fire escape[J]. IEEE Transaction on Engineering Management, 1998, 45(3): 153-162.
[26] 刘春林, 何建敏, 施建军. 一类应急物资调度的优化模型研究[J]. 中国管理科学, 2001, 9(3): 29-36.
[27] 刘北林, 马婷. 应急救灾物资紧急调度问题研究[J]. 哈尔滨商业大学学报(社会科学版), 2007, 94(3): 3-5.
[28] Sherali H D, Subramanian S. Opportunity cost-based models for traffic incident response problems[J]. Journal of Transportation Engineering, 1999, 125(3): 176-185.
[29] 计国君, 朱彩虹. 突发事件应急物流中资源配送优化问题研究[J]. 中国流通经济, 2007, 3(1): 18-20.
[30] 刘传铭, 王玲. 政府应急管理组织绩效评测模型研究[J]. 哈尔滨工业大学学报(社会科学版), 2006, 8(1): 64-68.

[31] 杨青，田依林，宋英华. 基于过程管理的城市灾害应急管理综合能力评价体系研究[J]. 中国行政管理，2007(3)：103-106.

[32] 姚杰，池宏，计雷. 带有潜变量的结构方程模型在突发事件应急管理中的应用[J]. 中国管理科学，2005，13(2)：44-50.

[33] 刘艳，赵汉章. 我国城市减灾管理综合评价指标体系的研究[J]. 自然灾害学报，1999，8(2)：61-66.

[34] 张凤华，谢礼立. 城市防震减灾能力评估研究[J]. 自然灾害学报，2001，10(4)：57-64.

[35] 魏一鸣，金菊良. 洪水灾害评估体系研究[J]. 灾害学，1997，12(3)：1-5.

[36] 铁永波，唐川，周春花. 城市灾害应急能力评价研究[J]. 灾害学，2006，21(1)：8-12.

[37] Ju Y B, Wang A H, Liu X Y. Evaluating emergency response capacity by fuzzy AHP and 2-tuple fuzzy linguistic approach[J]. Expert Systems with Applications, 2012, 39(8)：6972-6981.

[38] Brand M, Kerby D, Elledge B, et al. A model for assessing public health emergency preparedness competencies and evaluating training based on the local preparedness plan[J]. Journal of Homeland Security and Emergency Management, 2006, 3(2)：3.

[39] 王霞. 民航突发公共事件的应急处置策略[J]. 网友世界，2013(12)：32-32.

[40] 程焰. 民航应急管理与安全管理[J]. 中国民用航空，2013(3)：58-59.

[41] 赵宏，梁莉丹. 民航应急管理体系建设研究[J]. 管理观察，2014(9)：165-166.

[42] 王文俊，白福利，吴倩. 浅谈民航应急管理体系建设[J]. 交通企业管理，2012，27(12)：55-57.

[43] 朱新艳，罗帆. 我国民航灾害应急联动机制优化研究[J]. 中国安全科学学报，2007，17(6)：5-11.

[44] 中国民用航空局. CCAR-397 中国民用航空应急管理规定[Z]. 2010-3-16.

[45] Yu G, Qi X T. Disruption Management：Framework, Models and Applications[M]. Singapore：World Scientific Publishing Co. Pte. Ltd., 2004.

[46] 胡祥培，丁秋雷，张漪，等. 干扰管理研究评述[J]. 管理科学，2007，20(2)：2-8.

[47] 马辉，林晨. 航班调度应急管理研究[J]. 中国民航学院学报，2005，23(5)：11-14.

[48] Huisman D, Freling R, Wagelmans A P M. A robust solution approach to the dynamic vehicle scheduling problem[J]. Transportation Science, 2004, 38(4)：447-458.

[49] Cachon G P. Stock wars：Inventory competition in a two-echelon supply chain with multiple retailers[J]. Operations Research, 2001, 49(5)：658-674.

[50] Carruthers J A, Battersby A. Advances in critical path methods[J]. Journal of the Operational Research Society, 1966, 17(4)：359-380.

[51] Demeulemeester E, Herroelen W. A branch-and-bound procedure for the multiple resource-constrained project scheduling problem[J]. Management Science, 1992, 38(12)：1803-1818.

[52] Kochetov Y, Stolyar A. Evolutionary local search with variable neighborhood for the resource constrained project scheduling problem[C]. Proceedings of the 3rd International Workshop of Computer Science and Information Technologies, 2003：132.

[53] Zhang H, Li X D, Li H, et al. Particle swarm optimization-based schemes for resource-constrained project scheduling[J]. Automation in Construction, 2005, 14(3)：393-404.

[54] Mobini M D M, Rabbani M, Amalnik M S, et al. Using an enhanced scatter search algorithm for a resource-constrained project scheduling problem[J]. Soft Computing, 2009, 13(6)：597-610.

第 2 章 航班生产中的突发事件类型

为了更好地做好应急准备和应急响应，前提是掌握事件发生发展的机理。机理相同或相似的可以归为一类，可有效减少应急准备工作的重复性。分析不同类型事件的机理，可以明确应急需求，为后续的应急准备、应急响应明确工作目标。

本章简要介绍航空公司生产运作系统的运行机制、各主要运作部门的职责与分工，并结合应急管理的目标对航空公司突发事件进行分类。

2.1 航空公司生产运行概述

航空公司可以理解为一个以提供运输服务为核心业务的服务型企业，其核心服务产品是安全、正点地将旅客或货物从出发地运送到目的地。围绕该核心业务，航空公司的生产部门主要有飞行部门、运行控制部门、客舱部门、飞机维修维护部门、地面服务部门，以及围绕市场的商务部门和企业发展部门等。

图 2-1 是某航空公司生产运行管理组织结构示意图，总裁是公司的法人代表，负责公司的全面管理，保证公司合法、安全、有效地运行。

主管运行的副总裁向总裁负责，对公司运行部门进行全面管理并负责运行安全。

总飞行师向总裁和主管运行的副总裁负责，主管运行的副总裁不在期间，代替其行使职责。

飞行技术管理部门负责制定公司各机型飞行程序、技术标准和训练大纲，检查、监督训练工作和技术把关落实情况，负责飞行员培训计划的协调和落实情况。

运行质量管理部门负责监督、协调公司的生产运行，负责公司运行手册的管理工作，参与公司发生的各类飞行事故和事故征候的调查处理工作。

航空安全监察部门负责贯彻执行政府有关航空安全的政策法规，制定公司安全管理的各项标准及规章制度，负责落实公司航空安全管理制度。

飞行部门负责贯彻执行政府、公司的有关飞行方面的法律、条令、制度规则和手册，落实飞行安全和飞行技术训练管理工作，贯彻执行公司下达的生产计划和航班计划及经济责任指标，落实飞行训练、模拟机训练计划，协助相关部门制定应急预案，参与事故征候、飞行差错等不安全事件的调查和处理工作。

客舱服务部门负责制定、贯彻与执行公司客舱服务标准，负责航班空中服务的组织与实施，负责飞机客舱的空防安全管理工作，实施空防预案，做好客舱的安全检查与安全保卫工作，负责客舱服务人员的管理工作，包括建立健全业务档

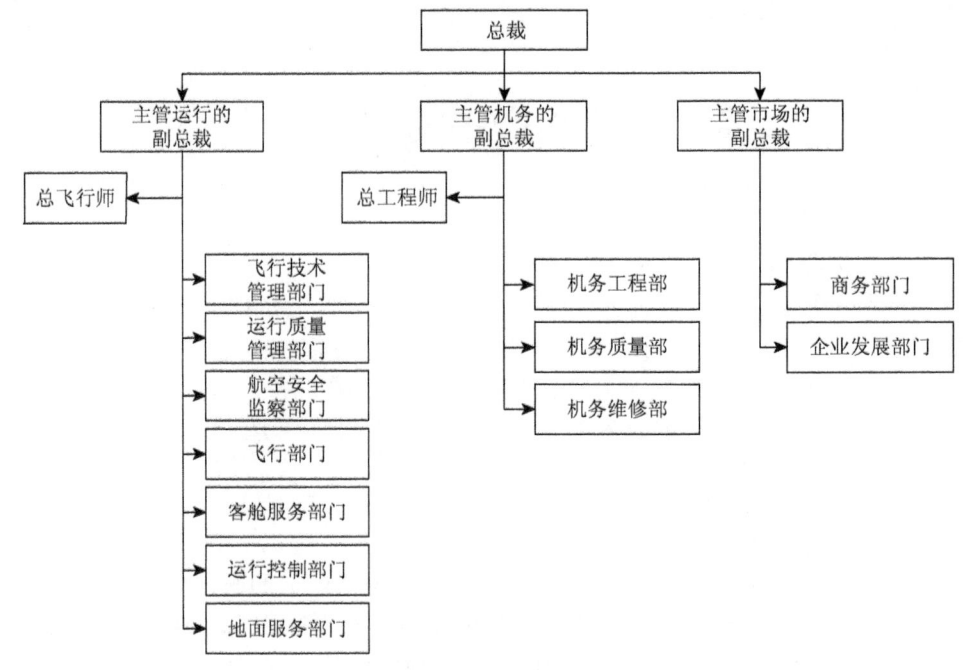

图 2-1 航空公司生产运行管理组织结构示意图

案、制订并检查督促训练计划。

运行控制部门负责组织落实公司航班生产计划，协助公司领导组织指挥应急处置工作，参与各类飞行事故的调查。其中主要的业务部门或人员有：①航务业务，负责航务人员管理、国际飞行的飞越申请、国内飞行的军民合用机场使用权的申请、参与新机场的航务考察、负责新航线申请等；②航行情报，负责公司航行资料和航行情报的管理工作，负责机载导航数据库管理、航线通告的管理和服务；③飞行签派，负责公司航班运行计划和动态管理，对所辖航班实施飞行签派放行和监控；④运行主任，协助公司领导负责航班生产的组织指挥工作。

地面服务部门负责飞机在机场时的旅客与货物服务工作，如登/离机服务、航食运送、装卸行李、打扫飞机卫生等。

主管机务的副总裁向总裁负责，保障机务维护方面的方针政策得以有效贯彻执行。其主管部门包括机务工程部、机务质量部、机务维修部。

总工程师协助主管机务的副总裁工作。

主管市场的副总裁向总裁负责，负责市场开辟与市场运营，下辖商务部门和企业发展部门。其中，商务部门负责开辟市场，制订公司中长期航班运行计划。

下面以一次航空任务工作流程来说明运行部门之间的关系。如图 2-2 所示，商委将制订的 72 小时内的航班计划下发到飞行、机务、客舱和运控部门，机务根据机型需求、各飞机的维护状态，安排飞机到指定航班上；飞行部门制订飞行员排班计划；客舱服务部门制订乘务员排班计划；运行控制部门将以上信息汇总后，结合航情通告、气象、旅客、商载等信息，制订某次航班的计算机飞行计划。在当天航班任务执行前，飞行签派人员再次对以上信息进行检查核对后，发送给机组和地面服务部门，飞行、机务、地面服务分别做好机组、飞机、旅客的服务支持。飞机起飞后，运行控制部门需要持续进行航班监控，出现特殊情况及时组织协调，直到飞机安全到达目的地，旅客下机，开始下一个航班任务。

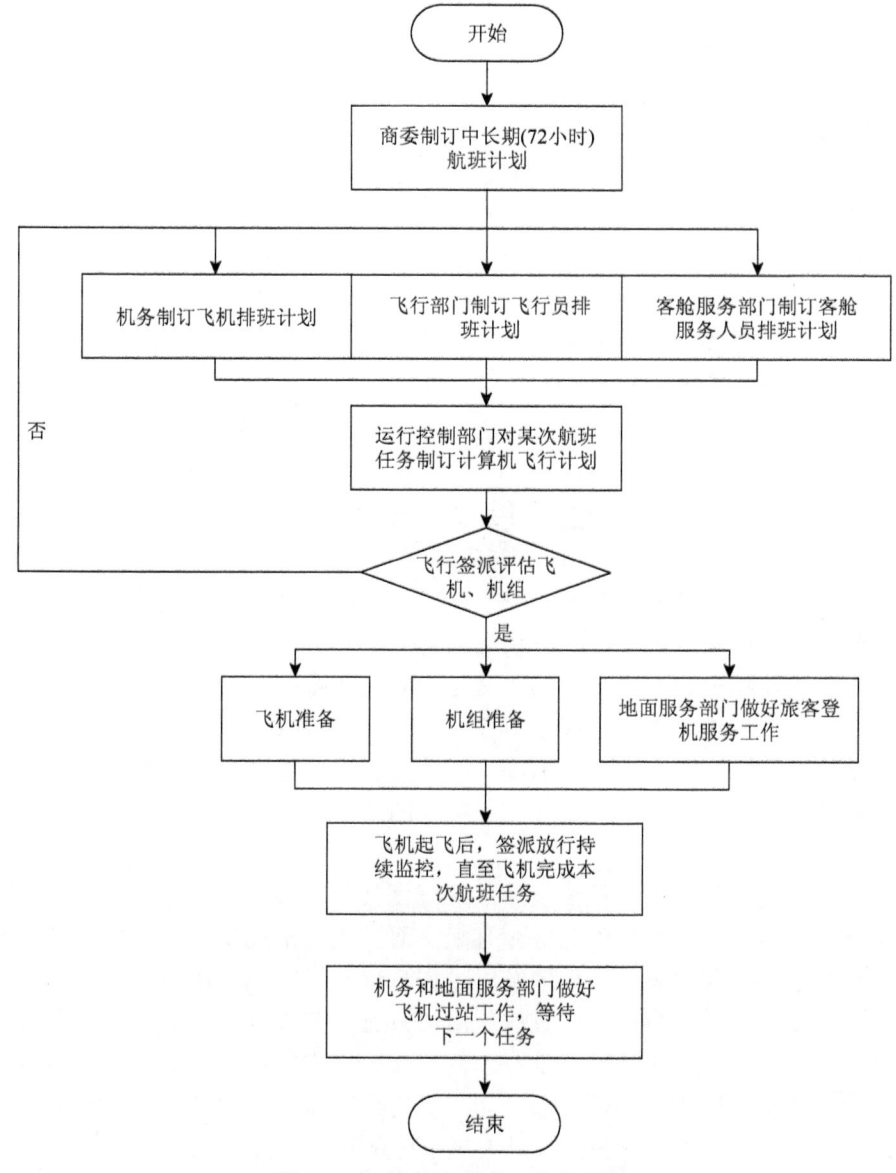

图 2-2 一次航班任务工作流程图

2.2　事件类型

将航空公司面临的突发事件进行分类，是为了应急准备和应急响应工作能够有的放矢，也就是说同一类型的突发事件对应急管理工作的功能需求是一致的，不同类型之间的功能需求是有差异的。基于以上分类目的和分类的原则，一般将航空公司突发事件从大类逐层分解到小类，当达到同类功能需求尽量一致、类间功能需求差异较大后，分类结束。

航空公司突发事件类型从后果分，可以分为两大类：一类是危及单个航班运行安全的事件；一类是打乱航班生产计划，对公司运行效益带来损失的事件。这两大类事件中，从事件性质又可以分为航空器故障类、运输安全类、医疗卫生类、人为破坏类、大面积航班延误类。这五类事件从不同引发原因分，航空器故障类又可以分为发动机故障、起落架故障、操作系统故障、通信系统失效等；运输安全类可分为危化品泄漏、空中颠簸等；医疗卫生类可分为客舱出现疑似传染病患者、客舱紧急患者等；人为破坏类可以分为劫机、机上爆炸物威胁等；大面积航班延误类可以分为雷雨（或大雾）引发的大面积航班延误、台风引发的大面积航班延误、火山喷发引发的大面积航班延误、地震引发的大面积航班延误等。

2.3　过程分析

突发事件机理包括两个方面：一个是事件自身发展的机理，另一个是应急管理的机理，即事件出现后采取的一系列应急管理措施的内在规律。实践表明，这两个规律是相辅相成、难以割裂的，这是因为在实践中，一旦接到突发事件的信息，人们为了尽快地将事件消灭在萌芽状态或尽量将损失降到最低，会按照应急管理制度要求，迅速采取相应的措施。因此，在后面的分析中，主要是在对事件自身规律初步认识的基础上，结合应急响应的过程结果综合而成的突发事件发展机理。

从救援的复杂程度和事件发展的危险程度又可以将突发事件分为空中和地面两种子类型。鉴于空中情况处置资源有限，而且飞机落地是一个必然结果，所以下面主要对空中出现的突发事件的发展过程进行分析，发生在地面的事件参考飞机落地后的发展过程。事件发展过程使用情景过程图加以描述，图中每个六边形框代表一个事件场景，事件场景是对事件发展过程中的某个关键状态的描述，具体表现为事件发展过程中的转折点，如飞机落地、旅客安置完毕、飞机搬移结束等，情景是指用一系列场景按照事件发展规律的逻辑关系所表达的事件全过程。

（1）航空器故障类。发生该类事件的直接原因就是航空器故障，如果发生在空中，事件发生的过程基本可以划分为空中排故、降落后救援、航班计划调整与恢复三个阶段，如图 2-3 所示。一旦出现故障信息，机组会及时联系地面指挥部门，之后机组和地面指挥部门会同时采取措施，机组将按照检查单进行排故和采取相应的应急措施，地面则需要做好救援准备工作，同时对机组进行必要的排故

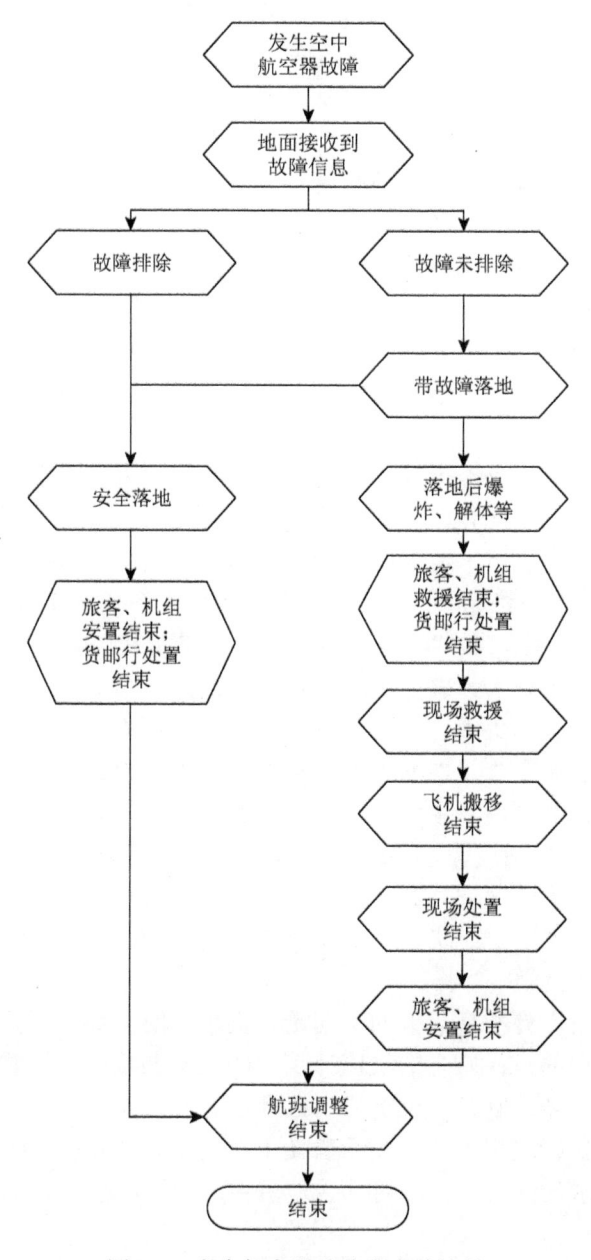

图 2-3 空中航空器故障类事件情景

技术支持。排故的结果存在两种可能场景——排除或未排除。飞机落地的场景可能为安全落地，或落地后发生更严重的后果。安全落地后，对旅客和机组以及货物、邮件和行李（简称货邮行）的处置工作基本与正常航班相同。而当出现非安全落地时，首先开展针对人和货邮行的现场紧急救援，现场救援结束后，在相关取证工作结束后，开始飞机搬移工作，之后是旅客、机组安置，调整后续航班，现场应急响应工作完成。如果发生在地面，则相应减少了空中排故阶段。

（2）运输安全类。运输安全类主要是由外部恶劣环境或承载的危化品出现泄漏等原因引发的危及或可能危及航班安全的事件类型。这里列举的危化品泄漏或者疑似泄漏事件发展过程与空中颠簸造成人员受损或者飞机受损的发展过程，主要区别是发展过程不同。特别是危化品泄漏事件在处置过程中尤其需要保障救援人员的自身安全，相对其他事件其需要的专业技能超出了航空公司的专业能力范围。其过程与空中航空器故障类基本相同，不同之处在于其没有空中排故支持，落地后在货邮行处置阶段需要增加危化品的专业处置措施，如图 2-4 所示。空中颠簸事件不出现飞机不安全落地的场景，落地后发展过程与空中航空器故障类的安全落地后基本一致，如图 2-5 所示。

（3）医疗卫生类。该类事件主要起因为顾客的健康状况不佳。该类事件的处置主要影响到服务质量问题，与安全的关系相对较弱。该类事件与其他类的不同之处在于飞机落地前机组、地面服务部门与急救机构的联系和协调，急诊旅客下机后，如果不是目的地机场，其他旅客和行李需要重新安排安检等安全检查工作，如果发现无主可疑行李，转"爆炸物威胁事件"的处理流程，如图 2-6 所示。

（4）人为破坏类。人为破坏类事件起因为人为主观上具有破坏意识，同时客观存在破坏行为或者口头威胁等危及航空器安全的行为。根据相关法律规定，这类事件已经不属于航空公司能够处理的事件，必须交由公安部门进行处置，航空公司在其中起到辅助作用，主要工作有提供航空器运行的位置、安全状态、航班综合信息等，如图 2-7 所示，如果飞机已解体，直接启动"重大事故"应急程序。

（5）大面积航班延误类。大面积航班延误是指航空公司在某机场出现大量长时间的航班延误情况，是航班延误状态比较严重时的状态，有时也称为大量航班延误或大规模航班延误。

与前面的突发事件类型最大的不同是该类事件的应对主要体现在航班生产计划的调整上，强调的是在原有的航班计划上的动态调整，包括航线申请、航行情况、计算机飞行计划的制订、机组和飞机准备等。

该类事件在执行过程中的主要矛盾在于在航空公司有限资源条件下，如何在尽量满足旅客需求的同时，保障对其他航班生产的影响损失最小。

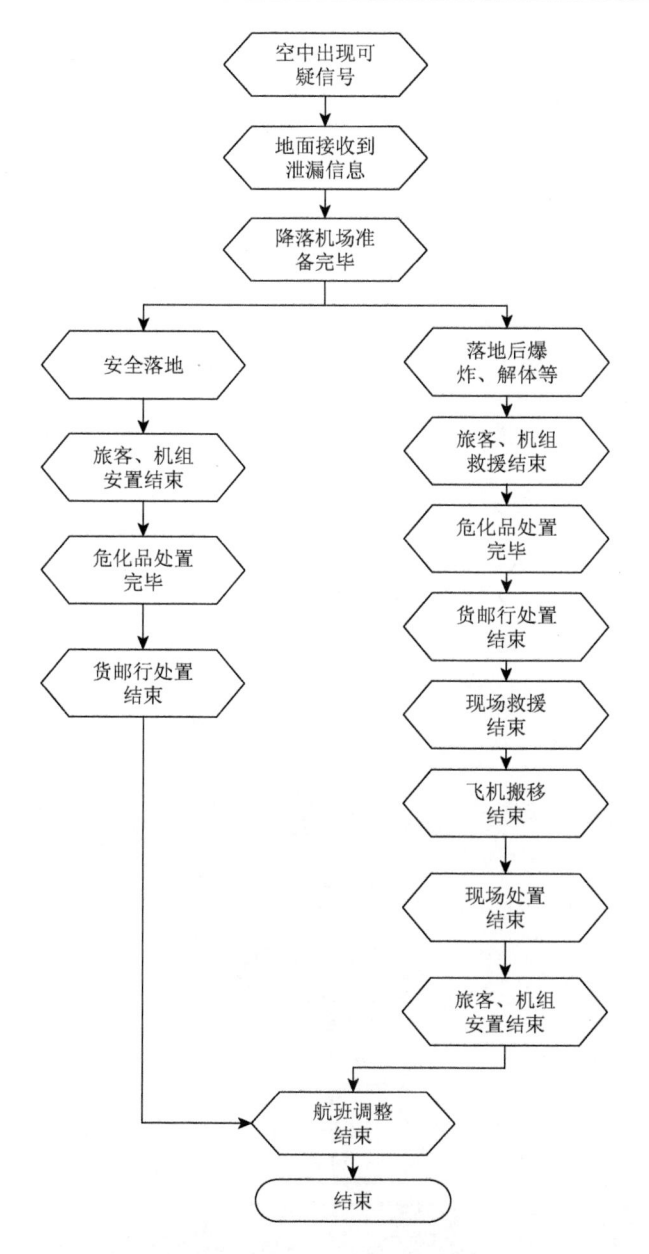

图 2-4　危化品泄漏事件情景

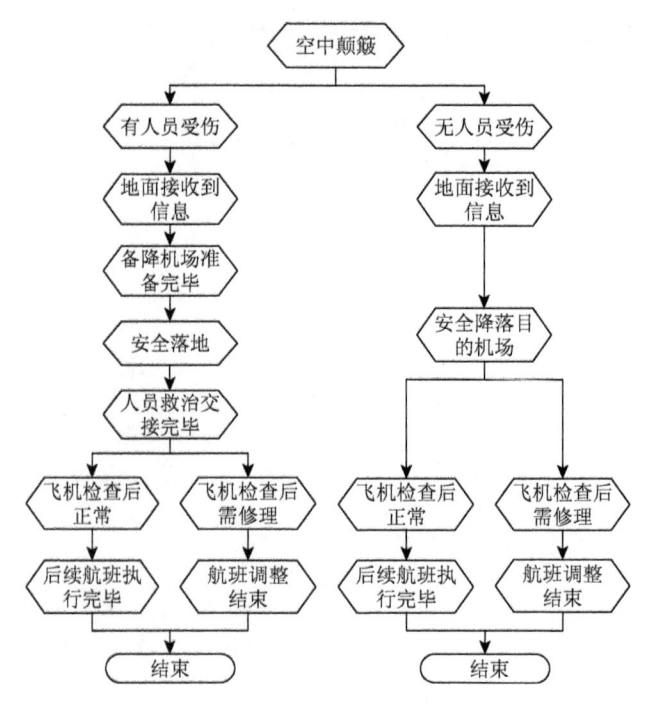

图 2-5　空中颠簸事件情景

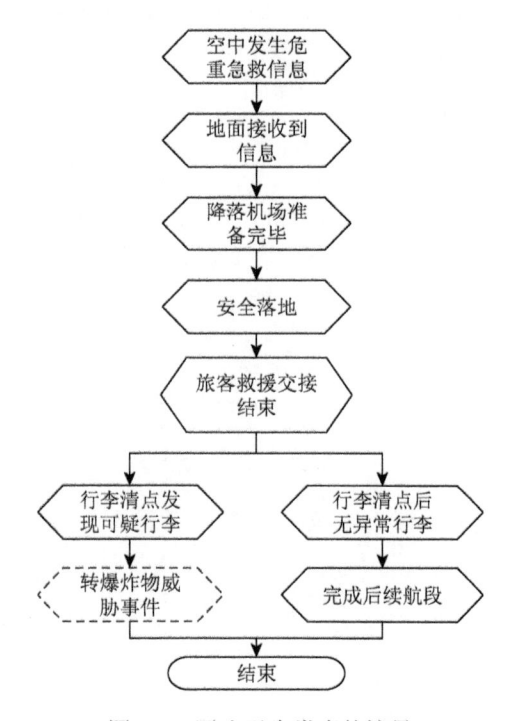

图 2-6　医疗卫生类事件情景

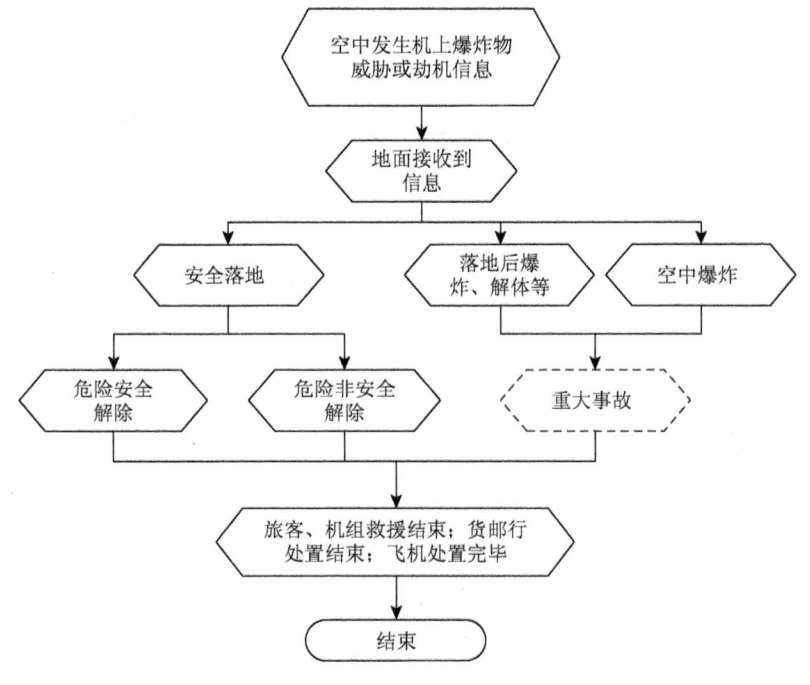

图 2-7 人为破坏类事件情景

2.4 本章小结

本章简要介绍了航空公司主要生产部门的职责分工，并用一个航班任务说明航班生产过程。然后利用场景和情景描述的方法，分别对航空公司面临的航空器故障类、运输安全类、医疗卫生类、人为破坏类和大面积航班延误类的发展过程进行了阐述。前四类事件的应对主要在于组织过程，而大面积航班延误类的应对关键在于如何对航班计划进行调整，后面章节将从应急响应程序和航班生成组织的角度分别讨论其中的管理方法。

第3章 航空公司应急管理体系

应急管理体系的目标是：统一指挥、分工协作、预防为主、平战结合、及时灵活、科学有效地处置突发事件。为实现上述目标，在建立应急管理体系过程中要坚持以下原则：全面性、层次性、可重构性、高可靠性、集成性、可演练性。

突发事件应急管理的理论研究在应急管理体系、应急资源布局和调度等方面取得了一定成果。从理论上讲，一个完整的应急管理体系主要包括如图 3-1 所示的内容。

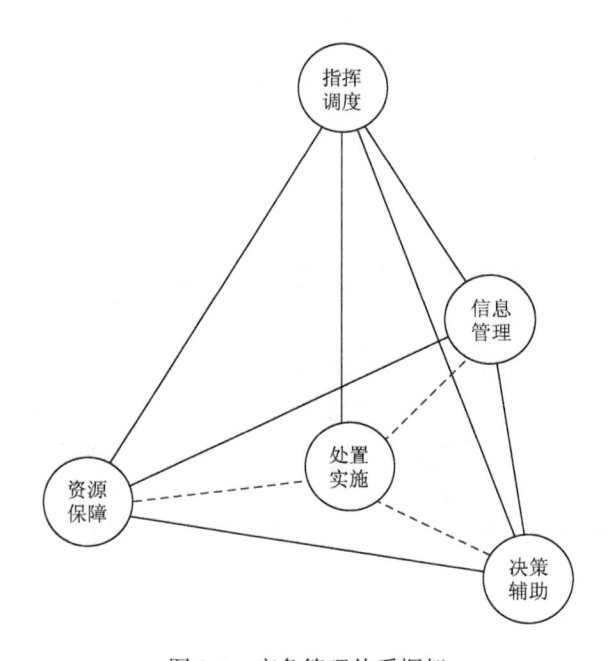

图 3-1　应急管理体系框架

本章从应急管理的基本功能出发，构建了图 3-1 中的应急管理体系，包括指挥调度、资源保障、信息管理、决策辅助以及处置实施五个系统。其中，指挥调度系统是整个应急管理体系的最高决策机构，向其他系统下达指令；处置实施系统执行指挥调度系统下发的指令；资源保障系统为处置实施系统提供物质保障；信息管理系统从处置实施系统和资源保障系统获得信息，实现对信息的采集、传输、存储等功能，为决策辅助系统、处置实施系统、指挥调度系统和资源保障系统提供信息服务；决策辅助系统则是在信息基础上，利用决策支持工具，为指挥决策提供参考方案。这五个系统构成有机整体，实现应急管理的总体功能。这五个系统的功能集中体现在战时保障应急预案的有效实施上，并延伸到日常的建立和完善预案体系与应急机制、资源（包括人力资源）的配置与管理以及平时的培训和演练的工作上。

本章将结合航空公司应急管理的具体业务，设计航空公司应急管理体系框架，并分别阐述各系统的功能。

3.1 航空公司应急管理业务分析

应急管理体系的运行方式主要分为两个状态，即平时状态和应急状态。平时要面向不同类型的事件，建立可操作预案、完善预案体系，在预案要求的基础上，完善保障预案有效实施的应急机制和应急队伍建设，通过培训和演练等方式达到锻炼队伍和提高能力的目的，同时演练效果的评估结果可以指导预案完善和资源管理工作。平时的运行是为了支撑战时"启动—处置—善后"等不同阶段能够快速响应、机制联动、有效应对地工作。其基本运行方式如图 3-2 所示。

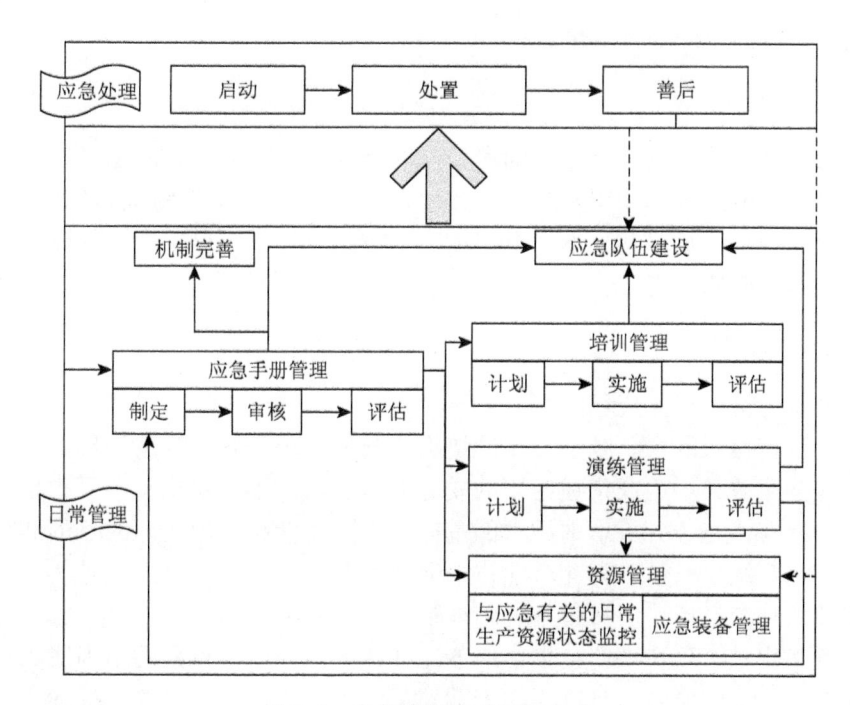

图 3-2 应急管理体系运行方式

3.1.1 日常业务

日常业务主要包括预案管理、机制完善、应急队伍建设、应急培训、应急演练以及资源管理六个方面的工作。

1. 预案管理

预案管理主要包括预案制定、预案审核、预案评估等工作内容,预案制定就是要制定出可操作的预案,要分析该类型突发事件的发生发展规律,分析事件侵害对象,分析功能需求,设计措施,理顺关系,形成预案。预案审核就是按照主管部门的规定,对预案进行审核,避免违规违纪现象出现。预案评估的方式主要有专家评审,主要是从专业角度评估是否有缺陷或不可操作的工作,此外还包括利用演练的方式对预案进行评估。

2. 机制完善

机制完善是应急管理日常工作的重点,预案是建立和完善机制的基础,就其作用而言,机制就是为了保障预案有效实施而制定的规章制度和方法,因此,机制建设和完善必须与预案建设和完善同步,这个工作是一个长期且不断提升的过程,需要一定的方法和标准来支撑。

3. 应急队伍建设

队伍构成主要包括三个方面的人员,即指挥人员、专家、志愿者。针对这些人员要进行相应的应急知识和应急能力培训,建立培训和演练的管理计划,建立人力资源管理机制,对其基本信息,如通信方式、特长、日常岗位等建立信息管理机制,以备应急之需。

4. 应急培训

开展应急培训工作流程如图 3-3 所示。

首先分析培训需求。航空公司的培训来自航空公司安全管理的现实需求,因此,应在公司曾经经历或正在经历的安全问题上,从不同层次、不同类别分析培训需求。只有在充分分析培训需求的基础之上,才能够明确培训的目的和目标,进而制订出系统、科学、有针对性的培训计划。

培训计划应包括培训师资、培训对象、培训内容、培训时间、培训方式方法。应急处置工作是一项跨部门、多层级的工作,因此,应急预案的培训对象也是来自不同部门、不同层级,具有不同专业背景的人员。培训对象的选择应当符合科学、高效的原则,使培训效率最高、培训效果最好。培训内容的选择应充分考虑培训的需求，内容尽量简练、模块化，便于培训对象理解、识记。培训时间既包括培训周期，即同类培训在多长的时间段内开展一次，还包括时长，即培训在多长时间内完成，培训周期和培训时长的确定取决于培训的目的、目标。在培训方式的选择上，应从传统的面对面的培训转向面对面的培训与网络培训相结合的方式，而在培训方式上，则应从传统的讲授式培训转向多样化的培训方式，如案例分析、情景模拟等。培训计划的实施应充分保证培训目标的实现，因此，在培训计划的实施过程中，应对培训过程进行充分管理以保障培训质量。

在培训工作完成之后，应对培训质量进行评估，找到培训效果与预期效果之间的差距并分析产生差距的原因，从而针对原因采取改进措施。改进措施可以是重新制订计划，也可能在原定计划的基础上，强化管理实施过程。

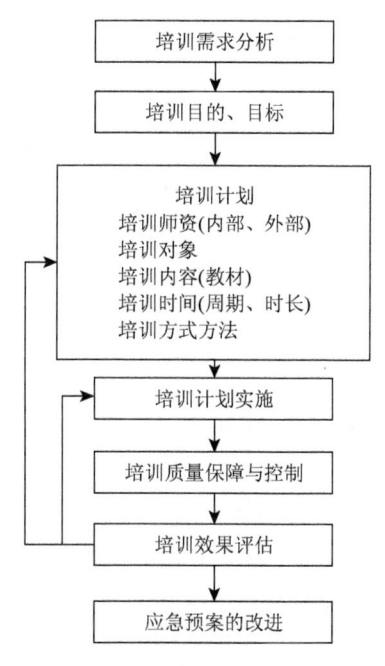

图 3-3 应急培训工作流程图

在培训的过程中，应充分利用培训对象的实战经验以及聪明才智，对应急预案中不合理、不科学、不完善的方面加以改进，然后针对改进后的预案重新制订计划，开展补充培训。

5. 应急演练

应急演练由应急管理委员会统一组织，制订演练计划并报公司主管领导和部门审批后执行。演练工作可以分为实际演练和演练平台上演练两种。应急预案演练流程如图 3-4 所示。

首先，明确组织和个人对应急预案演练的需求。在明确需求之后，确定应急预案演练的目的和目标。

然后，根据应急预案演练的目的和目标，制定演练的突发事件情景，设计演练计划，计划包括演练参加人员，演练地点，演练时间，演练所需的设备、设施等。

演练结束后要针对演练情况进行讲评。讲评、总结的内容要整理成资料存档，并报公司应急管理委员会。报告内容包括：通过演练发现的主要问题；对演练准备情况的评价；预案有关程序、内容的建议和改进意见；

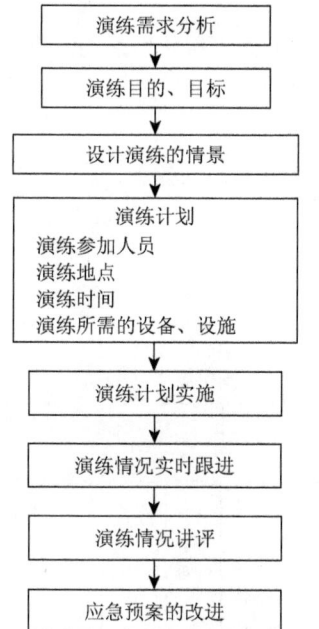

图 3-4 应急预案演练流程

对训练、器材设备方面的改进意见；演练的最佳顺序和时间的建议；对演练情况设置的意见；对演练指挥机关的意见等。

6. 资源管理

资源管理的对象包括两大类：一是应急处置中的特殊装备；二是与应急相关的日常生产设备，如摆渡车、行李车等。应该根据应急需求进行资源的配置和布局。对于特殊装备要建立起设备维护机制，明确责任人、维护内容、维护标准、维护周期等，以保障这些设备在应急处置中能够稳定地工作。对于日常生产中的设备，需要定期掌握这些设备的状态信息，如正常投入生产的数量、处于维修状态的数量等。

3.1.2 应急业务

前面的一切准备工作都是为了能够快速有效地应对突发事件，化解危机，保障生命安全，尽可能减小损失。应急过程中应当坚持以下原则：当事件发生时，按照预案和检查单执行应急处置；如果发生其他突发事件，按照应急总指挥的指令执行。航空公司突发事件应急管理主要包括四个方面的工作：第一是内部资源的调度和处置；第二是外部协调工作；第三是新闻媒体工作；第四是基础保障工作。

3.2 航空公司应急管理体系框架

航空公司应急管理体系必须做到保证应急工作协调、有序、高效地进行，最大限度地减少损失，保护公共财产和旅客安全，维护稳定的秩序，促进航空安全，其框架如图 3-5 所示。

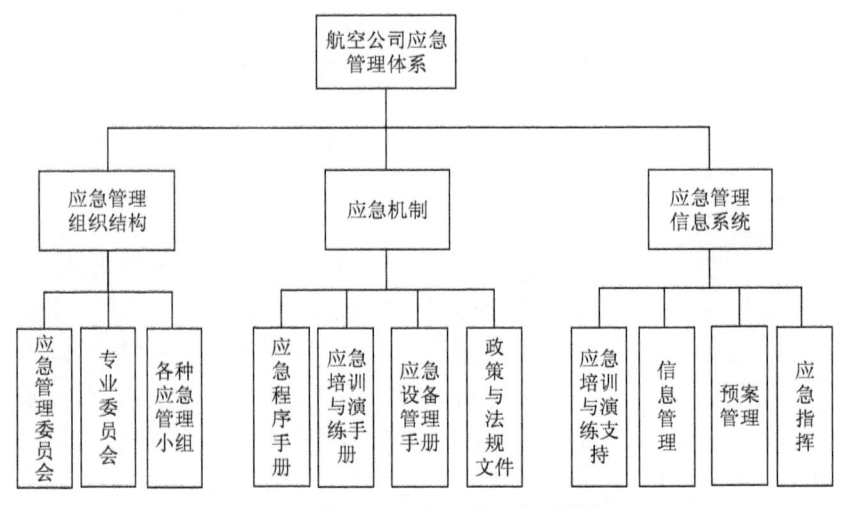

图 3-5 航空公司应急管理体系框架

应急管理组织结构是在应急预案的基础上建立的虚拟组织结构，符合应急处置过程的要求，是体系运行的执行者和参与者。这些人员在平时有各自的工作岗位职责，当公司启动应急预案后，按照预案规定或公司应急总指挥的要求，履行应急处置职责。

应急机制是体系有效运行的保障。由于应急处置过程不同于日常生产的业务流程，需要按照应急预案的要求，建立起合理的规章制度，保障应急预案的实施。

应急管理信息系统是应急管理体系运行的重要支撑。信息作为应急处置中重要的应急资源，可以通过信息技术手段提高其及时性、完整性、准确性、有效性，同时可以提供必要的信息分析功能，为应急决策提供辅助工具。

3.2.1 应急管理组织结构

应急管理组织结构包括应急管理委员会、专业委员会和各种应急处置小组，其目的是为应急管理提供组织上的保障，保障相应专业人员迅速到位，明确相关领导的指挥岗位，明确决策权。

面向航空公司突发事件应急管理的日常业务和应急业务，应急管理体系中的最高领导是公司层面的应急管理委员会，下设专业委员会，完成处置实施、外部协调、新闻媒体、基础保障工作。日常业务由应急管理办公室承担，隶属于应急管理委员会。具体如图 3-6 所示。

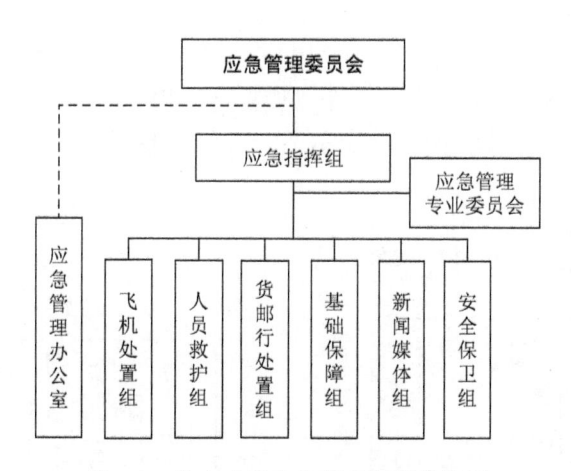

图 3-6 航空公司应急管理组织结构图

应急管理委员会由公司主管运行的副总裁任总指挥，其他相关生产运行部门的负责人任委员会成员，其中，航空公司现场总指挥由现场处置过程中不同阶段的业务主导部门最高行政职务人员担任。

应急管理组织结构应该是一个虚拟组织，其组成人员平时从事正常生产任务，同时按照培训和演练计划熟悉并完善自己职责中的应急管理工作和流程。

如表 3-1 所示，其中应急指挥组的组长由主管安全的副总裁担任，成员由总飞行师、运行控制中心负责人等构成。

表 3-1 应急小组成员构成

序号	小组名称	组长部门	组员部门
1	应急指挥组	主管运行的副总裁	总飞行师，运行控制中心，飞行部，机务工程公司，客舱服务部，地面服务部
2	飞机处置组	机务	航安部，财务部
3	人员救护组	地面服务部	飞行部，客舱服务部，家庭救援队员
4	货邮行处置组	地面服务部	家庭救援队员
5	基础保障组	综合保障部	地面服务部，信息部
6	新闻媒体组	宣传部	
7	安全保卫组	保卫部	

当突发事件发生后，启动相应的应急管理组织。例如，在某基地收到航空器起落架放不下来的信息后，初期启动如图 3-7 所示的应急管理组织，其中加粗字体表示需要启动的应急小组，未加粗字体部分不用启动，根据事态的不断发展和变化，将启动相应的组织。

当发生另外一类突发事件时，如发生天气原因引起的大面积延误事件时，启动如图 3-8 所示的应急管理组织，其中，加粗字体表示在大面积延误应急处置中，需要启动的应急小组，未加粗字体表示不需要启动的行动组。

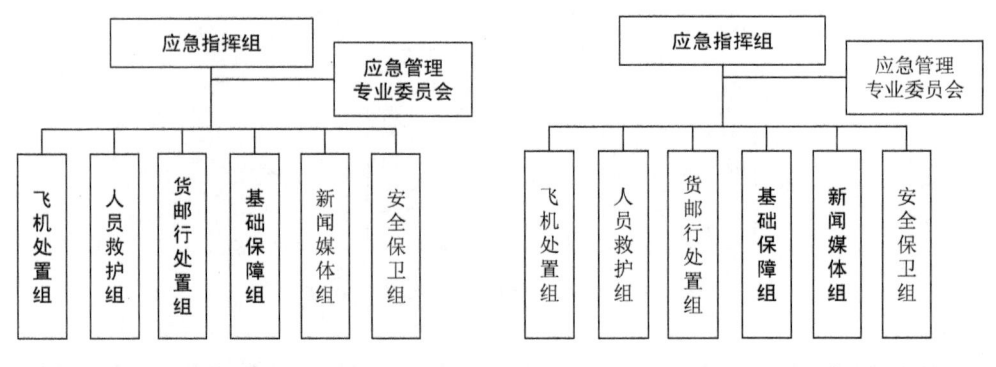

图 3-7 起落架故障初期启动的应急管理组织结构

图 3-8 大面积航班延误处置中的应急管理组织结构

根据以上分析，设立和完善小核心、大应急的虚拟组织结构，具体如下。

（1）建立公司级别的应急管理委员会，办公室为常设机构。

（2）建立应急管理专业委员会。主要包括：机务、飞行分别成立相应的应急管理专业委员会。

各委员除办公室为专职人员，其他组成人员为兼职人员，只有应急需要时才参与应急工作。

3.2.2 应急机制

应急机制界定为：在突发事件事前、事中、事后全过程中，应急管理组织机构的设立以及采取的各种制度化、程序化的应急管理方法与措施，核心体现为应急程序。

1. 应急程序手册

航空公司的应急程序手册是航空公司突发事件应急管理工作的规范性文件，是应急处置的重要参考依据，是应急培训和演练的重要指导性文件。

制定应急程序手册的目的如下。

（1）明确应急管理组织体系。

（2）明确航空公司突发事件类型和管理范围。

（3）规范应急管理流程和各部门的职责范围。

（4）统一应急管理标准。

航空公司应急程序手册的内容主要包括总则、组织结构、事件类型、应急预案、应急处置检查单、引用文件等。其中，航空公司应急预案和应急处置检查单是应急程序手册的主要组成部分，可以单独成册，供培训、演练使用。

应急预案是航空公司针对可能发生的重大事故或者突发事件，为保证迅速、有序、有效地开展应急与救援行动、降低事故损失而预先制定的有关计划或者方案。

（1）应急预案系统构成。对于整个应急管理体系而言，预案是应急管理体系的重要组成部分。根据不同类型、不同级别启动的应急管理组织结构不同，对应启动的应急预案也不同。预案是一个多维度的系统，对于不同类型事件、不同应急决策组织，都有相应的应急预案，这就构成了整个应急预案系统。

（2）应急预案的分层。分层标准分为航空公司层面的指导性应急预案和各部门的操作性应急预案两个层面，也可以根据实际需要进行分层。

公司层面预案：也称为顶层应急预案，是为公司应急指挥中心制定的、说明各部门（小组）的整体处置流程和职责的应急预案。

操作层面应急预案：是各部门各应急小组针对某一具体应急任务的应急预案，

是对公司层面预案的细化，如飞机起落架放不下应急预案的地服集结子预案、地面支持子预案、现场救援子预案等。

（3）信息流转图。信息流是指信息的传播与流动，信息流分三个过程：采集、传递和加工处理。工作流程图蕴涵着信息的采集、传递、处理等，因此，根据工作流程图将其中的信息部分提取出来，添加上信源、信宿及信息传递过程，就构成了信息流转图。

绘制目的：①从信息流转和信息保障的角度，评估应急预案的可操作性；②为建立信息共享机制提供基础。

信息流转图的功能：①明确信息的流动过程（采集—传递—汇集）；②明确各工序实施前所需要的信息，作为制定信息标准的依据。

应急处置检查单是建立在一个完善的预案系统之上的，是应急预案的一种表格形式的体现。应急处置检查单分岗位、依据应急预案中规定的流程和动作来制定，主要内容包括岗位、适用事件、启动条件、执行人、工作内容、启动时间、完成时间、签名等。制定应急处置检查单的目的在于增强岗位职责的规范化程度和可操作性。除此之外，某些通知、上报、收集信息等工作要配合相应的标准信息检查单、通知对象和内容检查单等。

2. 政策与法规文件

政策与法规是指国家层面的、具有法律效力的国家政策、法律、法规、条例等。国际方面，包括其他国家的有关民用航空的法律法规，以及国际民航组织颁布的文件。国内方面，包括国家版本实施的法律、法规、管理条例等，以及民航局的文件、规定等。

此外，还包括公司运行标准部审核发布的公司运行规范、规章和制度。

应急培训与演练手册、应急设备管理手册分别对培训、演练以及设备管理工作进行规范，不再赘述。

3.2.3 应急管理信息系统

应急管理信息系统的目的是提供信息保障，指挥辅助决策的工具，提供培训、模拟演练的平台。其功能示意图如图 3-9 所示。

1. 信息管理

信息管理有效集成应急处置过程中需要的数据、信息。其中主要包括应急人员信息，如专家信息，管理者信息；物资装备信息，如特种车辆的可用数量、位置等；航站信息，电话信息，星空联盟信息，网络媒体监控信息等。

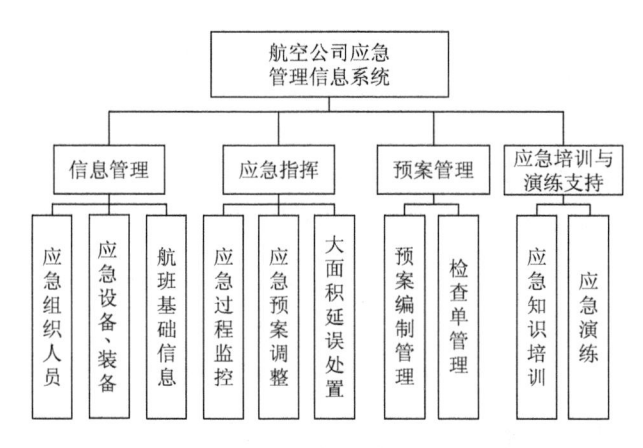

图 3-9 应急管理信息系统功能示意图

2. 应急指挥

应急指挥实时提供应急过程的新情况、新变化的数据和信息。在预案库的基础上，提供可视化的应急预案。利用项目管理中的网络技术的形式和思想，将预案表达为网络计划，实现预案的可视化。能够根据实际情况，调用最为近似的设定情景的预案，实现预案的动态调整。

3. 预案管理

预案管理将预案编制工作中形成的预案，按照类型、级别等分类管理，便于演练和应急过程中的调用。主要实现对预案的分类存储、调用、维护等功能。该模块是指挥处置的支撑。

4. 应急培训与演练支持

应急培训与演练支持是应急管理工作中非常重要的一个环节，是根据应急管理体系的总体要求所拟定的应急管理预案的承载体，是利用计算机仿真技术以计算机分布式仿真为主的模拟系统，以便在平时状态下能够对所建立的应急管理机制和预案进行模拟与演练，进而保证在战时对相关人员的专业素质要求，也作为改进和提高应急管理机制与丰富预案库的依据。该模块主要是对实际案例按照预案编制的过程进行过程回放，找出成功的地方，弥补处置中的漏洞，对一些预案库中没有设计的新情况、新情景进行补充完善。此外，经过总结的案例可以形成培训、演练的教材，运用到培训与演练中。整合与协同是应急演练平台建设的核心，整合贯穿应急演练业务体系与技术系统建设的全过程。实效性、可视化、持续优化是应急演练平台的特点。预案是应急指挥和演练的核心，以事件分类分级动态组建应急组织，以预案与范例为基础进行临机决策，来应对意外情况或意外事件。

系统设计演练平台的操作角色分为教师角色和学生角色两大类，受训的各级指挥者在应急演练中充当学生角色，根据教师机提供的应急演练情景进行决策，采取相应的处置行动，然后由教师机对其行动进行评估，并在可能的行动结果下给出下一阶段的情景推演方案，应急演练平台功能框架如图 3-10 所示。

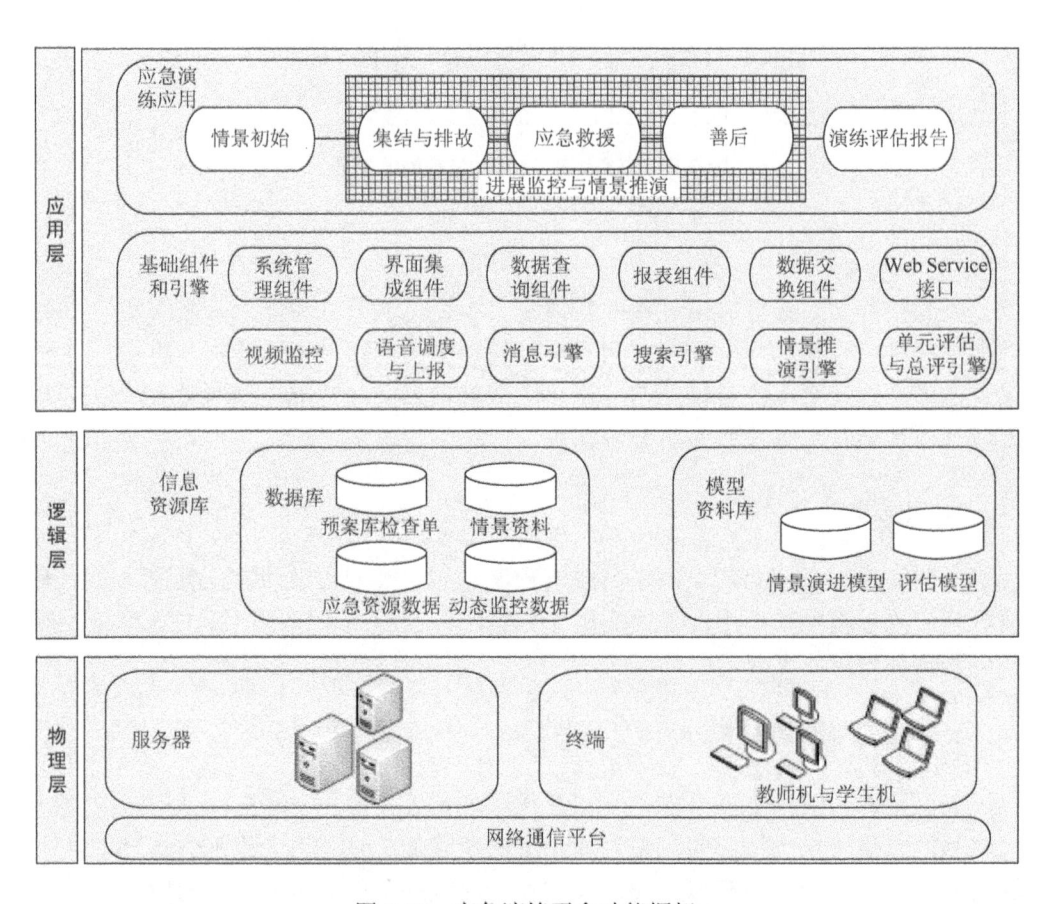

图 3-10 应急演练平台功能框架

应急演练平台涉及的核心算法包括预案编制方法、情景推演算法、总评和单元评估相关算法。

通过设计一定的评估指标和模型，实现对航站的应急评估和新开航站的应急商务评估，对应急预案的时效性和资源保障程度、机制保障评估，对处置方案的整体效果评估和处置过程评估。

3.3 应急管理体系建设

航空公司所面临的突发事件是多种多样的，由于这些突发事件的性质相差很大，不可能采取单一的方式进行应对，如机械故障和大面积延误的处置流程不同。无论针对哪一类事件，若要综合提高应急管理水平，必须实现应急处置的信息化，即建立应急管理信息系统来辅助应急决策，帮助应急管理。

3.3.1 航空公司应急管理的主要对象

突发事件的分类分级问题是一个十分复杂而重要的问题，分类的好坏直接影响预案建设、信息建设等。初步研究表明，突发事件分类的维度很多，可以从对象、时间、地理位置、性质或者引发事件的诱因等方面划分，一个科学而有效的分类应当坚持以下几个标准。

（1）分类是为了快速有效地进行应急处置。

（2）不同类型的突发事件处置流程不同。如果处置流程相同，只是在具体资源种类上有所不同，则可以合并为同类突发事件。

面对不同类型的事件，股份公司、分公司（基地）和航站都应该有相应的应急管理启动机制、应对机制和善后机制。在对不同类型和级别的突发事件机理进行分析的基础上，管理体系启动相应级别的应急管理机制，采取不同的应对方案进行处置，如图 3-11 所示。

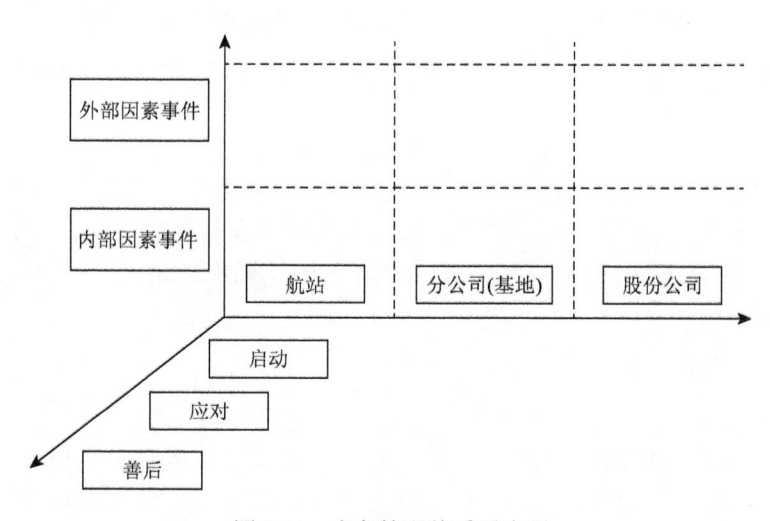

图 3-11 应急管理体系层次图

3.3.2 建设思路

航空公司所面临的突发事件多种多样，发生和发展机理相差很大，不可能采取单一的方式进行应对，如机务故障需要编制具有详细操作流程的应急预案进行应对，而大面积延误则更需要建立模型和算法提供应急决策支持。无论是哪一类事件，航空公司要想综合提高应急管理水平，还必须实现应急处置的信息化，即建立应急管理信息系统辅助应急决策，帮助应急管理。因此，该体系建设可以从预案体系建设、大面积航班延误分析、应急管理信息系统建设三方面内容，以项目的形式展开，形成建设航空公司应急管理体系的方法，然后将上述方法进行推广，逐步完善航空公司应急管理体系。上述三个方面同时进行，相互联系，共同推进应急管理体系的整体建设进程。

其中，预案体系建设总体思路是以航空公司突发事件为核心，以预案制定为基础，对应急处置过程中的人力、资金、设备、信息等各类资源和组织、方法、规章等保障体系，展开全面分析，查找薄弱环节，逐步细化和完善应急处置流程，建立健全预案系统。航空公司突发事件的类型可以根据航班运行规律，在风险分析、案例总结、同行对比的基础上，总结航空公司面临的突发事件类型。在分析事件发生、发展过程的基础上，分析事件发生后对飞机、旅客、货邮行，以及对整个航班计划的影响，进而明确应急需求，针对需求设计应对措施，制定应急响应程序，然后针对具体措施执行过程中需要的人员、信息、装备等资源配置制定相应制度加以保障，特别是影响最终处置效果的关键措施，需要制定完善保障制度。例如，在空中机务故障处置中，需要提供必要的地面专家支持，那么机务专家的日常值班制度中要兼顾可能的应急响应需求，以保障专家能够及时达到指定位置。

建设应急管理信息系统，开发基础信息管理功能。针对大面积航班延误，首先从某种天气原因入手，对大面积航班延误涉及的相关模型和算法进行研究，包括航班延误原因统计分析、后续航班延误分析和大面积航班延误分析三方面内容，进而在模型和算法的基础上进行分析，为指挥者提供决策支持。

3.3.3 建设内容

在体系建设思路的基础上，本小节提出应急管理体系建设的概要，包括体系的建设原则、范围及内容、体系建设进度计划以及可能涉及的航空公司参与单位。

1. 原则

整个应急管理体系建设项目遵循"整体设计,分步实施;自上而下,自下而上"的原则。

(1) 整体设计原则:应急管理体系建设是一个系统工程,必须考虑整个体系各个层面、各个方面之间的相互关系,在对各种事件机理充分分析的基础上,综合提出应急管理体系建设的方案。

(2) 分步实施原则:应急管理体系是一个多级别、多层次的系统。不可能一次解决该体系方方面面的问题,只有以点带面,采用原型方法,对同类事件中的某一事件进行彻底分析和攻关,形成一套切实可行的建设方法,然后逐步推广,才能在体系功能的完善上逐步深入、分阶段实施,最终完成体系建设。

(3) 自上而下原则:应急管理体系在设计上必须从上到下进行,只有在整体分析基础上,将问题逐步分解,然后才能在此基础上寻找突破点。

(4) 自下而上原则:应急管理体系的建设又是一个从下到上的过程,即在设计的基础上找准问题突破口,然后各个击破,从典型事件攻关过程中形成可行的建设方法进行推广,逐步完成整个体系的建设。

2. 体系建设的范围及工作内容

体系建设可以某类应急预案的建立为突破口,逐步建立和完善航空公司应急预案体系框架,并建立应急演练平台来辅助应急人员的培训和演练,然后将应急演练平台扩展到应急管理信息系统,并与航空公司日常管理信息系统进行无缝结合和兼容。针对大面积延误问题,首先进行航班延误原因分析,然后进行后续航班延误分析,最后在此基础上对大面积航班延误进行总体预警,并对滞留旅客情况和运力进行分析。建设应急管理体系主要包括以下工作内容。

(1) 应急管理组织结构建设。按照平战结合原则,建立应急管理指挥、处置的虚拟组织机构,明确岗位和职责。这些人员平时在生产运行工作岗位,当发生相应的突发事件时,按照应急处置机制,参与应急管理工作。

(2) 应急预案体系建设。根据不同类型、不同级别的突发事件,明确应急流程,明确各流程中应急管理人员、职责、资源,并以某类应急预案的建设为突破口逐步建立和完善航空公司应急预案体系。

(3) 机制建设。主要包括按照应急预案中的流程建立对应的规章制度,保障人员、资源的调度和信息的传递与共享等,保证预案的顺利实施、应急管理体系的正常运转。

(4) 培训与演练。对应急组织中的人员进行培训,对已经制定的预案进行演练，一方面进行查漏补缺，完善管理机制，另一方面使应急人员熟悉流程、明确职责。

（5）应急管理信息系统建设。高效运转的应急管理体系需要及时准确的信息和决策辅助工具的支持，建设应急管理信息系统就是利用现代科技手段为决策者和预案执行者提供决策辅助。应急演练平台是应急管理信息系统的重要组成部分之一，应急演练是预案管理的重要工作，应急演练平台的建设可以帮助航空公司进行应急人员培训和预案演练，从而提高公司对突发事件的整体应对能力。

（6）模型库与方法库建设。建设结合航空公司日常运行与应急管理机制的、解决应急管理中具体问题的模型库与方法库，是航空公司应急管理信息系统的重要特色之一。例如，针对大面积航班延误中的管理问题，建立延误航班状态分析、运力分析、滞留旅客分析等模型与方法；针对应急处置中的预案快速生成问题建立预案重构模型等。

3.4 本章小结

航空公司应急管理体系必须从航空公司应急管理的现状和生产组织的现状出发，结合突发事件应急管理理论，按照"自上而下"的原则，建立应急管理组织，这个组织是符合平战结合原则的虚拟组织，其构成主体为一线生产人员，平时参与正常的生产，在启动应急预案后，按照事先制定的机制，履行应急管理职责。根据事件类型，各个参与应急管理的部门均需建立应急预案，按照"自下而上"的原则，从众多类型的事件中选择一到两类，例如，选择"起落架放不下应急预案"为突破口，逐步建设一整套科学、可行、可操作的预案系统，形成一套制定预案的方法，并从预案出发，建立和完善相应的规章制度，进行人员的培训和应急演练，逐步完善应急管理体系。

第4章 航空公司应急预案的编制与评估

航空公司一般将应急预案称为应急手册，主要阐明应急管理的原则、目标，应急组织结构，应急处置过程等。应急响应程序是对应急处置过程的预先设想，是应急预案的核心。本章基于项目管理理论的网络计划设计应急响应程序编制方法，详细说明应急响应程序的制定过程，最后介绍预案评估问题。

4.1 应急预案的内容

航空公司应急预案包括指挥层预案、功能预案和附件三项要件。

指挥层预案是对公司应急工作的总述，包括应急行动的总体思路和法律依据，指定和确认各部门在应急预案中的责任与行动内容。其主要内容包括最高行政领导承诺、发布令、基本方针政策、组织结构、基本应急程序等。

功能预案是指针对应急处置过程中所需的专项功能所做的预案，如人员疏散转移安置、交通保障、医疗保障、通信保障等。

指挥层预案是对整个事件发生发展过程中如何进行应急处置的全过程描述；功能预案是对指挥层预案的支撑，是对应急处置中某些应急功能的具体描述。

航空公司应急预案的一般内容包括如下几项。

1) 总则

总则说明应急处置目的、依据的法律法规、分类分级、本预案的使用范围、应急处置原则等。

2) 组织结构

组织结构说明灾害处置过程中的指挥组成员、应急小组成员以及各自的职责。

3) 应急响应

（1）情景与启动/关闭条件。情景主要描述事件发生、发展、消失的全过程，用某些典型元素直观反映对事件的认识，即对事件规律的认识，是应急预案制定的基础。启动条件是在情景描述的基础上，提出预案启动/关闭条件。

（2）应急响应程序。应急响应程序以情景分析为主线，按照时间顺序阐述每个阶段应当执行的应急管理工作。该部分应当包括：什么条件下启动或者关闭某项工作，工作与工作之间的逻辑关系是什么，完成某项工作的标准、人员、资源。可以采用图形与文字描述相结合的形式展现。

（3）检查单。检查单是指为了指导各岗位（部门）应急处置工作而根据应急预案制定的包括启动/终止条件、工作内容和标准等的表格式文件，简称检查单，是应急预案中主要工作内容的列表形式，起到对各岗位提醒与要求的作用。检查单是对应急过程的另一种体现形式，便于在应急处置过程中应用。

（4）附件。附件是指针对基本预案和功能保障所做的详细指导和具体要求，如人员通信录、地图等。

4.2 应急响应程序的数字化表达和存储

传统的应急预案是文本型的，其编制相对简单，但在实际应用过程中却存在诸多弊端：从实用性来看，文本型预案包含的信息较为宏观，其在实际应急处置中缺乏可操作性；从计算机辅助决策的角度来看，文本型的预案在信息获取和计算方面非常复杂，且提取信息的精度不高。为了更好地利用已有应急预案所包含的知识信息，便于计算机存储和运算，对应急预案的数字化表达非常必要。应急响应程序是应急预案的重要组成部分，其包含反映突发事件演变过程的关键场景点和一系列具有逻辑顺序的处置动作，是应急预案中的核心内容，也是应急预案数字化表达的基础。为了尽可能保持预案中应急处置动作的逻辑序关系，本书将借鉴网络计划技术中的有向图的表达方式，引入如下几种图形符号（表4-1）。

表 4-1 应急响应程序的图形化表达

图形	类型名称	备注
⬡	六边形	关键场景点
▭	矩形	应急处置动作
→	有向箭头	各节点间的序关系

六边形框表示关键场景点，矩形框表示应急处置动作，有向箭头表示响应程序各节点间的序关系。基于这种表达的应急响应程序是一个有向图，因此，可利用计算机中存储图形顶点之间关系的常用方法——邻接矩阵来存储应急响应程序。

设 $G=<V,E>$ 是一个有向图，其中，$V=<V_1,V_2,\cdots,V_n>$ 为有向图顶点集合；E 为有向图边的集合；G 的邻接矩阵是一个具有如下关系的 $n \times n$ 矩阵：

$$a_{ij} = \begin{cases} 1, & <v_i,v_j> \in E(G) \\ 0, & 否则 \end{cases}$$

其中，$<v_i,v_j>$表示从顶点i到顶点j的有向边。

邻接矩阵的本质是利用二元值0或1来表示两个节点之间是否存在序关系。每个响应程序都对应着某个邻接矩阵，邻接矩阵的大小取决于该响应程序中包含的节点个数。若某个节点所在行中第k列的值为1，则表示该节点是第k个节点的紧前节点，反之亦然。邻接矩阵的对角线元素全部为0，表示节点不存在与自身的序关系。

4.3 应急响应程序编制方法

如果把突发事件的应对过程看作一个项目，那么应急预案中各个部门所采取的处置措施可以视为一个个工序，这些工序之间存在一定的逻辑关系，有的是先后顺序，有的是并行顺序。用箭线表达这种逻辑关系，把工序连接成网络图的形式，使应急处置的流程变得直观明了。这样就可以利用网络计划技术对应急处置流程进行管理和分析。

除了包含项目网络计划中的工序和工序之间的序关系，应急响应程序增加了阶段情景标志和判断节点，如飞机带起落架故障落地作为阶段性的场景标志，判断型节点用菱形来表示，如起落架故障是否排除。

下面将针对空中起落架故障的应急预案的主要响应程序，具体介绍编制过程。

1) 基于事件机理分析的事件发展过程分析

该步骤的目的是对事件发展的整体过程有一个统一的认识和描述，为步骤2)的功能需求分析奠定基础。

事件发展过程可以划分为几个主要阶段。当存在以下任一条件时，应当划分为新阶段，条件分别是：当事件性质发生变化时，当处置空间和对象发生改变时，当任务目标发生变化时。

每个阶段以场景开始（或结束），场景主要包括救助对象、影响救助的周边环境和重大里程碑事件等，如表4-2所示。

表4-2 场景指标说明

一级指标	二级指标	指标取值示例
救助对象	对象位置	{空中飞机，机场地面的飞机}；{客舱中的旅客，机组}等
	对象状态	{起落架故障，起落架正常}；{机身完整，机身解体}等
影响救助的周边环境	救助地理位置	{基地，外站，机场外}
	气象环境	{风，雨，雪}
	救助位置的资源状态	{资源充沛，资源短缺}
重大里程碑事件		如宣布启动公司应急程序

表 4-2 中指标并非在所有类型事件分析过程中都必须采用，是否使用的标准在于增加该指标后是否引起救助流程的改变。如果引起流程改变，则需要增加该指标，否则不增加。

事件发展过程分析结果是否完善的标准是：从该分析结果中提出的功能需求是否符合应急管理整体目标，如完成对所有对象的救助工作。该标准需要和步骤2）结合使用。

以飞机空中起落架放不下事件为例，事件发展过程分析图如图 4-1 所示。该事件大致分为三个阶段，即集结与排故阶段、救援阶段、善后阶段。第一个阶段开始于地面收到起落架放不下的报告，结束于飞机落地。飞机落地后有两种状态，一种是故障排除后落地，一种是带故障落地。对于带故障落地，也是救援阶段的开始，救援阶段分别有两个过程，一个是人、货邮行救助结束，属于现场救援结束；另一个是飞机搬移结束，属于现场处置结束，然后是公司关闭应急救援程序；对于故障排除后落地，公司将关闭应急。对于带故障落地情景，还需要后续的善后工作开展，直至结束。

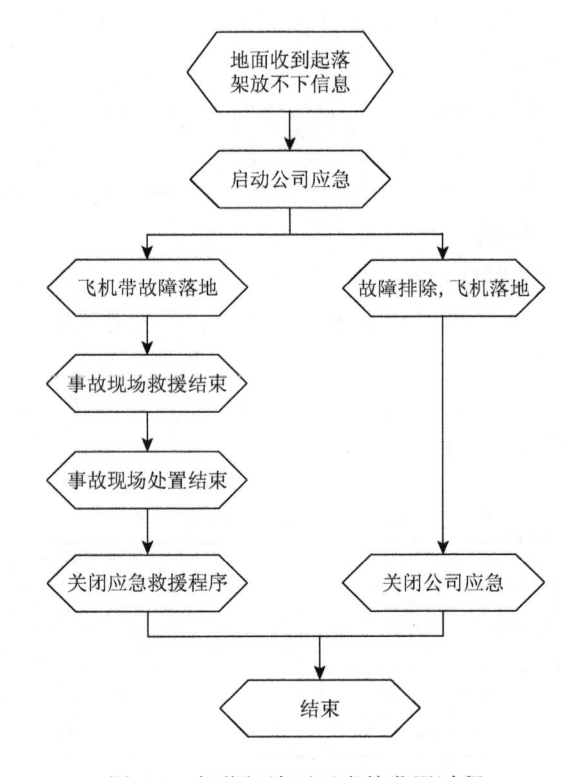

图 4-1 起落架放不下事件发展过程

2）明确管理目标，并对每个目标设计措施

在步骤 1）分析的基础上，分析每一个阶段的应急需求，确定阶段管理目标，针对目标设计措施如表 4-3 所示。

表 4-3　措施设计表

阶段	情景描述	处置目标	措施（措施后的括号中为处置目标的序号）	备注

示例如表 4-4 所示。

表 4-4　起落架放不下事件措施设计表

阶段	情景描述	处置目标	措施（措施后的括号中为处置目标的序号）	备注
空中支持阶段	场景1：收到起落架放不下信息	1. 核实确认； 2. 地面为空中提供有效支持； 3. 为迫降做好地面准备	1. 运行签派分为两组，一组应急，一组正常生产（1，2，3）； 2. 运行签派联系机组获取情况，核实信息（1）； 3. 运行签派获取航班综合信息（2，3）； 4. 通知运控值班经理（2）； 5. 向相关人员报告（2，3）； 6. 成立运行控制中心应急指挥小组（1，2，3）； 7. 机务部门启动应急程序（2）； 8. 飞行部门启动应急程序（2）； 9. 地服启动应急程序（3）	

3）措施逻辑关系分析

该步骤针对步骤 2）中确定的每个阶段的主要管理目标和措施，明确措施之间的逻辑关系，确定执行人、所需资源等内容。可采用表 4-5 进行梳理，每一个阶段都需要填写该表。

表 4-5　措施逻辑关系表

事件									
部门									
应急阶段		目标							
填表人				填表日期		年	月	日	
措施序号	名称	前置工作	开始条件	预计持续时间	执行人员	人员数量	装备	装备数量	关闭条件
0									
3									
5									

示例见表 4-6。

表 4-6 措施逻辑关系表示例

事件	飞机起落架放不下									
部门	运控中心									
应急阶段	空中支持		目标	1. 核实确认；2. 地面为空中提供有效支持；3. 为迫降做好地面准备						
填表人				填表日期		年	月	日		
措施序号	名称	前置工作	开始条件	预计持续时间	执行人员	人员数量	装备	装备数量	关闭条件	
0	签派收到起落架放不下信息									
3	运行签派分为两组，一组应急，一组正常生产	0			值班签派主任	1				
5	通知运控值班经理	3			值班签派主任	1				
7	向相关人员报告	5			值班签派主任	1				
9	运行签派联系机组获取情况，核实信息	3			签派应急人员	1				
11	运行签派获取航班综合信息	3			签派应急人员	1				
13	成立运行控制中心应急指挥小组	7	收到签派主任报告		运行控制中心值班经理	3				
15	机务部门启动应急程序	7	收到签派事件通知		机务值班经理	1				
17	飞行部门启动应急程序	7	收到签派事件通知		总队值班领导	1				
19	地服启动应急程序	7	收到签派事件通知		地服值班经理	1				

4）形成应急响应程序网络计划图

按照情景发展阶段，以及每个阶段采取措施的逻辑关系，形成如图 4-2 所示的应急响应程序网络计划图。

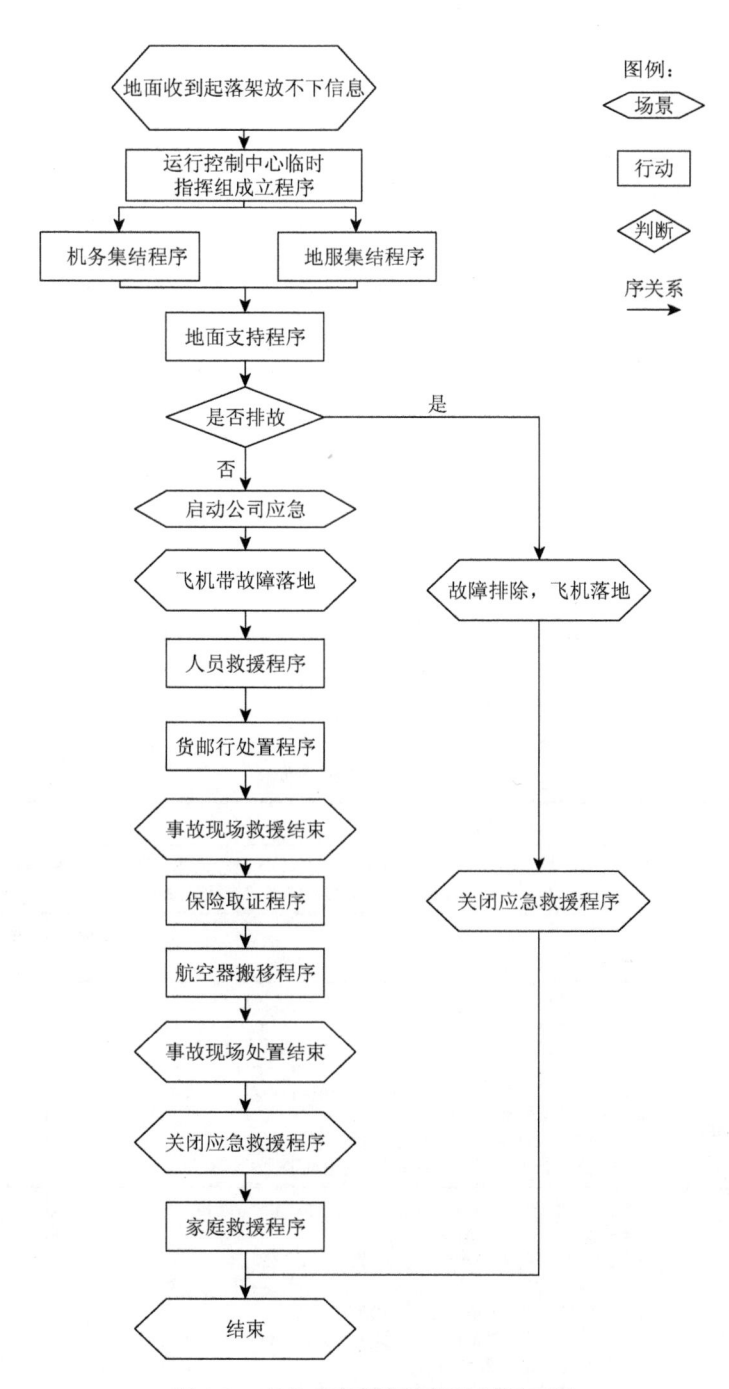

图 4-2 应急响应程序网络计划图示例

5) 制定检查单

为了便于各岗位快速、规范地履行职责，对各岗位按照预案中的要求，制定相应的检查单。

检查单主要包含以下内容：采取行动的前提；采取行动的内容、标准；结束行动的标准。形式如表 4-7 所示。

表 4-7　检查单

阶段	执行部门/负责人	行动任务	开始时间	完成时间	备注
***岗位检查单					
说明：主要说明该检查单适用对象和使用条件					
**阶段		行动启动条件			请说明对应的上层检查单
阶段性任务完成签字：				时间：	

示例见表 4-8。

表 4-8　检查单示例

阶段	执行部门/负责人	行动任务	开始时间	完成时间	备注
运行控制中心临时应急指挥小组检查单					
此检查单是运行控制中心临时应急指挥小组在应对飞机起落架放不下应急预案中要求其下各个部门可能采取的行动，其可以根据各个航站的具体需求进行修改					
集结与排故阶段		运行控制中心收到机组发出的起落架放不下信息			
	运行控制中心	核实起落架放不下信息，向上级部门报告			
	运行主任	1. 运行主任担任临时应急指挥小组组长，通知应急处置各小组成员紧急集结； 2. 宣布启动应急处置程序，报告应急总指挥； 3. 报告公司领导、集团领导，指挥各部门应急工作			
	临时应急指挥小组	1. 利用一切手段与航班机组、空管部门取得联系，获取机组信息或机组意图； 2. 收集、封存该航班的签派放行原始材料； 3. 立即将人员分为两部分，一部分立即进行应急处置工作，另一部分保障日常的航班生产； 4. 当日值班经理向地服、机务、总队、财务、客舱、保卫部门等相关人员报告； 5. 汇总排故信息，判断起落架是否放下； 6. 如果故障未排除，宣布启动公司应急预案； 7. 通知应急指挥小组成员到运行控制中心集结			

续表

阶段	执行部门/负责人	行动任务	开始时间	完成时间	备注
集结与排故阶段	地面服务部门	1. 收集、封存所有该航班的原始材料、旅客名单、配载平衡表、装机单、乘机联、行李情况；收集查明航班的旅客的具体构成情况；填写航班情况报告单； 2. 通知相关人进行集结，集结目的为现场救援和辅助其他相关部门（机务、总队）集结			
	飞行部门	1. 收集、封存所有该航班飞行机组的原始材料；填写航班机组情况报告单； 2. 选派相应机型的飞行技术专家去排故和通场； 3. 飞行技术专家提供地面支持，进行排故			
	机务部门	1. 收集、封存所有该飞机的原始资料、飞机的具体情况，填写机务报告单； 2. 选派相应机型的机务专家去排故和通场； 3. 机务专家提供地面支持，进行排故			
	客舱部门	1. 收集、封存所有该航班飞行乘务组的原始资料； 2. 飞行乘务组的详细资料； 3. 填写航班飞行乘务组情况报告单			
	综保	1. 调集应急处置所需要的车辆； 2. 保障应急指挥中心、应急救援小组的车辆			
阶段性任务完成签字：			时间：		
公司启动应急预案					
	公司临时应急总指挥	待公司正式应急指挥小组成立后，公司临时应急总指挥将指挥权转交给公司应急总指挥，在公司应急总指挥接替之前，则根据《公司应急总指挥检查单》临时行使公司应急指挥的职责			
阶段性任务完成签字：			时间：		

4.4 预案评估

应急预案制定的目的是有效应对突发事件并尽可能地减少损失。因此对应急预案评估最有效的方式是根据其最终的实施效果，达到预期效果的应急预案好，反之则差。但是这种判断方法存在一定的问题和不足，一方面，如果只是单纯根据最终的实施效果判断并不一定准确，因为应急预案的实施不仅与应急预案自身相关，也与应急预案的执行者相关，同样的应急预案可能出现截然不同的效果；另一方面，对于制定的应急预案仅通过实施效果来判断容易造成严重损失。例如，对于一个很差的应急预案，在实施前并不知道其效果，一旦实施才发现几乎没有可操作性，这与没有制定应急预案是一样的，在发生重大事件时，可能导致损失惨重。因此仅通过实施效果来判断应急预案是否有效是不够的，还需要从应急预案的制定情况以及实施过程来分析出现问题的原因并有针对性地进行处理。

应急预案评估有两种类型：前评估、后评估。第一种是在应急预案制定后还没有实施前对其进行评估分析，这称为对应急预案的前评估；第二种是在应急预案实施后，借鉴项目管理中后评估的理论对其进行评估，这可以称为对应急预案的后评估。

1. 应急预案的前评估

应急预案的前评估可以从应急预案的制定以及要素内容等角度进行评估。首先研究应急预案的制定，虽然现在各级政府已经出台了很多应急预案，但是其如何制定并不统一，应急预案应该是按照一个科学的流程步骤来制定的。

（1）成立应急预案编制小组。根据需要应对的突发事件，由各职能单位与各个专业部门联合确定预案编制小组成员，进行应急预案的编制。

（2）进行风险评估和脆弱性评估。根据当地实际情况，由预案编制小组中的专家分析可能出现的对本地区甚至全社会造成重大损失的事故，并对事故进行分类。根据历史上本地区出现过的重大事故，分析这些事故的机理以及发生频率，并针对每种潜在的事故分析本地区相应的脆弱性情况，如哪些人群、单位或者地区脆弱性较强。

（3）资源布局与应对能力评估。在应急处置中资源是关键，当地应急部门应该掌握各类资源的存放地点、种类和数量，根据事故的可能发生地和资源所在地以及不同类别、级别事件对各类资源的需求数量，结合自然和社会环境，确定资源调度的数量和路线，并根据事件的发展，对资源进行动态评估。

（4）对事件进行分类分级。应急预案编制小组专家根据评估的结果，对可能发生的事件进行分类分级，这样在突发事件发生的时候可以根据事件的级别，便于预警准确并采取适用这个级别的适当措施。

（5）建立应急指挥体系。建立应急指挥体系，明确应急体系中各个机构的组成以及机构从平时职能状态到战时职能状态的转移后的职责，如哪些部门负责协调、哪些部门负责现场的哪些任务，确定各个机构人员的职责和每个任务的具体负责人和执行者以及各个部门之间的关系。在预案启动时，保证各机构人员明确自身职责，及时采取行动。

（6）确立保障机制和建立地区间互助关系。应急预案的实施过程中涉及多个部门，需要事先确定应急过程中的保障机制，在涉及多个部门的时候，应该明确各个部门之间的领导关系，便于应对过程中的管理和实施顺利。同时在脆弱性评估的基础上，各专业应对单位应该对辖区职能范围内事故多发或者易发单位给予重视，建立地区之间应急救援的互助联系。

（7）制定应对措施。应急预案编制小组根据对突发事件的分类分级，制定相应的应对措施。在突发事件的处置过程中，各个应对机构都要有明确的措施。为了明确应急预案的流程和步骤，可以应用项目管理中网络计划的形式加以表达，并使用项目管理的方法进行管理，确定人员的职责以及采取的辅助方法。对于应急处置的每个步骤，都应该有明确的责任人和操作的先后顺序。

（8）应急预案的评审和演练。各级政府部门对制定的预案进行评审并备案发布。预案经批准发布后，要有针对性地进行宣传教育和演练。

（9）应急预案的修正。在每次实施完应急预案后，都需要根据实施情况，总结其中的经验教训并对应急预案进行修正，为以后使用做准备。

应急预案制定后如果不进行评估，若应急预案的操作性差，则可能带来应对过程的极大失误并造成严重损失。当然，通过演练进行评估和检验是一个有效的方法，但鉴于其实施成本较高，可以使用理论评估结合演练进行评估，同时也可以检验理论评估的效果。

在应急预案实施前对其进行评估，主要是从应急预案的编制原则、构成要素和内容等方面进行评估。因为预案制定是否科学、内容是否完备等都会影响到应急预案的实施效果，因此要在应急预案制定后、实施前建立综合评估指标体系对制定的应急预案进行评估。这里选择多级指标体系进行评估，其中一级指标包括应急预案编制的科学性、应急预案构成要素的完备性、应急预案内容的完整性和应急预案的可操作性，在这四个一级指标下面又建立二级和三级指标，整个指标体系如表 4-9 所示。

表 4-9 应急预案前评估的指标体系

	一级指标	二级指标	三级指标
应急预案的前评估指标体系	应急预案编制的科学性	指导思想的科学性	具有正确的减灾思想
			具有对突发事件机理的正确认识
		应急预案的系统性	对突发事件的系统分析
			应急预案生成的方法、原则和程序的系统性
		编制人员的选择要具有科学性	选择的编制人员的单位覆盖面广度
			制订应急预案的编制计划
		编制预案的流程要具有合理性	在应急预案编制前要进行风险评估
			应急预案编制后要经过评审和演练
	应急预案构成要素的完备性	具有明确的情景	明确的自然情景
			明确的社会情景

续表

一级指标	二级指标	三级指标
应急预案的前评估指标体系	应急预案构成要素的完备性 — 具有明确的客体	应对的事件的类别
		应对的事件的级别
	具有明确的主体	明确应对的负责部门或者单位
		明确各个部门的人员职责
	具有明确的目标	确定实施要达到的具体目标
		明确各个目标的优先顺序
	具有可行的措施	各项措施有明确目的
		各项措施有明确的执行者
		各项措施之间合理的逻辑关系
	具有科学的方法	使用科学的管理方法
		使用科学的措施和辅助方法
	应急预案内容的完整性 — 具有应急预案适用的范围	应急预案适用的地域范围
		应急预案适用的事件范围
	具有有效的脆弱性评估	地区的整体脆弱性情况
		地区内各点脆弱性的情况
	具有突发事件的分类分级	具有分类分级的指标
		具有对突发事件分类分级的结果
	具有资源布局的评估	评估资源满足需求的程度
		确定各种资源的存放地点
	具有合理的应急体系	体系结构完整合理
		体系内机构职责明确
	具有预警功能	具有预警功能
	应急预案的可操作性 — 具有机制保障	国家的法规政策保障
		颁布预案地区的法规政策保障
		联动机制的保障
	具有资源保障	本地区的资源储备情况
		资源的定期评估和补充
		邻近地区资源互助
	应急预案具有逻辑性	应急预案的合理性
		应急预案之间衔接的合理性
	应急预案具有灵活性	动态调整的理论思想
		动态调整的方法支持

各评估指标的含义如下。

1) 应急预案编制的科学性

应急预案编制的科学性是指应急预案的指导思想、生成程序和方法都是科学的，即应急预案的制定应该根据突发事件发生发展的机理，以保证预案在实施过程中能真正发挥效果，所以科学性是应急预案的首要要求。应急预案必须是专门组织人员进行编制的，并且编制过程要合理，这是应急预案的开始，如果选定的编制小组人员不合适，如选择无关部门来编制应急预案，由于他们对于此类事件不熟悉，很难保证应急预案的有效性。

（1）指导思想的科学性。科学的指导思想是指要具有正确的减灾思想。应急预案编制的目的是尽可能减轻突发事件造成的社会经济财产和人民生命财产的损失。要想有效应对突发事件，必须要正确认识突发事件，这依赖于人们对突发事件自身机理的深入研究以及对处理突发事件规律的正确认识。要考虑到事件的级别不同、在不同的自然和社会情景下造成的危害不同、各个地区的应急能力不同等。

（2）应急预案的系统性。完备的应急预案应该是一个系统，主要体现在两个层次上，一个是对突发事件的分析要系统，对其机理和分类分级的分析应该具有系统性；另一个是生成应急预案的方法、原则和程序也应形成严密的体系。具有系统性的应急预案不仅对应急过程具有重要意义，也为日后的补充和完善打下基础。

（3）编制人员的选择要具有科学性。预案的编制要成立专门的预案编制小组，并且小组成员应该来自各个与某类突发事件有关的职能部门、专业部门、政府和应急机构等，任何与此类突发事件处置相关的单位都应该参与，这样才能为突发事件应对的各方提供交流和合作机会。应急预案的编制小组成员确定后，必须确定小组领导，明确编制计划，保证应急预案编制工作的组织实施。

（4）编制预案的流程要具有合理性。应急预案的编制流程必须合理科学，在确定应急预案编制小组成员后，首先要进行风险评估，分析本地区的历史灾害发生情况、当地的脆弱性情况，并识别潜在的危险因素，然后才能有针对性地制定应急预案，最后要对应急预案进行评审和相应的演练。科学合理的流程才能保证应急预案制定的科学性。

2）应急预案构成要素的完备性

应急预案构成要素的完备性是指应急预案必须具备的六大要素：情景、客体、主体、目标、措施和方法，这是建立应急预案必备的基础，应急预案的六大要素互相关联、互相作用。

（1）具有明确的情景。情景是涉及突发事件的情况和背景，包括本地区的自然环境如地理和气候情况以及社会环境如事件发生地点是市区还是郊区等，应急预案必须要有针对的事件情景。

（2）具有明确的客体。客体是预案实施的对象即突发事件如火灾或者水灾，根据对突发事件的分类分级，确定需要应对的突发事件的类别和级别。

（3）具有明确的主体。主体是预案实施过程中的决策者、组织者和执行者等组织或者个人。要确定应对突发事件的负责部门和单位，如某城市的应急机构，并要确定应急机构内每个人员的具体职责。

（4）具有明确的目标。目标是应急预案实施所要达到的效果。应急预案最根本的目标是尽可能地减轻突发事件造成的生命财产损失和经济损失。但针对某个事件要明确具体的目标如救人和灭火，并要确定具体目标之间的优先关系，当两者出现冲突的时候可以迅速采取措施进行协调。

（5）具有可行的措施。措施是指预案实施过程中所采取的方式、方法和手段，应急预案中的措施必须可行才能保证应急预案的实施。措施的可行是指应对措施具有明确的目的、明确的执行者以及措施之间合理的逻辑关系。只有明确目的、确定实施者并按照合理的逻辑关系来进行，才能保证措施实施后达到预期目标。

（6）具有科学的方法。科学的方法是指应急预案管理的方法和应急预案实施中的科学辅助方法。在应急预案实施过程中，各项措施之间有一定的逻辑关系，可以借用项目管理中网络计划的形式来对措施进行管理。另外在各项措施的实施过程中，可以使用科学的辅助方法进行协助，例如，在资源调度或者人员疏散过程中，可以借助现有的理论方法并结合当时的自然和社会环境使用科学的方法进行辅助决策。

3）应急预案内容的完整性

应急预案内容的完整性是指应急预案所包含的内容要完整没有缺失，只有完整的应急预案才能保证应急预案的顺利实施。

（1）具有应急预案适用的范围。应急预案有其适用的地域范围如某个城市，适用的事件范围如突发事件的类别和级别。

（2）具有有效的脆弱性评估。应急预案中必须包含脆弱性评估的内容，即根据应急预案编制小组中各个专家成员的经验以及对不同类别突发事件的认识，识别辖区内可能存在的重大危险因素，并根据历史经验，研究总结突发事件的机理，根据机理分析影响因素以及突发事件发生可能造成的危害级别，明确本地区整体的脆弱性情况以及对各种突发事件的应对能力，为应急预案的制定提供基础。同时对于每种可能出现的事故，分析哪些人群、哪些地区或者哪些单位属于弱势应该加强防护，在制定应急预案时要特殊表明。

（3）具有突发事件的分类分级。应急预案的编制小组根据脆弱性评估的结果，对本地区可能发生的突发事件进行分类分级。对突发事件的分类分级可以使应急管理部门迅速、科学地配备人员和资源，更有针对性地应对突发事件，因为不同类型和级别的突发事件对资源的需求不同，应对措施也不同。在对突发事件的分类分级分析中，要给出突发事件分类分级的标准以及某个应急预案应对的突发事件类型和级别。

（4）具有资源布局的评估。评估本地区应对各类突发事件的资源配置情况，包括资源的种类、数量、存放地点，判断资源是否能够满足本地区一般情况的需求，并由应对机构具体掌握情况，为突发事件的应对者提供参考。

（5）具有合理的应急体系。应急预案中必须要建立应急指挥体系，明确应急指挥体系的组成机构、这些机构之间的领导关系和各个机构内的人员职责。对于应急处置过程中的每个步骤都需要有明确的责任人和操作的先后顺序。这样在突发事件发生后，各个机构人员可以迅速反应，保证应对的顺利进行。

（6）具有预警功能。预警是指对突发事件及其后果的预测、辨识和评估，其分析结果作为启动该应急预案的条件。

4）应急预案的可操作性

（1）具有机制保障。应急预案要符合国家减灾的法规和政策才能得到法规政策的支持。在突发事件的应对过程中会遇到部门冲突如应急资源的调用等问题，另外也需要其他部门的保障如医疗的保障等，都需要在国家法规和政策允许的条件下进行处置。地区以及以上级别的应急预案必须由地方政府或者代表大会颁布，要具有一定的强制性，也要有地区的法规和政策给予支持。由于突发事件的应对一般需要多个部门合作应对，各个部门之间的联动需要一定的机制保障，确定在发生某种情况的时候哪些部门如何合作应对，这样才能保证在应对过程中所有涉及的部门积极参与，尽可能地减少突发事件造成的损失。

（2）具有资源保障。应急处置中资源是关键，应急过程中要有充分的资源才能保证应急过程的操作实施。在平时要有一定的资源储备，根据对本地区的资源评估情况，应保证当地资源配置能够应对本地区大部分的突发事件。还需要定期进行评估，因为随着社会环境的变化、可能发生的事件变化，需求的资源也会发生变化，再加上应对一次事件后会消耗资源，因此需要定期对资源储备情况进行评估，及时补充资源，以备需求。最后还需要建立邻近地区的互助关系，便于在事件应对过程中互助。

（3）应急预案具有逻辑性。应急预案的突发事件的应对过程是由很多方案组成的。各个方案之间衔接要合理，要符合逻辑顺序，不能出现步骤顺序错乱而导致应急过程停滞的局面。为了使应急预案具有切实的可操作性，可以使用网络计划的方法将应急预案的各项措施使用网络图表示出来，并使用项目管理的方法进行管理，这样可以更为清楚地显示出各应急措施之间的逻辑关系。同时组成每个应急预案的步骤也应该是合理并且有逻辑性的，只有这样才能保证应急预案顺利地操作实施。

（4）应急预案具有灵活性。突发事件往往是多变的，必须承认任何详尽的应急预案都无法概括所有可能的情景。因此应急预案应该具有灵活性，即动态可调性，在出现不同场景时可以迅速转换。并且由于突发事件的发展可能会引起其他事件发生，所以应急预案要具有灵活性，能够进行及时调整。应急预案的灵活性需要理论思想和方法的支持。理论思想是指分析突发事件的灵活性需要依据突发事件的机理，不同的突发事件要求的灵活性不同，有的突发事件容易引发其他类型突发事件，如地震引起房屋倒塌等，这种情况下要求对地震的处理还能够处理其衍生灾害，而有的突发事件则容易在其他地区引发同一类型的突发事件，如传染病等，这需要对传染病突发事件进行处理同时能够对其他地区进行及时通知和协助处理。因此不同的突发事件机理对应急预案的灵活性的理论支持是不同的。应急预案的动态调整一方面是基于项目管理中的网络计划，因为应急预案可以视为措施的组合，可以使用网络计划形式来描述，另一方面主要是使用动态博弈网络技术的方法来实现。

通过应急预案的前评估，可以在应急预案制定后对其各个方面进行分析，看是否存在制定不合理的地方，进行修正，如果条件允许，可以通过演练继续进行评估。因为应急预案不可能完美得无懈可击，需要通过各种方法使应急预案制定得尽可能科学合理，具有可操作性。

2. 应急预案的后评估

应急预案的实施可以看作一个项目的实施，对应急预案实施后的效果进行评估与项目实施后评估有一定的相似之处，因此可以借鉴项目管理中后评估的方法并将其应用到应急预案实施的后评估中。项目后评估通常是在项目完成后进行的，项目后评估可以分为项目跟踪评估、实施效果评估和项目影响评估。但应急预案的实施是为了尽可能减少突发事件造成的影响和损失，因此对应急预案实施的后评估主要是对应急预案的实施过程和实施效果两个方面进行评估。对应急预案进行后评估时主要依据表 4-10 中的指标体系。

表 4-10　应急预案后评估的指标体系

	一级指标	二级指标
应急预案的后评估指标体系	过程评估	接警以及出警的及时性
		操作过程的逻辑性
		应对者职责的明确性
		资源的充分性
		资源运送的及时性
		调整的灵活性
	实施效果评估	社会损失挽回情况
		经济损失挽回情况
		生命财产损失挽回情况

1）过程评估

项目跟踪评估主要是在项目开始实施后到验收前任何一个时点所作的评估。

对于应急预案实施的跟踪评估即对应急预案过程进行的评估。因为无论应急预案制定得如何,其实施过程都会影响到最终的实施效果,要分析效果必须从实施过程入手。在应急预案实施过程中出现的任何影响处置效果的问题都可以反馈回应急预案的制定中,分析是否是制定过程中的问题导致应急预案实施过程出现问题,如资源没有及时运送或者资源不足等。将应急预案的后评估与前评估结合起来,并将后评估中发现的问题反馈回应急预案的制定中,从源头解决问题,进而保证未来制定的应急预案能够达到更好的处置效果。

(1) 接警以及出警的及时性。在突发事件发生后,根据预警信息,有关部门接警后要迅速出警,如果延迟可能造成事件范围扩大、级别升高,从而影响处置效果。

(2) 操作过程的逻辑性。应急预案的实施过程是多个方案的组合,操作过程具有逻辑性是指各个步骤之间衔接及时,各个责任人能够及时得到有效信息,并能迅速反应采取行动,不因信息滞后或者反应迟钝导致事态恶化。

(3) 应对者职责的明确性。在应急预案的实施过程中,每个应对者的职责是明确的,即能够得到明确的任务要求,在实施过程中的任何时点上都不应该出现应对者不知道其职责的情况,否则会影响预案实施的效果。

(4) 资源的充分性。资源是突发事件应对的基本保障,如果当地的资源布局不足则必定会影响实施的效果,需要反馈回应急预案的制定中,重新评估资源的布局并进行调整。

(5) 资源运送的及时性。应对过程需要运送资源,如果运送不及时则需要分析其原因是交通等偶然事件,还是应急服务点的设置不合理,这样可以将存在的问题从后评估反馈回应急预案的制定中进行修正。

(6) 调整的灵活性。如果在应对过程中某突发事件引发了其他类别的事件,应对过程转换的及时性也能说明应急预案制定的情况。如果不能及时应对,则制定的应急预案灵活性较差,需要加强。

2) 实施效果评估

项目实施效果评估主要是评估项目在实施后达到理想效果的程度。对应急预案实施效果的评估就是看应急预案实施后是否达到最初设立的目标。突发事件的出现是对社会的破坏,而应急预案的实施目标则是尽可能地减少突发事件造成的社会、经济和人民生命财产损失。实施效果评估即从社会、经济和人民生命财产损失三个角度来分析这些损失减少到最低的程度,是指发生突发事件后进行有效应对能够挽回的损失状况。对应急预案实施后的效果分析,也可以反映出应急预案制定中存在的问题,从而将前评估和后评估相结合。

(1) 社会损失挽回情况。突发事件的发生会对社会造成一定的负面影响,而应急预案则要尽可能地消除这些影响。例如,应急预案通过实施以及宣传作用可以消除群众的恐慌，从而稳定社会，这样就达到了减少社会损失的目的。同时实施应急预案可以尽快消除突发事件对环境造成的损害，这也是减轻社会损失的一种表现。

（2）经济损失挽回情况。突发事件的发生会直接和间接导致经济损失。直接损失一方面是突发事件带来的直接经济损失，如造成工厂厂房倒塌、交通线路中断等，另一方面是应对突发事件消耗资源带来的损失，如重建房屋、修复交通线路等。还有突发事件引起的间接损失，例如，某工厂厂房倒塌无法生产，造成下游企业原材料不足等带来的损失，或者是交通线路中断使得以此线路为主要交通线路的工矿企业等因原料不足或者产品无法运送到市场等造成的损失。通过实施应急预案，一方面，遏制事件继续发展减少损失，另一方面，及时启动应急预案可减少应对消耗的资源，以便尽可能地减少突发事件带来的经济损失。

（3）生命财产损失挽回情况。突发事件的发生会威胁到人民生命财产安全，而应急预案则可以尽可能地挽救受到威胁的人，减少人民生命财产的损失。

对应急预案后评估尤其是过程评估在很大程度上依赖于专业人员的判断，因为他们在执行过程中才能发现其中存在的问题。通过应急预案的后评估可以发现出现最终效果是由于执行过程中人为差错还是由于应急预案制定过程中的疏漏，要吸取教训，将应急预案的前评估和后评估相结合，后评估的结论反馈到前评估中，找到出现问题的根源，是应急体系的不合理导致实施过程出现停滞，或者是前期资源布局不足造成资源配送不及时等问题，从根本上解决，为后面的应急预案实施后修正提供一定的参考。

4.5 本章小结

应急预案是应急处置的基本依据，本章主要面向事件发展过程，分析不同阶段的应急需求，针对需求设计措施，进一步分析措施之间的逻辑关系，利用网络计划工作原理，建立应急响应程序的制定方法。最后，阐述了预案评估的一般内容，并给出了应急预案的评估指标体系。

第5章 智慧预案

地震、海啸、核事故、传染病等各类突发事件频繁而至，考验政府乃至整个社会的应急能力，应急救援已成为维持国家正常运行的重要支撑之一。在美国、日本等发达国家和地区已逐步建立起较为完善的应急救援体系，并向建立标准化应急管理体系发展。近年来，我国政府全面加强应急管理体系建设，《"十一五"期间国家突发公共事件应急体系建设规划》，以及《国务院关于全面加强应急管理工作的意见》等重要政策文件，都明确提出加强应对突发事件能力的建设。在突发事件处置过程中，一个行之有效的预案能够将应急行动、应急队伍、应急物资等要素有机地整合，共同发挥作用，是应急能力水平的体现。随着我国应急管理工作的进一步规范，各级政府、企事业单位逐步建立起不同层级、不同事件类型的预案。事实上许多灾害在发生之后，常常诱发一系列次生灾害，对于灾害链的处置，如果将单一类型预案进行简单叠加，可能出现人员、物资、基础设施等要素的冲突。

5.1 "智慧预案"简介

在应急管理部门围绕预案建设进行大量工作的同时，国内外学者也对预案从多个角度进行了探讨。预案的编制方法是主要研究方向之一，从初期的编制原则、基本内容、分类分级、编制步骤[1,2]等研究，到预案的表达形式的多样化[3]，再到预案编制过程中情景构建[4]、任务设定[5]等具体问题的研究。预案的编制方法正在向数字化、智能化的方向发展，突发事件发生发展的难预测性使人们逐渐对预案提出了快速生成的要求，有学者借助数学规划，以最大化消除灾害影响为目标进行子预案的挑选[6]。有学者通过构建地震中建筑物风险的价值函数，采用决策树方法分析不同应对措施下建筑物的风险值，作为决策依据[7]。有学者认为在人力和资源预算都有约束的情况下，不可能针对所有有毒物质泄漏事件制定预案，为此通过定义场景相似度，借助整数规划选择最大限度覆盖应对状况的场景集合[8,9]。然而，目前对于预案快速生成问题的研究还很有限，预案是应急准备的一项重要内容，但在应急实践中，却存在着针对性、实用性与可操作性不足，缺少实效性[10]等问题。为了发现预案存在的问题，国内外学者对预案的评估方法也进行了探索，包括预案的完备性[11,12]、可操作性[13]，以及效果的评估[14,15]，目前对于预案的评估主要是通过建立评估指标，依靠专家经验进行评判。

突发事件的发展和处置实质是一个动态博弈过程，2003年作者提出动态博弈网络技术的概念[16,17]，经过与民航业应急实践的结合，研究出一套实现动态博弈网络技术的概念"落地"的模型和方法。动态博弈网络技术是一种面向应急响应程序制定及实施过程中动态调整问题，综合运用博弈论、统筹法（网络计划评审技术）、优选法、成组技术等方法，形成的一套包括响应程序模块化、时效性评估、响应程序重构、情景推演、执行风险评估等的辅助决策方法。它是实现"智慧预案"的重要基础，是动态博弈网络技术内涵的拓展。本书将在后面重点介绍响应程序模块化、时效性评估、响应程序重构等模型和方法。这是实现"智慧预案"的重要技术手段。

"智慧预案"是预案建设的最终目标。在《新华字典》第10版中，"智慧"被解释为"对事物能迅速、灵活、正确地理解和解决的能力"。2008年，IBM提出"智慧地球"的理念，强调更透彻的感知、更全面的互联互通，以及更深入的智能化。突发事件的发生通常有很强的随机性，对其发展、演变很难给出一个明确的判断。作为应急救援行动的指挥棒，预案需要更多的"智慧"。这种"智慧"首先体现在对于突发事件的形成有一定程度的预控能力，能够快速预警，并根据实时信息对受灾情况、应对能力进行评估；其次是对突发事件的发展态势有一定的预判能力，可以快速地生成应对方案，并根据实际发展变化情况进行灵活的调整；最后还体现在具有自我完善的能力，通过评估在历史事件应对过程中以及在培训演练过程中的执行效果，不断对已有预案进行调整、完善。

"智慧预案"的整体架构分为感知层面、互联层面以及智能层面，如图5-1所示。感知层面主要实现对突发事件的早期识别、快速预警，通过收集应急处置过程的动态信息，持续地进行脆弱性分析及应对风险评估；互联层面一是实现各个渠道信息的交换互通，二是实现救援队伍、应急物资等的统筹协调，三是实现战时的统一指挥；智能层面主要实现战时应对方案的快速生成与动态调整以及平时的自我完善。

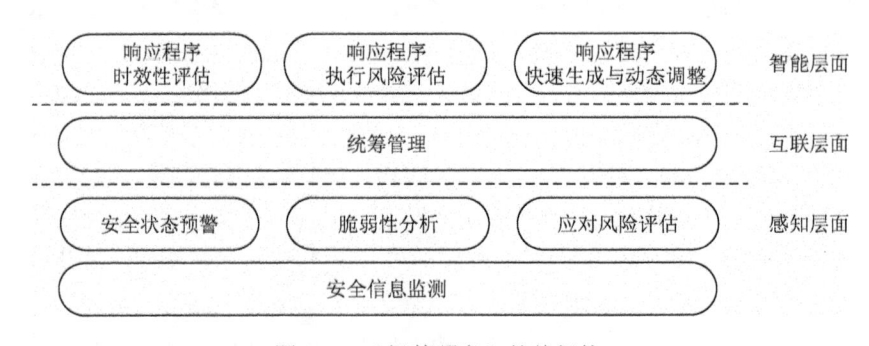

图 5-1 "智慧预案"整体架构

安全信息监测：实现对主要灾害危险源及影响区域的信息收集，包括平时的安全检查、隐患排查、事件报告等信息的收集工作，以及战时的实时信息采集与处理。监测内容涉及地理环境信息及社会环境信息。

安全状态预警：基于安全检查、隐患排查、事件报告等信息，对辖区安全状态进行评估，对有共性的安全隐患及不安全状态进行预警。

脆弱性分析：在监测信息基础上，针对不同类型的突发事件，持续跟踪可能受灾的区域、人群数量与结构、设施可用程度等情况。

应对风险评估：在监测信息基础上，实现对应急资源配置与布局的动态跟踪评估，以及对应急响应程序和应急管理机制的改善情况的跟踪。

统筹管理：突发事件应急处置中存在的多头管理、资源冲突、信息沟通不畅等问题，严重影响应急工作的效率和效果。应对过程中的统筹管理具体体现为应急指挥的统筹管理、应急资源的平战结合统筹管理，以及各类应急相关信息的统筹管理。

响应程序快速生成与动态调整：综合现场环境、灾害、救援力量等信息，在现有预案的基础上，快速生成应对新情况的响应程序，实现对应急处置过程的全程监控、快速调度、快速应对。

响应程序时效性评估：时效性评估从时间和效果出发，通过分析行动特点，找出影响行动时效性的主要因素，进而分析其作用机理，在此基础上，量化评估单个行动以及整个响应程序的时效性，找出响应程序的薄弱环节，为改善提供依据。

响应程序执行风险评估：围绕行动执行过程可能出现的由操作失误、决策错误等导致的执行效果偏差的问题，分析其对响应程序的整体效果的影响，进而找出响应程序执行中的薄弱环节以及响应程序本身在设计上存在的缺陷。

5.2 "智慧预案"建设的若干关键问题

1. 统筹管理机制建设

统筹管理机制包括应急指挥的统筹管理机制、应急资源的平战结合统筹管理机制，以及各类应急相关信息的统筹管理机制。

（1）应急指挥的统筹管理机制。在突发事件应对过程中，多头管理可能造成应急处置工作的混乱，影响处置效果。应急指挥的统筹管理机制主要考虑多方协调问题，关注在不同的突发事件情形下，在处置过程的不同阶段，如何指派现场指挥来负责统一组织、指挥工作，实现多方联动。

（2）应急资源的平战结合统筹管理机制。其主要考虑如何统筹企业、政府、社会这些不同所有者手中的应急救援队伍、专业救援装备、培训中心、医院等救援资源，一方面保障战时能够统筹调度、相互补充、发挥最大合力的作用，另一方面又能在日常对不同所有者的救援资源进行必需的保养与维护。

（3）应急相关信息的统筹管理机制。这里的应急相关信息既包括政府、企业等在平时的安全管理工作中积累的安全检查、隐患排查、事件报告、员工报告等信息，也包括突发事件发生发展过程的事件态势、处置效果等动态信息。应急相关信息的统筹管理机制包括针对多主体、多渠道、多属性信息的分类汇总管理机制，以及突发事件应对过程中信息在不同主体间的互通机制。

2. 响应程序的标准化

预案的表述方式有文字、流程图、项目管理网络计划、Petri 网、本体论等，其中，文字表述是最早且被广泛采用的一种方式，便于理解并易于实现，然而，它却难以清楚反映响应程序中各项处置工作之间的逻辑关系；流程图是对文字表述的一个很好的补充，能够用于处置工作逻辑关系的表达，但是流程图不便于附加时间和资源等处置工作的属性，也不便于计算。Petri 网、本体论等表述方式在一些研究中出现，尚处于探索阶段。

项目管理网络计划用于预案表述的优势体现在其已有国家标准、基础规范中，如果把预案看作项目，所采取的处置措施则是工序，将工序之间的逻辑关系用节点和连线表达成网络图的形式，可以直观地反映出预案的各项处置措施及其逻辑关系，在此基础上，建立起便于计算机理解的模型，此外，借助网络计划还可为响应程序赋予时间、资源、成本等属性，分析响应程序中的关键链等问题，为预案的数字化、智能化奠定基础。

3. 响应程序的快速生成与动态调整方法

突发事件的发生发展具有很强的不确定性，如何在已有预案基础上，快速生成应对突发情景的新预案？如何根据阶段应对效果，结合突发事件发展规律，对生成的预案进行动态调整？这些都是预案管理需要解决的重要问题。

数字化预案和预案模块化是基础。预案的数字化表达方法和标准主要涉及行动属性设置、行动之间逻辑关系表达、关键场景表达，以及场景推演判断节点设置。在制定预案模块化标准时需要考虑行动的功能、执行者、资源、启动条件，以及行动之间的逻辑关系等。模块化应追求功能完整，冗余工作少，模块间接口尽可能少。

情景推演是依据。情景是用来描述事件发展过程的、有内在逻辑关系的一系列场景。情景推演是研究在已知某一场景及预案的前提下预演场景各要素的变化，分析下一个场景在各时刻发生的可能性，为预案快速生成和动态调整提供依据。情景推演包括制定场景的数字化表达标准，梳理影响场景变化的要素，以及研究场景推演的方法。

预案快速生成和动态调整方法是手段。通过剖析给定情景中各个场景的功能需求，在预案模块或行动集合中搜索满足功能需求的模块或行动。当生成多个预案时，还涉及预案优选的问题。根据不同情况，优选目标可能有多种，如时效性最优的预案、鲁棒性最强的预案等，这里，预案鲁棒性强是指当应对情景发生给定程度的变化时，预案仍可用，并且在根据新情景进行调整时，所需的代价少。

4. 响应程序的时效性评估

突发事件应对的关键在于时间和效果，时效性评估即是综合考虑这两方面的评估。突发事件的应对过程大致可分为信息指令的上传下达、资源的集结以及现场救援处置三个阶段，各阶段的行动表现出不同特征。对于时效性的评估，首先需要分析响应程序不同阶段中行动的特点以及行动之间的影响关系，从而找出影响行动时效性的主要因素，如资源的到达数量、资源的质量。

围绕时效性主要影响因素，需要进一步分析其作用机理。例如，当某一资源的数量少于或质量低于特定标准时，行动的时效性趋近于零；而当其超过需求量时，行动时效性可能不再增加；当介于两者之间时，资源的质量水平越高、到达数量越多，所用时间越短，救援行动的时效性越高。

在对时效性影响因素作用机理分析的基础上，需要探讨如何构造单个行动的时效性评估函数，以及借助递推等方法来研究整个响应程序的时效性评估函数，从而量化分析响应程序中的薄弱环节，为下一步的完善工作提供依据。

5. 响应程序的执行风险评估

在响应程序的执行过程中，风险主要体现为行动执行出现偏差而造成一定程度的损失，从类型上来看，偏差既包括执行者操作失误导致的行动执行效果偏差，也包括对应急处置需求进行了错误的估计，进而作出了错误的决策，从而造成行动的执行效果出现偏差。

突发事件的应急响应过程是由许多不同类型的处置救援行动共同组成的，就响应程序而言，可以看作由多个存在关联关系的处置行动构成的网络，因此，某一行动的执行偏差可能通过信息传递、资源调用、执行顺序等工作间的关联关系传导至后续行动，从而影响其他行动的执行效果，这种风险的传导可能对响应程序的最终效果产生影响。

因此，在对响应程序的执行风险进行评估时，既要考虑特定行动自身的执行风险，也要考虑行动之间的相互关系，以及对响应程序整体效果的影响。对执行风险的评估一方面有助于发现响应程序在执行中的薄弱环节，另一方面有助于找出响应程序在设计上存在的不合理之处。

6. 培训与演练的规范化

培训与演练是提高应急人员突发事件处置能力的主要途径，同时，也是检验预案实际执行效果的手段。在培训与演练过程中积累的涉及应急处置各个环节的资料和数据，是开展应急管理研究工作急需且难得的信息来源。

围绕响应程序时效性评估等应急管理中的具体问题，分析所需的信息，在培训与演练方案设计过程中，明确需要记录的数据，并规范数据的记录方法。

5.3 本章小结

综上所述，智慧预案的建设重点在于提高预案的实际执行效果，其建设目标在于实现对突发事件的快速、灵活应对。通过智慧预案的建设过程，将应急行动、应急队伍、应急物资等要素有机地整合起来，为发挥合力做好准备，在此过程中，还应不断建设和完善相应的应急管理机制，为智慧预案保驾护航，并通过培训与演练检验智慧预案的执行效果，不断改进，实现以预案为抓手，切实提高我国突发事件应对能力。

参 考 文 献

[1] 吴宗之，刘茂. 重大事故应急预案分级、分类体系及其基本内容[J]. 中国安全科学学报，2003，1：15-18.

[2] 刘功智，耿凤，邓云峰. 企业重大事故应急预案编制探讨[J]. 中国安全生产科学技术，2005，1(5)：59-63.

[3] 于瑛英，池宏. 基于网络计划的应急预案的可操作性研究[J]. 公共管理学报，2007，4(2)：100-107.

[4] 刘铁民. 应急预案重大突发事件情景构建——基于"情景-任务-能力"应急预案编制技术研究之一[J]. 中国安全生产科学技术，2012，8(4)：5-12.

[5] 刘铁民. 应急准备任务设置与应急响应能力建设——基于"情景-任务-能力"应急预案编制技术研究之二[J]. 中国安全生产科学技术，2012，8(10)：5-13.

[6] Bryson K M N, Millar H, Joseph A, et al. Using formal MS/OR modeling to support disaster recovery planning[J]. European Journal of Operational Research, 2002, 141(3): 679-688.

[7] Tamura H, Yamamoto K, Tomiyama S, et al. Modeling and analysis of decision making problem for mitigating natural disaster risks[J]. European Journal of Operational Research, 2000, 122(2): 461-468.

[8] Jenkins L. Selecting scenarios for environmental disaster planning[J]. European Journal of Operational Research, 2000, 121(2): 275-286.

[9] Jenkins L. Determining the most informative scenarios of environment impact from potential major accidents[J]. Journal of Environmental Management, 1999, 55(1): 15-25.

[10] 王宏伟. 中国完善应急预案的关键问题——对七大关系的考量[J]. 北京航空航天大学学报(社会科学版)，2015，28(2)：11-16，48.

[11] 刘吉夫，张盼娟，陈志芬，等. 我国自然灾害类应急预案评价方法研究(Ⅰ)：完备性评价[J]. 中国安全科学学报，2008，18(2)：5-11.

[12] 刘吉夫，朱晶晶，张盼娟，等. 我国自然灾害类应急预案评价方法研究(Ⅱ)：责任矩阵评价[J]. 中国安全科学学报，2008，18(4)：5-15.

[13] 于瑛英，池宏，高敏刚. 应急预案的综合评估研究[J]. 中国科技论坛，2009，2：88-92.

[14] Geldermann J, Bertsch V, Treitz M, et al. Multi-criteria decision support and evaluation of strategies for nuclear remediation management[J]. Omega, 2009, 37(1): 238-251.

[15] Bubbico R, Marchini M. Assessment of an explosive LPG release accident: A case study[J]. Journal of Hazardous Materials, 2008, 155(3): 558-565.

[16] 计雷，池宏，陈安，等. 突发事件应急管理[M]. 北京：高等教育出版社，2006.

[17] 姚杰，池宏，计雷. 突发事件应急管理中的动态博弈分析[J]. 管理评论，2004，17(3)：46-50.

第 6 章　应急响应程序模块化问题

在突发事件的应急处置过程中，事先制定应急预案是一个重要的环节。目前我国各级政府和一些重点行业都已经编制形成了针对各自领域特定突发事件的应急预案。但预案在实施过程中不可能是一成不变的，由于预案的制定是在想定的情景假设前提下进行的，而现实中所发生的突发事件的情景可能与事先想定的有所偏差，如何在已制定各种预案的基础上，快速将其调整为适应实际情景的预案；在实施过程中，如何根据事件的演变和应急处置的阶段效果，快速调整预案；当出现综合性的突发事件时，如何在各专项预案的基础上，快速地形成综合预案等，都是决策者要考虑的问题。我们希望在已建立预案的应急响应程序中，找出在大多数预案的应急响应程序中共有的由若干个连接在一起的行动组成的子程序，形成模块，通过模块和行动的重构，快速形成调整方案。本章将从应急响应程序的模块化问题入手，探讨在已有预案基础上通过聚类将单个的应急响应动作形成具有一定代表性和紧密度的应急响应程序模块。

6.1　问题描述

不同事件制定的应急响应程序中，存在一些按照一定序关系组合起来的行动，它们组成的行动集合在不同的应急响应程序中频繁出现，将这些行动集合从多个应急响应程序中提取出来的过程，就是应急响应程序模块化。

借鉴成组技术在制造业中的思想，如果将行动看作零件，应急响应程序看作设备，那么行动在多个应急响应程序中的关系就可以用成组技术的零件——设备矩阵表示，根据矩阵的关系并利用聚类的思想，行动可以根据目标组合成模块，组合的过程中要考虑到应急响应程序中行动间的关系，如在一个模块内的行动之间都可以通过关系到达等。因此本书在建模前首先要定义应急响应程序的相似系数，其次要根据应急响应程序模块化的目的提出本书的目标。

6.1.1　紧密度定义

应急响应程序可以用网络计划图来表达，将应急响应中的行动作为网络中的节点，通过行动间逻辑序关系进行搭接，如图 6-1 所示。模块化就是将行动间逻辑关系稳定且在多个程序中多次出现的子网络提取出来，作为响应程序模块，响应程序模块是具有固定结构且可以实现一定功能的行动集合。图 6-1 中有两个应急响应程序，可以提取出两个模块。

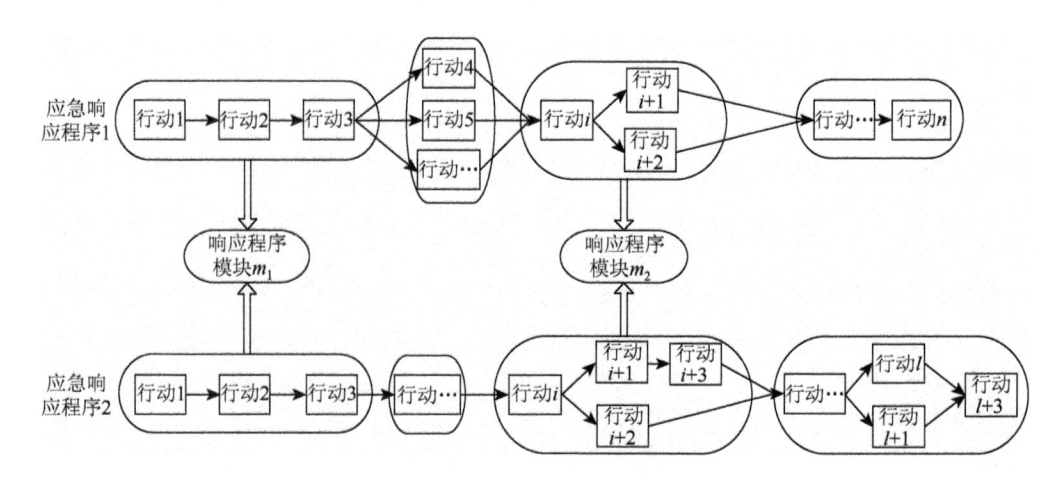

图 6-1 应急响应程序网络图

由图 6-1 可知，模块是具有一定属性与功能且逻辑结构固定的行动以及行动关系集合，模块内的行动因涉及在应急响应程序中开展工作而存在关联关系，若将这种关联关系定义为模块内各行动之间关系的紧密程度，那么行动间紧密度用行动共同在应急响应程序有关联关系之和与两行动中任一行动在应急响应程序有关联关系之和的比值来表示，由于任意两个行动在网络计划图中以串联、并联关系存在，行动间紧密度的计算需要分别考虑这两种情况，定义 N_{ki}、p_{kij}、q_{kij}，见式（6-1）～式（6-3）：

$$N_{ki} = \begin{cases} 1, & \text{应急响应程序} k \text{中需要执行行动} i \\ 0, & \text{否则} \end{cases} \quad (6\text{-}1)$$

$$k=1, 2, \cdots, K, \quad i=1, 2, \cdots, M$$

$$p_{kij} = \begin{cases} 1, & \text{应急响应程序} k \text{中行动} i \text{是行动} j \text{的紧前行动} \\ 0, & \text{否则} \end{cases} \quad (6\text{-}2)$$

$$k=1, 2, \cdots, K, \quad i=1, 2, \cdots, M, \quad j=1, 2, \cdots, M, j \neq i$$

$$q_{kij} = \begin{cases} 1, & \text{应急响应程序} k \text{中行动} i \text{与} j \text{有相同的紧前行动} \\ 0, & \text{否则} \end{cases} \quad (6\text{-}3)$$

$$k=1, 2, \cdots, K, \quad i=1, 2, \cdots, M, \quad j=1, 2, \cdots, M, j \neq i$$

其中，M 为行动的个数，K 为应急响应程序个数。

那么串联的行动紧密度 $\bar{s}_{ij}$ 为行动 i 是 j 的紧前行动的应急响应程序个数在包含行动 i 和包含行动 j 的应急响应程序总个数中的占比，见式（6-4）：

$$\bar{s}_{ij} = \frac{1}{\sum_{k=1}^{K} N_{ki} + \sum_{k=1}^{K} N_{kj} - \sum_{k=1}^{K} N_{ki} N_{kj}} \sum_{k=1}^{K} p_{kij}, \quad \forall i,j = 1,2,\cdots,M, i \neq j \quad (6\text{-}4)$$

并联的行动紧密度 $\hat{s}_{ij}$ 为行动 i 与 j 有相同的紧前行动的应急响应程序个数在包含行动 i 和包含行动 j 的应急响应程序总个数中的占比，见式（6-5）：

$$\hat{s}_{ij} = \frac{1}{\sum_{k=1}^{K} N_{ki} + \sum_{k=1}^{K} N_{kj} - \sum_{k=1}^{K} N_{ki} N_{kj}} \sum_{k=1}^{K} q_{kij}, \quad \forall i,j = 1,2,\cdots,M, i \neq j \quad (6\text{-}5)$$

6.1.2 模块化目标

应急响应程序形成的模块不仅需要提供一定功能，而且要提升重构的效率。重构的效率包括速度和质量两方面。

（1）从重构速度出发，参与重构的模块数量越少，重构的速度越快，若重构一个应急响应程序，一个应急响应程序为一个模块，那么重构只需要调用这样一个模块；如果调用行动，那么需要组合多个行动，且行动间的逻辑关系要进行梳理和推敲，会增加重构困难度和时间。6.1.1 小节中已经定义了行动紧密度，在模块容量没有限制的情况下，行动紧密度之和最大化可以将越来越多的关系紧密、功能相关性高的行动纳入模块，这样模块的行动数量较多、规模较大，则重构的速度较快，因此响应程序模块内行动紧密度之和最大化可以作为目标，表达为 f_1。规模较大的模块，集中的功能多，适用的范围也就较广，不可避免地将一些适用少量应急响应程序的行动放入模块中，这种情况会导致重构后的应急响应程序中出现冗余现象，为了减少模块表达的应急响应程序与原应急响应程序的差别，模块的规模应该是一个合适范围，才能保证模块在各应急响应程序中的通用性以及与其他模块之间的相互独立性。

（2）重构质量高低表现为利用响应程序模块复原后的应急响应程序与原应急响应程序对比存在冗余或缺失的多少。对于响应程序模块，应该尽可能不需要改变其内部行动或者结构，就可以直接被一个应急响应程序调用，应急响应程序中某些行动及其关系组成的结构与模块的相似程度越高，调用这样的模块复原应急响应程序时，出现缺少或冗余行动的现象就越少，当其相似程度超过某一设定的阈值时，就可以称这样的模块具有代表性，即它可以代表应急响应程序中的这部分行动组成的结构，因此重构质量的目标可以用模块的代表性之和来表示，表达为 f_2。每个行动都可以代表它自己，但是如果每个行动都单独作为一个响应程序模块，响应程序重构的成本增加而且速度变慢，这里定义每个行动与自己的紧密度 $s_{ii}=-1$，$i=1$，2，$\cdots$，M，则当出现单一行动构成响应程序模块的情况时，目标值将会降低，以此来避免模块内只有一个行动的现象。

6.2 模块化模型

6.2.1 数学模型

在定义了行动紧密度后，应急响应程序模块化问题可以描述为已知 K 个应急响应程序共包含 M 个行动，以及行动和行动间的串联或并联关系，给定响应程序模块数量 C，求哪些行动组成程序模块，在满足一个行动只能属于一个模块及模块数量 C 的约束下，最大化响应程序模块内紧密度之和以及模块代表性之和。

符号说明：C 表示响应程序模块数量；$\in$ 表示响应程序模块图可以代表应急响应程序内子图的程度；K 表示应急响应程序的数量；k 表示第 k 个应急响应程序（$k=1$，2，$\cdots$，K）；M 表示行动的总数量。

决策变量：

$$v_{ci} = \begin{cases} 1, & \text{行动} i \text{在响应程序模块} c \text{中} \\ 0, & \text{否则} \end{cases}$$

$$x_{ij} = \begin{cases} 1, & \text{行动} i \text{是} j \text{的紧前行动，且放在同一个响应程序模块中} \\ 0, & \text{否则} \end{cases}$$

$$y_{ij} = \begin{cases} 1, & \text{行动} i \text{与} j \text{有共同紧前行动，且放在同一个响应程序模块中} \\ 0, & \text{否则} \end{cases}$$

$z_c = \dfrac{1}{K}\sum\limits_{k=0}^{K} r_{ck}$ 为模块 c 的代表性，则应急响应程序模块化问题的数学模型见式（6-6）～式（6-14）：

$$\max f_1 = \sum_{c=1}^{C}\sum_{i=1}^{M}\sum_{j=1}^{M} v_{ci} v_{cj}(x_{ij}+y_{ij})s_{ij} \tag{6-6}$$

$$\max f_2 = \sum_{c=1}^{C} z_c \tag{6-7}$$

s.t.

$$s_{ij} = \begin{cases} \overline{s}_{ij}, & x_{ij}=1, i \neq j \\ \hat{s}_{ij}, & y_{ij}=1, i \neq j \\ -1, & i=j \\ 0, & 其他 \end{cases} \tag{6-8}$$

$$\text{count}_c = \begin{cases} 1, & v_{ci}=1, c=1,2,\cdots,C; i=1,2,\cdots,M \\ 0, & 否则 \end{cases} \tag{6-9}$$

$$\sum_{c=1}^{C} \text{count}_c = C \tag{6-10}$$

$$\sum_{c=1}^{C} v_{ci} = 1, \quad i=1,2,\cdots,M \tag{6-11}$$

$$x_{ij}+y_{ij} \leqslant 1, \quad i,j=1,2,\cdots,M \tag{6-12}$$

$$g_{kij} = \begin{cases} p_{kij}, & x_{ij}=1 \\ q_{kij}, & y_{ij}=1 \end{cases}, \quad i,j=1,2,\cdots,M \tag{6-13}$$

$$r_{ck} = \begin{cases} 1, & \sum_{i=1}^{M}\sum_{j=1}^{M} v_{ci}v_{cj}(x_{ij}+y_{ij})g_{kij} \Big/ \sum_{i=1}^{M}\sum_{j=1}^{M} v_{ci}v_{cj}(x_{ij}+y_{ij}) \geqslant \theta, \quad c=1,2,\cdots,C, k=1,2,\cdots,K \\ 0, & 否则 \end{cases} \tag{6-14}$$

其中，式（6-6）表示行动紧密度之和最大化；式（6-7）表示响应程序模块代表性之和最大化；式（6-8）是行动紧密度函数；式（6-9）是模块 c 的表达式，即只要模块内包含一个及以上的行动，那么模块 c 存在；式（6-10）是为了保证应急响应程序能够提取到 C 个响应程序模块的约束；式（6-11）是为了避免一个行动出现在多个响应程序中，带来工作的冗余和资源的浪费；式（6-12）是决策变量约束，为了获得可行解；式（6-13）与式（6-14）表示若响应程序模块中根据行动关系组成的结构能在某个应急响应程序找到的比例超过代表程度阈值，那么响应程序模块可以代表应急响应程序这部分子图。

6.2.2 算法

需要说明的一点是，应急响应程序中的每个行动都经过了标准化，即相同的行动在不同的应急响应程序中属性相同。通过计算两两行动间的紧密度值，可以将 K 个应急响应程序的网络图合并为一个总图，其中节点集合包括了所有行动，边不仅表示行动间的序关系，还具有紧密度的属性值。下面设计在该总图上的子网络图搜寻算法，考虑到蚁群算法在解决连通图、组合优化等方面有较大的优势，本书试图学习蚁群算法根据信息素选择与学习机制来求解应急响应模块化问题，其思想为让 C 个蚁群同时派出一只蚂蚁与其他蚁群合作来完成一次模块的构建，当所有行动被蚂蚁放入模块后，就形成了模块化的一个可行解，当蚁群中所有蚂蚁都完成模块构建后散发信息素来指导下一代蚂蚁的选择，在迭代过程中通过信息素更新不断学习较优的可行解来实现目标优化，其中几个关键点说明如下。

1）初始行动的选择

初始行动为放入模块内的第一个行动，它对可行解的获取与搜索的效率起着非常重要的作用，为了快速选取初始行动，在算法中加入了以下三个原则：①由于所有应急响应程序都有一个初始行动，只有先采取此行动才能逐步开展别的行动，所以可行解中其中一个模块中初始行动应该为应急响应程序的第一个行动；②在 $t=0$ 的时刻，第一个蚁群中第一只蚂蚁选择第一个行动作为初始行动，剩下的 $C-1$ 只蚂蚁依次在排除已经选择的初始行动以及初始行动邻域中的行动条件下按照等概率进行选择；③在 $t>0$ 的时刻，行动在迭代过程中都有被选为初始行动的经历，行动 i 在可行解中被选为初始行动的次数多且取得较优解，在后续初始行动中被选中的概率大。

2）转移概率

在 $t=0$ 的时刻，行动 i 与行动 j 之间不存在选择的信息，那么每一步往程序模块添加行动都是按等概率从邻域中的行动中选择。然后 $t>0$ 的时刻，蚂蚁 l 在第 t 次迭代中模块 c 内存在行动 i 的基础上，从邻域中行动 j 添加进模块 c 的状态转移概率 $P_{ij}^{l}(t)$ 为

$$P_{ij}^{l}(t) = \begin{cases} \dfrac{1}{\left|N_{i}^{l}\right|}, & t=0 \\ \dfrac{[\tau_{ij}(t-1)]^{\alpha}(\eta_{ij})^{\beta}}{\sum\limits_{h \in N_{i}^{l}}[\tau_{ih}(t-1)]^{\alpha}(\eta_{ih})^{\beta}}, & t>0 \end{cases} \quad (6\text{-}15)$$

其中，N_i^l 是蚂蚁 l 在模块的可行邻域，即与模块内行动串并联的行动集合；α、β 是决定信息素和启发式信息的相关度的参数，本书认为信息素与启发式信息一样重要，因此 α、β 分别取 1。为了在模块内添加行动时，偏向于使目标值增大的行动以及与响应程序模块紧密度大的行动，本书中信息素 τ_{ij} 为两个目标值的加权，启发式信息 η_{ij} 为模块内紧密度之和与代表性之和的加权。

3）信息素更新

现有 C 个蚁群，每个蚁群中有 L 只蚂蚁，每个蚁群每次派出自己种群的第 l 只蚂蚁与其他种群共同协作搜索了 C 个程序模块，当 C 个模块覆盖了所有行动时，信息素路径就得到更新。整个过程由信息素挥发降低所有行动间的信息素值，然后当蚂蚁选择行动后，再在此行动间加入新的信息素来完成，见式（6-16）：

$$\tau_{ij}(t) = (1-\rho)\tau_{ij}(t-1) + \sum_{l=1}^{L} \Delta\tau_{ij}^l \qquad (6\text{-}16)$$

其中，$0 < \rho \leq 1$ 是信息素挥发因子。为了加快收敛速度以及使较优的方案在后续搜索中更加具有吸引力，本书采用一种多目标值加权的策略来计算路径信息素增量，具体公式如下：

$$\Delta\tau_{ij}^l = \begin{cases} wf_1^l + (1-w)f_2^l, & x_{ij}=1 \text{ 或 } y_{ij}=1 \\ 0, & \text{否则} \end{cases} \qquad (6\text{-}17)$$

其中，$0 \leq w \leq 1$。

算法流程图如图 6-2 所示，其中第 4 步到第 26 步为构造初始解，其余为优化过程，算法终止条件是迭代到最大迭代次数。

6.3 算例分析

算例选取航空公司现有的起落架故障、空中颠簸、空中停车、轮胎故障、爆炸、空中病危旅客六个应急响应程序对其求解响应程序模块，由于应急响应程序涉及的行动数量较多，在此用编号 1~59 代表行动，图 6-3~图 6-8 分别是六个应急响应程序的网络图。

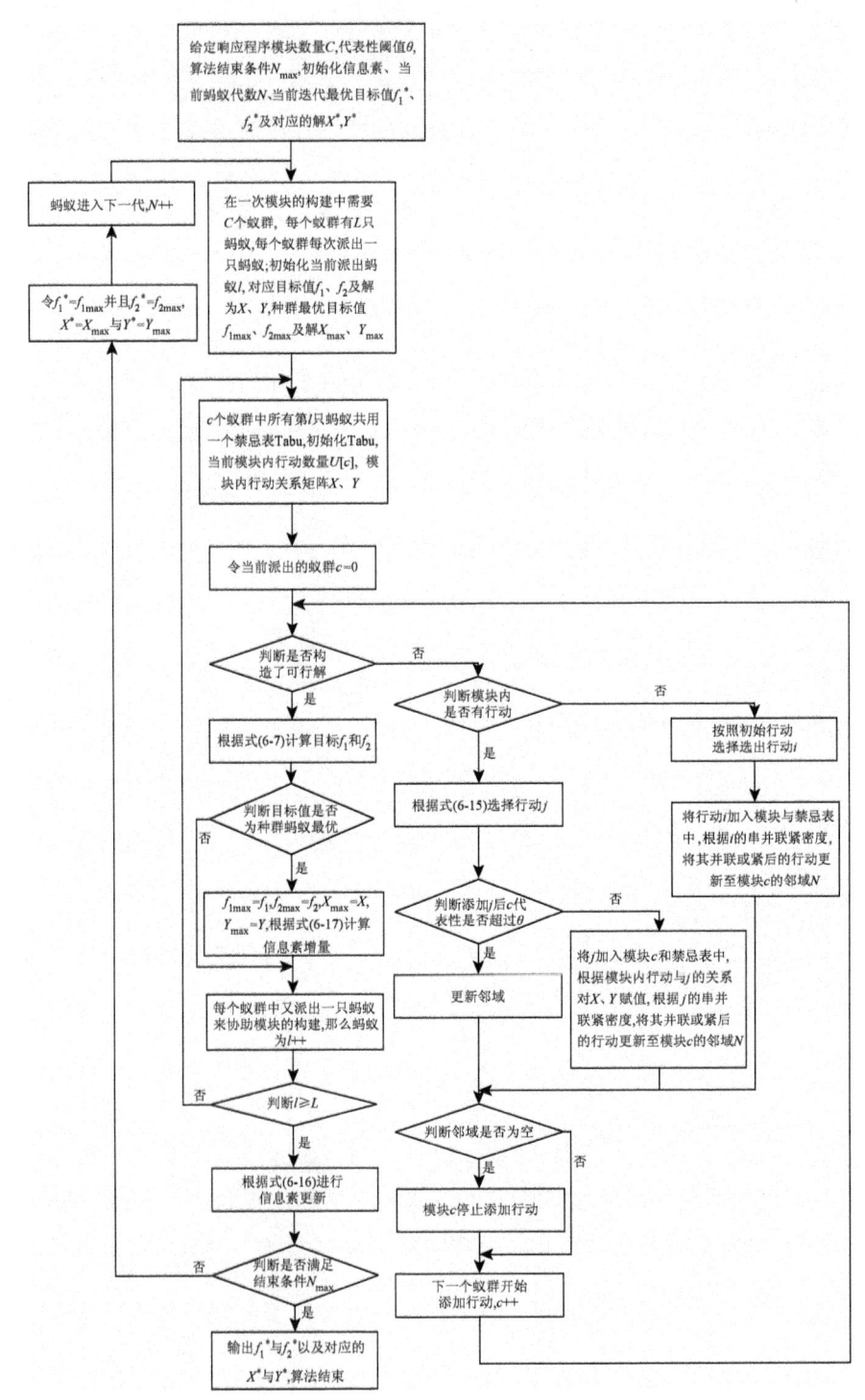

图 6-2　算法流程图

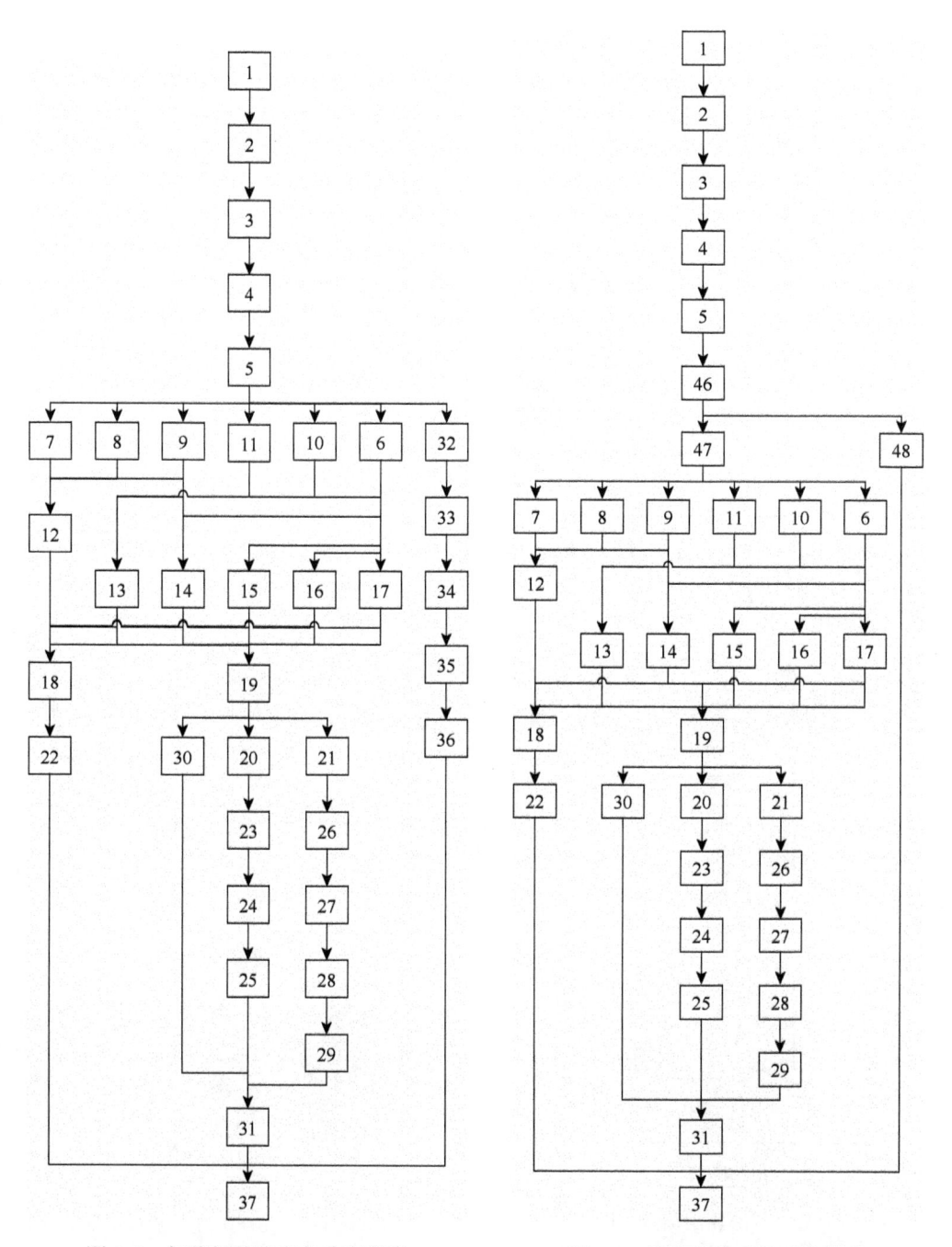

图 6-3 起落架故障应急响应程序

图 6-4 轮胎故障应急响应程序

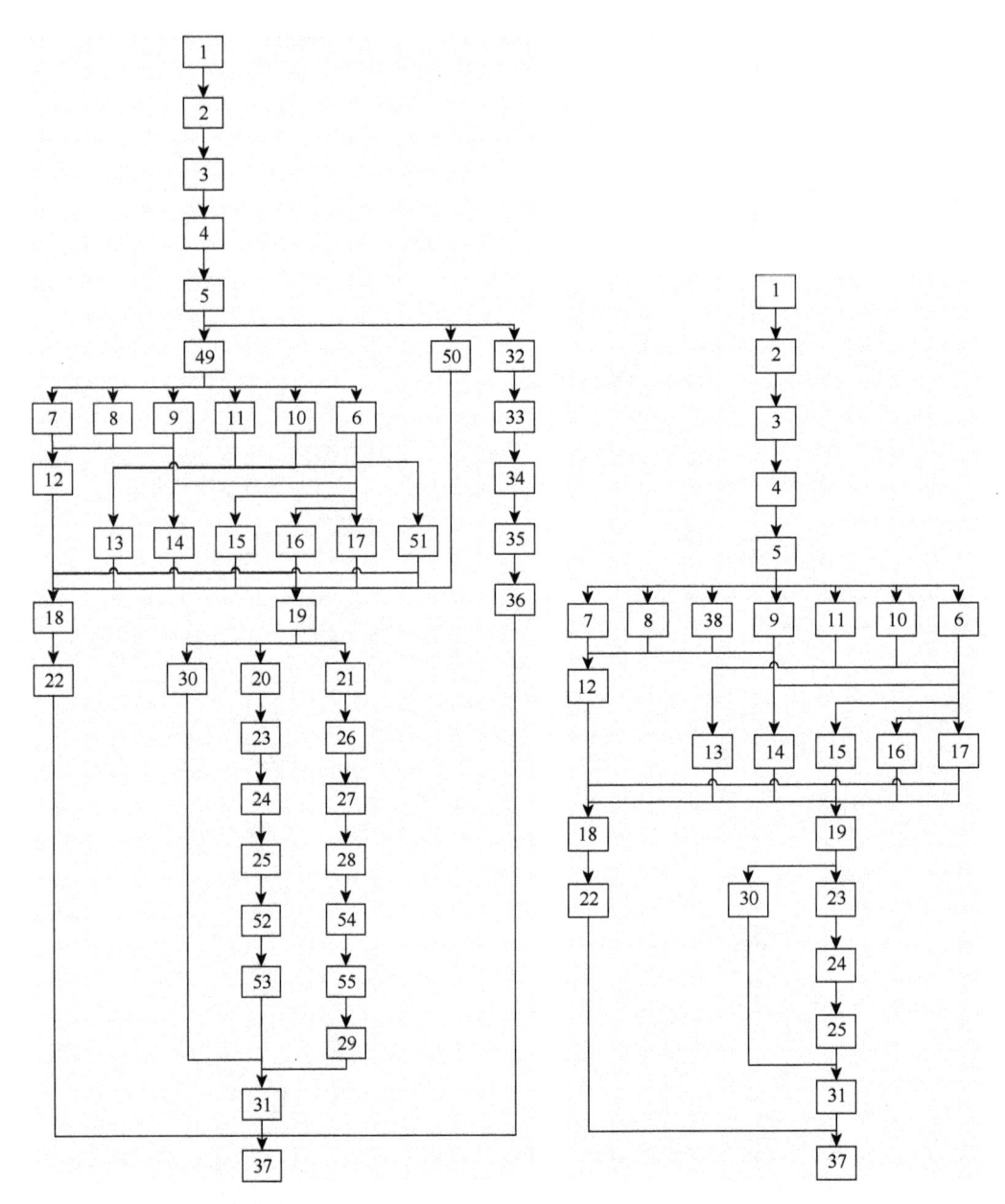

图 6-5　爆炸应急响应程序

图 6-6　空中停车应急响应程序

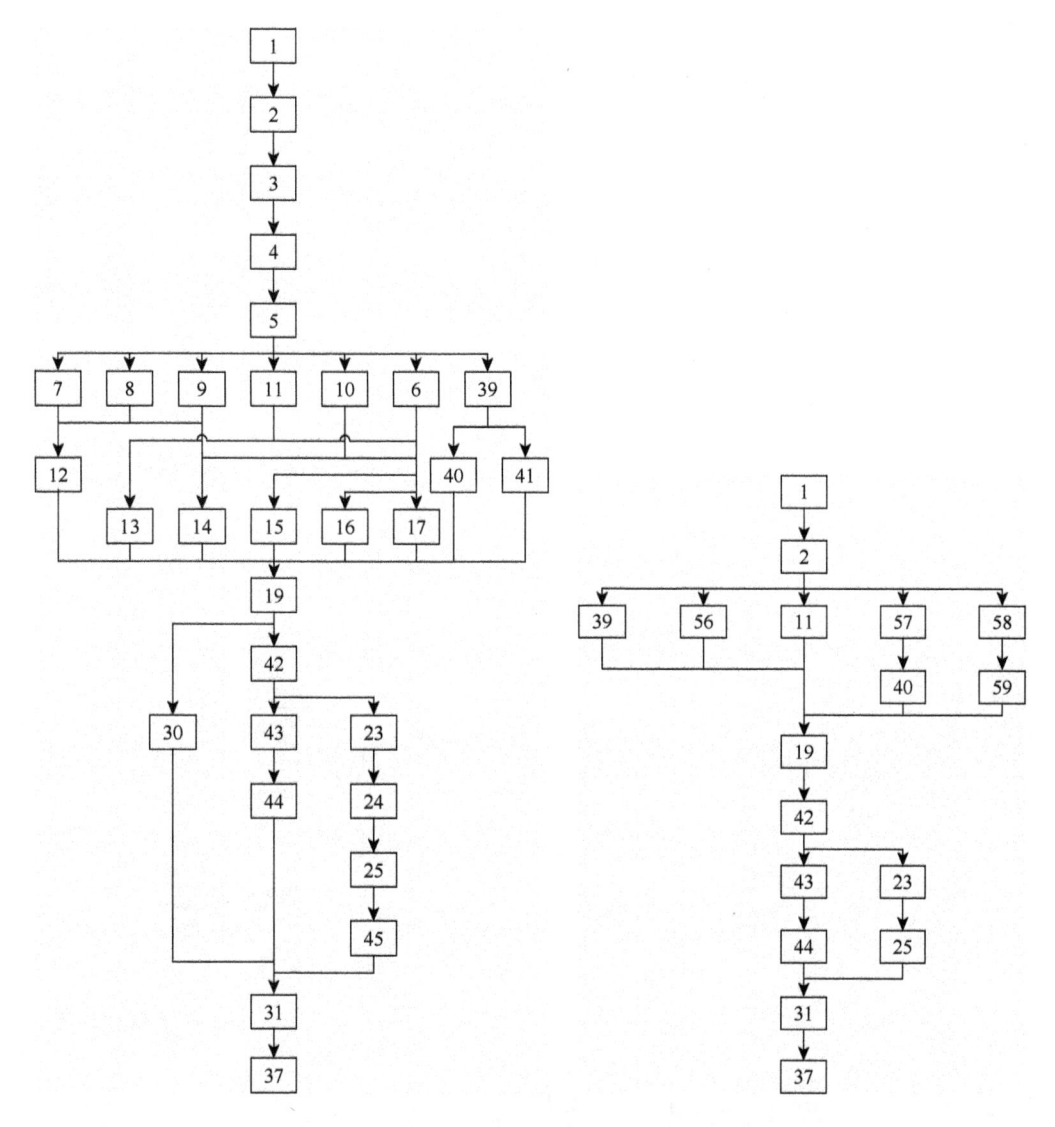

图 6-7 空中颠簸应急响应程序

图 6-8 空中病危旅客应急响应程序

算例设计思路为首先使用三个相似程度较高的应急程序，用模型提取的结果与人工划分的结果进行对比，来检验模型算法的有效性，然后再用全部六个程序，说明模型与算法也适用更复杂的情况。

通过分析，图 6-3、图 6-4、图 6-5 中共有的行动数量多，作为算例第一个环节的分析对象。当 w_1=0.45、w_2=0.55，C=10，θ=1，N_{max}=100 时，模块化结果见图 6-9，与人工划分结果（图 6-10）比较可发现，两种模块化方式获得的结果存

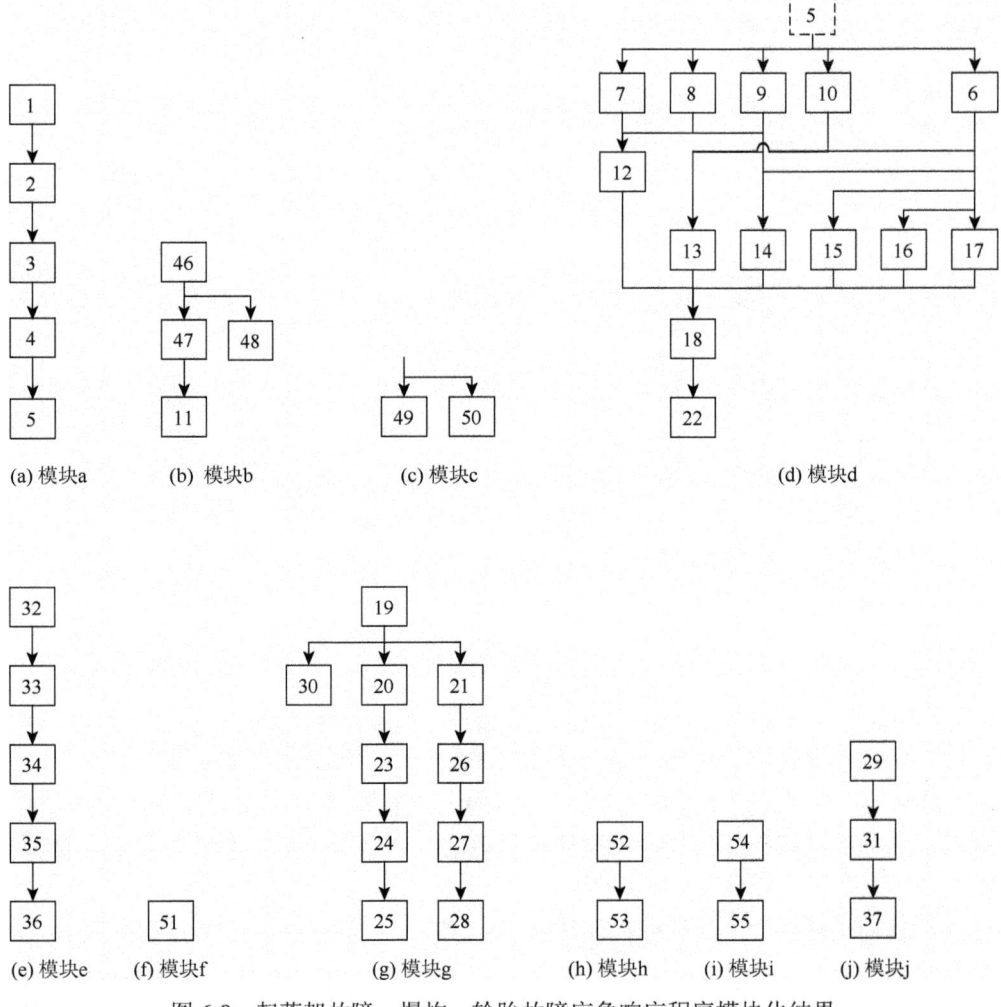

在大量一致的地方，即七组模块（a 与 k、c 与 m、e 与 o、f 与 p、h 与 r、i 与 s、j 与 t）行动及关系组成的结构完全相同，剩余三组存在少量不一致的情况：①模块 b 较模块 l 多出行动 11；②模块 g 较模块 q 多出行动 19；③模块 d 较模块 n 少了行动 11、19。若分别将行动 11、19 从模块 b、g 移至模块 d 中，那么两种模块化方式获得的结果完全一致。虽然行动 11、19 纳入模块 d 后对其紧密度之和的增量比对模块 b、g 增量大，但是包含行动 11、19 的模块 b、g 依旧没有违背代表性的定义，模块 b 可以代表图 6-4 轮胎故障应急响应程序中是否为本公司故障的行动及其关系集合，模块 g 可以代表图 6-5 爆炸应急响应程序中的安保人员集结的行动及其关系集合，因此图 6-9 的结果也是具有一定的合理性的。

图 6-9 起落架故障、爆炸、轮胎故障应急响应程序模块化结果

第 6 章 应急响应程序模块化问题

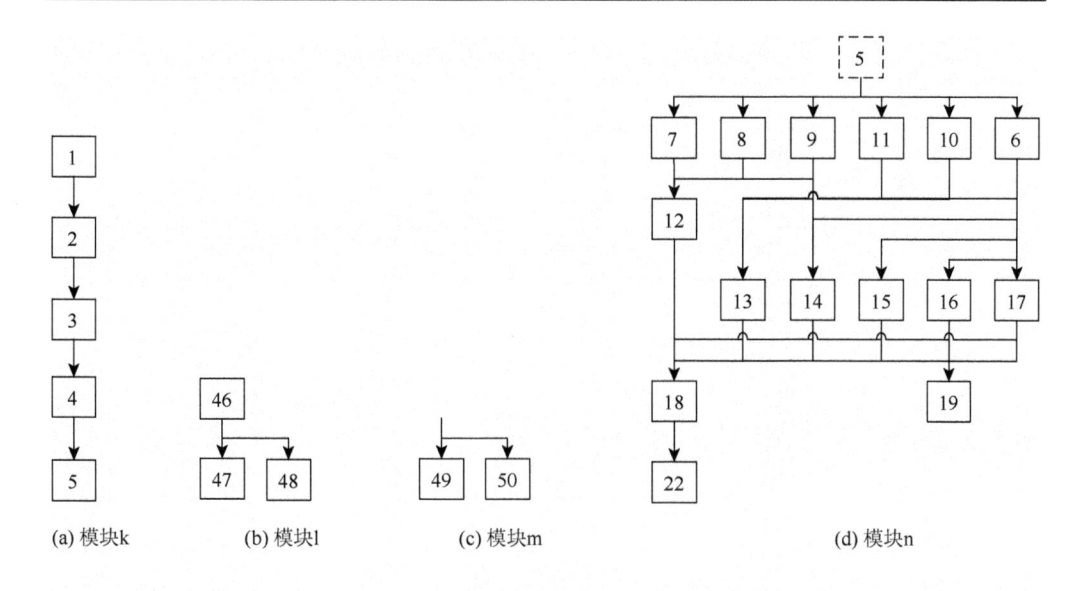

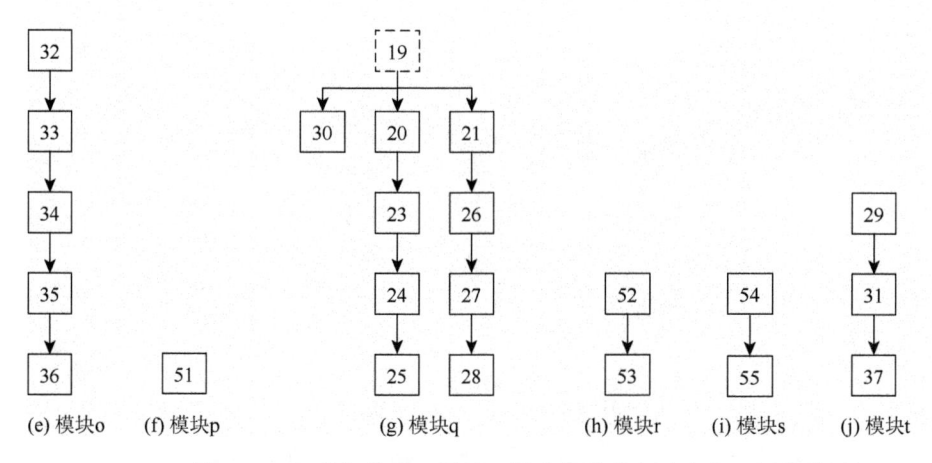

(a) 模块k

(b) 模块l

(c) 模块m

(d) 模块n

(e) 模块o

(f) 模块p

(g) 模块q

(h) 模块r

(i) 模块s

(j) 模块t

图 6-10 起落架故障、爆炸、轮胎故障应急响应人工划分结果

按照预案重构的思想，调用功能模块应该可以快速组成应急响应程序，而且可以较大程度上复原应急响应程序，因此复原情况可以作为检查模块化好坏的一种标准。根据图 6-9 中的模块来复原三个应急响应程序的情况见表 6-1，由于模块b、g 中行动 11、19 的关系，调用模块复原应急响应程序后存在少量行动缺失的现象，进而影响了复原程度，然而模块组合起来可以复原应急响应程序的程度达到 90%以上，且复原后的应急响应程序不存在冗余行动，因此也可以得出本书中的模型与算法可以为应急响应程序模块化提供简单有效的解决办法。

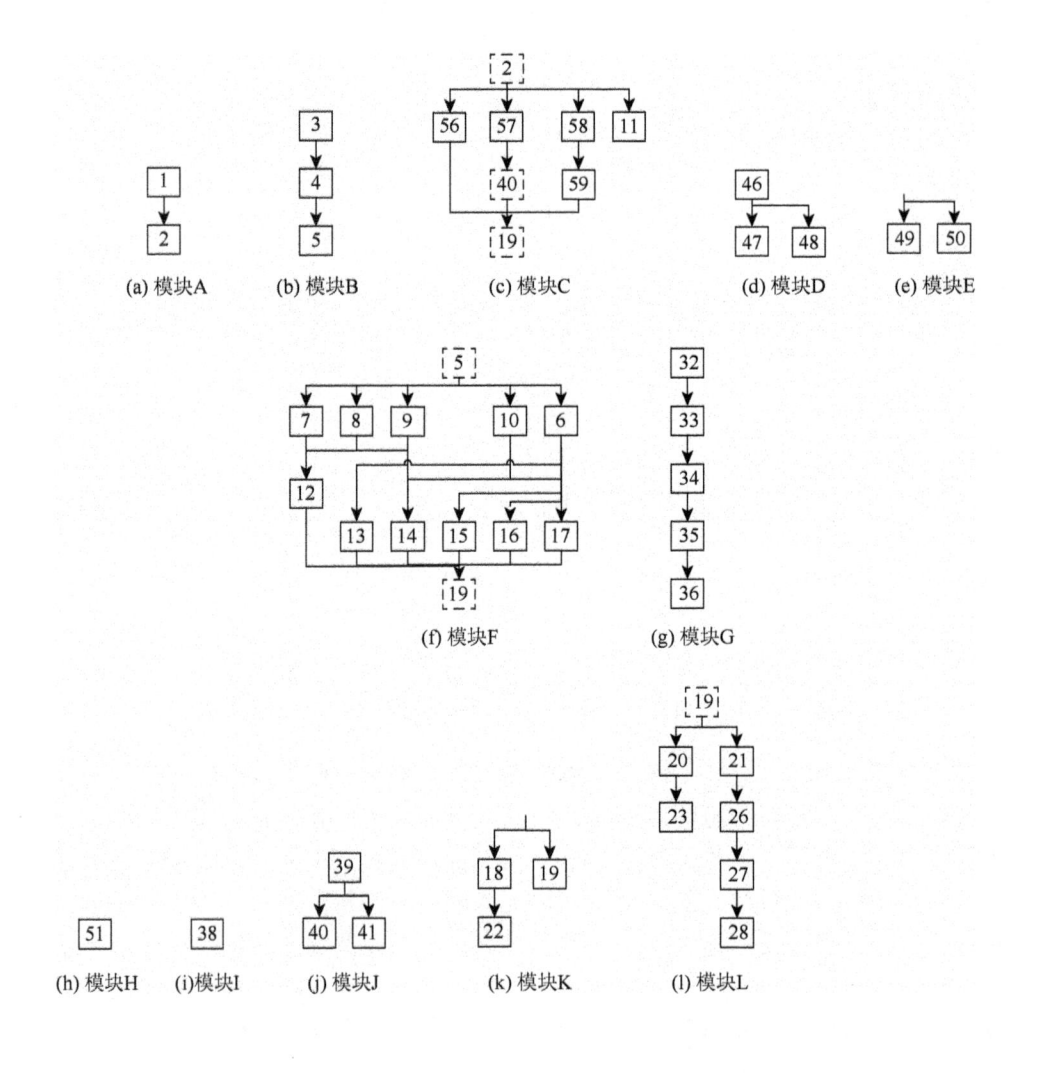

表 6-1 复原后的三个应急响应程序与原应急响应程序对比

应急响应程序	应急响应程序中行动数量	调用模块	冗余行动	缺失行动	复原程度/%
起落架故障	37	a, d, e, g, j	—	11, 19	95
爆炸	44	a, c, d, e, f, g, h, i, j	—	11	98
轮胎	35	a, b, d, g, j	—	19	97

当参与模块化的应急响应程序数量较多且差异较大时，人工划分就不易开展。为此，当 $w_1=0.45$，$w_2=0.55$，$C=19$，$\theta=1$，$N_{max}=100$ 时，对算例中六个应急响应程序进行模块化，结果如图 6-11 所示。

(a) 模块A　　(b) 模块B　　(c) 模块C　　(d) 模块D　　(e) 模块E

(f) 模块F　　(g) 模块G

(h) 模块H　　(i) 模块I　　(j) 模块J　　(k) 模块K　　(l) 模块L

第 6 章 应急响应程序模块化问题

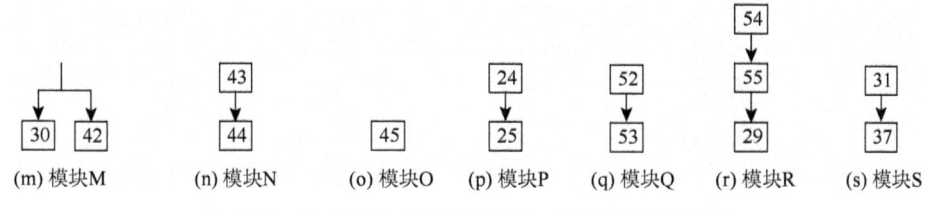

```
    ┌─┴─┐           43            24        52        54                31
   30  42           44      45    25        53        55       29        37
                                                     
(m) 模块M      (n) 模块N    (o) 模块O  (p) 模块P  (q) 模块Q  (r) 模块R   (s) 模块S
```

图 6-11 六个应急响应程序在 $\theta=1$ 时的模块化结果

六个应急响应程序按模块数量 C 的要求产生了 19 个模块,每个模块结构合理,即只包含一个行动的模块(H、I、O)之间不存在串并联关系,包含多个行动的模块(H、I、O 外其他模块)内任意两个行动通过串并联关系可以到达,模块不能再细分或者合并,若细分将会降低紧密度之和,合并将会降低代表性之和。由于预案重构过程中,调用的模块越大,重构的速度也就越快,在保证重构质量与速度的前提下,就需要将代表性一致且可以串并联的模块合并起来,对代表性不一致的模块合并将会降低代表性,例如,图 6-11 中模块 A 可以代表六个应急响应程序中的子程序,代表性为 1,模块 B 可以代表五个应急响应程序中的子程序,代表性为 5/6,A 与 B 合并后只能代表五个应急响应程序中的子程序,因此代表性降为 5/6。

与三个应急响应程序模块化结果一样,模块 C、J、K、L、M、R 也存在少量不合理的行动,若将这些不合理行动从上面六个模块内移出形成单独模块,将会提高代表性,例如,模块 C 中行动 11、模块 J 中行动 39、模块 K 中行动 19、模块 L 中行动 23、模块 M 中行动 30、模块 R 中行动 29。针对模块中少量行动不合理的分析如下:本书为了学习迭代过程中较优解的构建,将紧密度之和与代表性之和两个目标进行了加权,于是通过行动间关系不断将行动纳入模块的过程中,紧密度之和的目标增量要大于代表性之和的减少量,导致少量行动单独作为模块等好解被加权的方式给掩盖掉了,所以有少量的行动不合理。

从应急响应程序复原情况来看(表 6-2),除了空中病危旅客应急响应程序,其他五个应急响应程序复原后行动缺失较少且复原程度较高,这是因为参与模块化的应急响应程序中,其他五个应急响应程序结构较为相似,只有空中病危旅客较为特殊。据上述两个算例的模块化结果与复原分析,模块的划分从功能与代表性上而言都具有一定合理性,并在很大程度上简化了模块化工作,该模型与算法可以为模块化工作提供有效的解决方法。

表 6-2 利用 $\theta=1$ 模块化结果复原后六个应急响应程序与原应急响应程序对比

应急响应程序	应急响应程序中行动数量	调用模块	冗余行动	缺失行动	复原程度/%
起落架故障	37	A, B, F, G, K, L, P, S	—	11, 30, 29	92
爆炸	44	A, B, E, F, G, H, K, L, P, Q, R, S	—	11, 30	95

续表

应急响应程序	应急响应程序中行动数量	调用模块	冗余行动	缺失行动	复原程度/%
轮胎	35	A, B, D, F, K, L, P, S	—	11, 30, 29	91
空中停车	27	A, B, F, I, K, P, S	—	11, 23, 30	89
空中颠簸	31	A, B, F, J, M, N, O, P, S	—	11, 30	94
空中病危旅客	17	A, C, N, S	—	39, 42, 19, 23, 25	71

6.4 本章小结

应急响应程序模块化是提高响应程序重构效率的基础工作之一，本章对应急响应程序模块化问题建立了数学规划模型，用以辅助模块化工作。根据行动间逻辑关系计算行动间紧密度，以模块内行动间紧密度之和以及模块代表性之和最大化为目标，建立了多目标数学规划模型，设计了蚁群算法进行求解。通过对航空公司应急响应程序的模块化，说明模型与算法可以为响应程序模块化提供一些有效合理的方案。后面将研究应急响应程序模块属性如模块功能、启动条件、关键资源、关键路径等，构建基于程序模块的应急响应程序重构方法，为提升应急管理决策辅助功能提供基础支撑。

第 7 章　应急响应程序时效性评估

应急响应程序在线调整时,决策者需要根据不同调整方案效果的预估及优化,采取较优的调整方案以便取得较好的应对效果,也需要分析响应程序的阶段执行效果及其原因。应急响应程序是应急预案中的核心部分,由若干具有逻辑关系的行动组成。应急响应程序的时效性是指救援减少的损失,受到其所包含的若干行动中一些要素的影响。单个行动的时效性定义为要素对该行动的影响程度。本章的应急响应程序时效性评估将要素和行动关联,通过行动间时效性的影响能够刻画要素之间的关联关系,能够分析出各要素和行动对整个响应程序时效性的具体影响,可作诊断性分析,为预案制定、修订及培训演练设计人员改进响应程序和应急准备提供理论依据;也可将前面执行完毕的行动及其时效性作为已知,预估出后续调整的响应程序时效性,为应急指挥决策者在线调整应急响应程序提供决策依据。

7.1　应急响应程序时效性评估问题描述

应急响应程序由若干具有逻辑关系的行动组成。单行动的时效性受到其所需资源(人力、物力、信息等)各批到达的质量、数量和时间等因素的影响,各批资源之间又是相互影响的,还受到前序行动时效性的影响,并且前、后行动一般在某段时间内同时执行,应急响应程序时效性评估是研究如何利用现有函数,通过一些构造方法,将这些具有错综复杂影响关系的众多因素对多行动时效性的综合影响表达出来。

符号说明:N 表示响应程序的行动个数;P_n 表示响应程序的第 n 个行动;$\tilde{Q}_{n,j_n}$ 表示第 n 个行动 P_n 需求第 j_n 种资源的质量;$\tilde{q}_{n,j_n}$ 表示第 n 个行动 P_n 需求第 j_n 种资源的数量;$\tilde{t}_{n,j_n}$ 表示第 n 个行动 P_n 需求第 j_n 种资源的到达时间;J_n 表示第 n 个行动 P_n 需求资源种类数目;Q_{n,j_n,k_n} 表示实际供给第 n 个行动 P_n 的第 j_n 种资源的第 k_n 批的质量;q_{n,j_n,k_n} 表示实际供给第 n 个行动 P_n 的第 j_n 种资源的第 k_n 批的数量;t_{n,j_n,k_n} 表示实际供给第 n 个行动 P_n 的第 j_n 种资源的第 k_n 批的到达时间;K_n 表示实际供给第 n 个行动 P_n 的第 j_n 种资源到达批次数目;u_n 表示第 n 个行动 P_n 的时效性评估函数值,且 $0 \leqslant u_n \leqslant 1$。

7.2 应急响应程序时效性评估概念模型

7.2.1 单行动时效性评估模型的建立

如图 7-1 所示,单行动时效性 u_n 受到其所需各类资源到达质量 Q_{n,j_n,k_n}、数量 q_{n,j_n,k_n}、时间 t_{n,j_n,k_n} 满足需求 $\{\tilde{Q}_{n,j_n},\tilde{q}_{n,j_n},\tilde{t}_{n,j_n}\}$ 情况,以及前序行动时效性 u_{n-1} 的影响(前序行动可能为多个,此处以 1 个为例),且其资源需求 $\{\tilde{Q}_{n,j_n},\tilde{q}_{n,j_n},\tilde{t}_{n,j_n}\}$ 受到灾害自身发展 D 和前序行动时效性 u_{n-1} 的影响。这些影响关系可用如下的函数来表达:

$$u_n = u_n(\tilde{Q}_{n,j_n},\tilde{q}_{n,j_n},\tilde{t}_{n,j_n},Q_{n,j_n,k_n},q_{n,j_n,k_n},t_{n,j_n,k_n},u_{n-1})$$

$$\tilde{Q}_{n,j_n} = \tilde{Q}_{n,j_n}(D,u_{n-1}), \quad \tilde{q}_{n,j_n} = \tilde{q}_{n,j_n}(D,u_{n-1}), \quad \tilde{t}_{n,j_n} = \tilde{t}_{n,j_n}(D,u_{n-1})$$

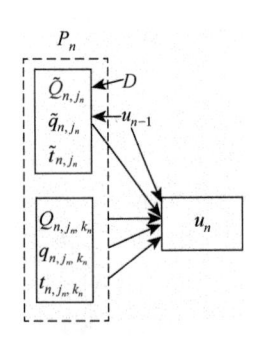

图 7-1 单个行动的应急处置过程

上述函数中,一般情况下,各类资源需求 $\{\tilde{Q}_{n,j_n},\tilde{q}_{n,j_n},\tilde{t}_{n,j_n}\}$ 越低,且到达质量 Q_{n,j_n,k_n} 越好、数量 q_{n,j_n,k_n} 越多、时间 t_{n,j_n,k_n} 越短、前序行动时效性 u_{n-1} 越高,该行动的时效性 u_n 就会越高,但过多的资源可能反而会使得 u_n 降低。灾害自身发展 D 越迅速、前序行动时效性 u_{n-1} 越低,该行动的资源需求 $\{\tilde{Q}_{n,j_n},\tilde{q}_{n,j_n},\tilde{t}_{n,j_n}\}$ 就会越高,但有时会降低甚至降为零,例如,火灾中火势太旺,受灾体相对独立,很快燃烧殆尽,会使应急的资源需求降为零,其他是事后恢复的需求。

7.2.2 多行动时效性评估模型的建立

行动间的关系包括串联和并联两种。

1)串联行动时效性评估模型的建立

如图 7-2 所示,P_n 和 P_{n+1} 是两个串联的行动,根据单行动时效性评估模型的建立方法,可得

$$u_n = u_n(\tilde{Q}_{n,j_n},\tilde{q}_{n,j_n},\tilde{t}_{n,j_n},Q_{n,j_n,k_n},q_{n,j_n,k_n},t_{n,j_n,k_n},u_{n-1})$$

$$u_{n+1} = u_{n+1}(\tilde{Q}_{n+1,j_{n+1}},\tilde{q}_{n+1,j_{n+1}},\tilde{t}_{n+1,j_{n+1}},Q_{n+1,j_{n+1},k_{n+1}},q_{n+1,j_{n+1},k_{n+1}},t_{n+1,j_{n+1},k_{n+1}},u_n)$$

$$\tilde{Q}_{n,j_n} = \tilde{Q}_{n,j_n}(D,u_{n-1}), \quad \tilde{q}_{n,j_n} = \tilde{q}_{n,j_n}(D,u_{n-1}), \quad \tilde{t}_{n,j_n} = \tilde{t}_{n,j_n}(D,u_{n-1})$$

$$\tilde{Q}_{n+1,j_{n+1}} = \tilde{Q}_{n+1,j_{n+1}}(D,u_n), \quad \tilde{q}_{n+1,j_{n+1}} = \tilde{q}_{n+1,j_{n+1}}(D,u_n), \quad \tilde{t}_{n+1,j_{n+1}} = \tilde{t}_{n+1,j_{n+1}}(D,u_n)$$

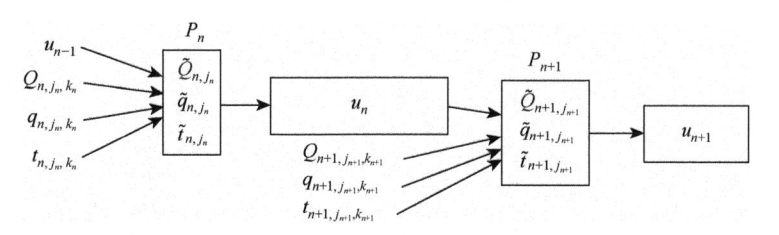

图 7-2 串联行动的应急处置过程

该串联行动的时效性为 $u = u(u_n, u_{n+1})$，一般情况下，u_n 越高、u_{n+1} 越高，则 u 越高。

2）并联行动时效性评估模型的建立

如图 7-3 所示，P_n 和 P_{n+1} 是两个并联的行动，根据单行动时效性评估模型的建立方法，可得

$$u_n = u_n(\tilde{Q}_{n,j_n}, \tilde{q}_{n,j_n}, \tilde{t}_{n,j_n}, Q_{n,j_n,k_n}, q_{n,j_n,k_n}, t_{n,j_n,k_n}, u_{n-2}) \qquad (7\text{-}1)$$

$$u_{n+1} = u_{n+1}(\tilde{Q}_{n+1,j_{n+1}}, \tilde{q}_{n+1,j_{n+1}}, \tilde{t}_{n+1,j_{n+1}}, Q_{n+1,j_{n+1},k_{n+1}}, q_{n+1,j_{n+1},k_{n+1}}, t_{n+1,j_{n+1},k_{n+1}}, u_{n-1}) \qquad (7\text{-}2)$$

$$\tilde{Q}_{n,j_n} = \tilde{Q}_{n,j_n}(D,u_{n-1}), \quad \tilde{q}_{n,j_n} = \tilde{q}_{n,j_n}(D,u_{n-1}), \quad \tilde{t}_{n,j_n} = \tilde{t}_{n,j_n}(D,u_{n-1})$$

$$\tilde{Q}_{n+1,j_{n+1}} = \tilde{Q}_{n+1,j_{n+1}}(D,u_n), \quad \tilde{q}_{n+1,j_{n+1}} = \tilde{q}_{n+1,j_{n+1}}(D,u_n), \quad \tilde{t}_{n+1,j_{n+1}} = \tilde{t}_{n+1,j_{n+1}}(D,u_n)$$

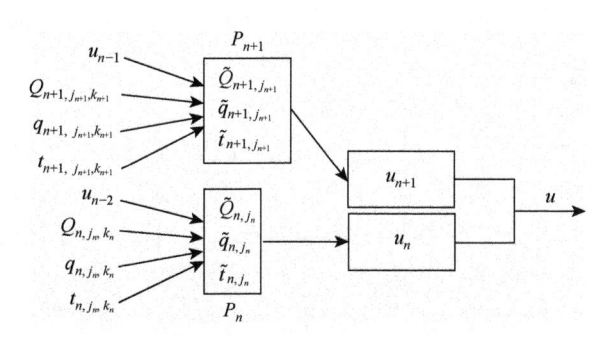

图 7-3 并联行动的应急处置过程

该并联行动的时效性为 $u = u(u_n, u_{n+1})$，一般情况下，u_n 越高、u_{n+1} 越高，则 u 越高。需要注意的是在并联时式（7-1）和式（7-2）中，需求时间 $\tilde{t}_{n,j_n}$、$\tilde{t}_{n+1,j_{n+1}}$ 和到达时间 $t_{n+1,j_{n+1},k_{n+1}}$、t_{n,j_n,k_n} 的取值有时要考虑两个行动时间上的协同性，可能取两者中的较大者或其他设置方法。

7.3 资源一批到达情形下应急响应程序时效性评估函数构造

7.3.1 问题描述

一般地震、洪水、高铁事故以及民航事故等灾害事件发生后，相关部门会接到各种警情的报告。相关部门接到报告后，会进行报告信息的确认和进一步的了解，并通过初步研判，进行向上报告、向下传达以及部署应对等工作；然后一旦确定应对方案，参与应对的所有人员和物资都要以最快的速度从原来所在的位置赶往事发地点；之后集结到事发地点的人员利用相关物资开展有序的应对工作。

因此，可将一般突发事件的应对大致分为信息的上传下达、各种资源的集结以及现场操作三个阶段。一般应急响应程序（如地震应急响应程序、飞机起落架故障应急响应程序等）中有的行动专属于这三个阶段中的某一个，有的行动是跨阶段的，即贯穿于上述的两个阶段或三个阶段的始终，据此可将一般响应程序中的行动分为四类：上传下达行动、资源集结行动、现场操作行动、跨阶段行动。每类行动均需要一定的资源（如人员、车辆等）按照一定的操作动作在一定的时间内完成。不考虑具体的操作动作，将此简化为对资源和时间的需求，并定义资源的质量和数量两种属性。除此之外，行动还受到其紧前行动的影响，即如果其紧前行动做得很好，将对其实施起到促进作用，反之亦然。于是，每类行动的时效性评估均可从其所具备的资源质量、数量、完成时间和紧前行动时效性这四个方面进行。一般应急响应程序包括多个行动，对其进行时效性评估而衍生出的子问题包括如下两方面。

1）构造单个行动的时效性评估函数

以上抽象出的影响单个行动时效性的四个因素分别与该行动的时效性成正相关或负相关。分别构造函数表达这样的定性关系，则得到四个函数，因变量均是行动的时效性，自变量依次为这四个影响因素。如何通过这四个函数，定义行动的时效性评估函数？一般的组合方法包括相加和相乘。因为行动的四个因素中如果有一个非常不好，如数量很少，都会使行动的时效性趋于零，所以选择相乘的组合方式更贴合实际，当然可以给每个函数赋予相应的权重来表达每个因素的重要程度。

2）多个行动的时效性评估函数

多个行动之间的关系一般包括串联和并联两种。

串联行动是指前后两个相连的行动。在1）的基础上，可分别得串联行动中有先后顺序的两个行动的时效性评估函数，后一个行动的时效性评估函数的自变量中又包含前一个行动的时效性评估函数,它实质上是一个复合函数,可通过函数的递推把它自变量中的前一个行动的时效性评估函数替换掉。定义串联行动的时效性评估函数为后一个行动的时效性评估函数。

并联行动是指两个可以同时进行的行动。这两个行动的需求时间和实际完成时间一般都是不相同的,但由于其并联的关系,先完成的行动需要等后完成的行动完成才能启动接下来的行动,即此时先完成的行动的作用才被发挥出来,所以从发挥作用角度考虑,先完成的行动的实际完成时间应该重新赋值为后完成的行动的实际完成时间,而且对这两个行动的时间要求也可以放宽到两者需求时间的较大者。在构造这两个行动的时效性评估函数时,都以两者需求时间的较大者作为需求时间,后完成行动的实际完成时间作为完成时间。在 1)的基础上,这两个行动的需求时间和实际完成时间按照以上所述设置,即可得这两个行动各自的时效性评估函数。定义并联行动的时效性评估函数为这两个行动时效性评估函数的乘积,并以幂指数的形式赋予权重。

最后,从多个行动中的第一个行动开始,通过串联行动和并联行动时效性评估函数的不断叠加,推得多个行动的时效性评估函数。

7.3.2 时效性评估函数构造

1. 一些假设

(1) 资源的质量和数量小于一定量时,行动时效性评估函数值接近于零,如灭火,很少的水浇上去,一般不会使火势降低。超过需求量时,行动时效性评估函数值不再增加。介于两者之间时,资源的质量越高、数量越多、花费时间越短,行动时效性评估函数值越大。

(2) 在资源集结类行动和上传下达类行动中,时间越长,集结到的资源就会越多,在有选择性集结的情况下,时间越长,集结到的资源就会越好(即时间足够时,会选择多集结一些质量好的资源),所以时间与资源的质量和数量从量上讲存在着正相关关系。在现场操作类行动中,具备的资源越好、越多,实际的操作时间就会越短,所以时间与资源的质量和数量从量上讲存在着负相关关系。

(3) 行动实际花费时间超过一定限制时,其时效性评估函数值接近于零,即该行动此时失效,如救火,超过了一定的时间火会减弱、熄灭,此时再来资源也不会起到什么作用了。

(4) 当前行动实际上会受到其前面所有行动时效性的影响,但假设其仅受到紧前行动的影响,该影响是一层一层传递过来的。

(5) 各行动所需资源固定不变,且一批到达。

2. 单个行动时效性评估函数的构造

下面以仅需一种资源的行动为例,详细阐述单个行动时效性评估函数的构造过程。根据 7.3.1 小节的分析,可知行动的时效性受到资源质量、数量、紧前行动时效性以及完成时间这四个因素的影响,并且与前三个因素呈正相关关系,与第四个因素呈负相关关系。根据研究团队实际项目中的经验,本着在反映问题本质的前提下尽量使函数简单的原则,先后研究了线性分段函数表达和 Sigmoid 函数表达,本章选用更贴合实际且更便于理论推导的 Sigmoid 函数。

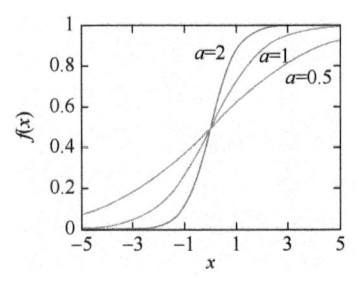

图 7-4 Sigmoid 函数

Sigmoid 函数(图 7-4)是一个具有良好性质的阈值函数,连续、光滑、严格单调、关于(0, 0.5)中心对称,其表达式为

$$f(x) = \frac{1}{1+e^{-ax}} \tag{7-3}$$

其中,a 为倾斜系数,且 a 值越小,坡度越缓。

如图 7-5 所示,已知行动 P_n 的需求为:资源质量 $\tilde{Q}_n$;资源数量 $\tilde{q}_n$;完成时间 $\tilde{t}_n$。行动 P_n 的实际情况为:资源质量 Q_n;资源数量 q_n;完成时间 t_n。行动 P_n 的时效性评估函数为 u_n,其紧前行动的时效性评估函数为 u_{n-1}。

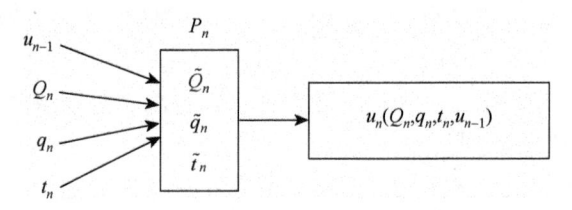

图 7-5 单个行动的应急处置过程

Sigmoid 函数的定义域为 $(-\infty, +\infty)$,而 Q_n、q_n、t_n、u_{n-1} 均为正的,为此采取了一种平移加截断的策略,具体地,例如,仅考虑 Q_n 的时效性评估函数 $u_{n1}(Q_n)$(这里假设行动时效性的起效资源质量为需求质量的一半,即 $\frac{\tilde{Q}_n}{2}$。实际中,根据不同的行动及事件情景,这个量都可能有所变化,但基本的构造方法和分析思路是完全类似的),则 $Q_n = \frac{\tilde{Q}_n}{2}$,$u_{n1}$ 接近于 0;当 $Q_n > \frac{\tilde{Q}_n}{2}$ 时,u_{n1} 呈单调递增趋势;当 $Q_n = \tilde{Q}_n$ 时,u_{n1} 接近 1(具体也可见图 7-6)。因此要构造满足这样性质的函数,需要首先将 Sigmoid 函数向右平移 $\frac{3\tilde{Q}_n}{4}$,则待构造函数变为 $u_{n1}(Q_n) =$

$\dfrac{1}{1+e^{-a\left(Q_n-\frac{3\tilde{Q}_n}{4}\right)}}$。然后，可取一个足够小的数 ε_{n1}，使当 $Q_n=\dfrac{\tilde{Q}_n}{2}$ 时，$u_{n1}=\varepsilon_{n1}$。令 $x=Q_n-\dfrac{3\tilde{Q}_n}{4}$，则有 $\dfrac{1}{1+e^{-ax}}=\varepsilon_{n1}$，进而解得 $x=-\dfrac{1}{a}\ln\left(\dfrac{1}{\varepsilon_{n1}}-1\right)$。因为 $u_{n1}(Q_n)$ 关于 $\left(\dfrac{3\tilde{Q}_n}{4},0.5\right)$ 中心对称，所以要达到该构造要求，需要满足 $|x|=\left|-\dfrac{1}{a}\ln\left(\dfrac{1}{\varepsilon_{n1}}-1\right)\right|=\dfrac{\tilde{Q}_n}{4}$，从而解得 $a=\dfrac{\ln\left(\dfrac{1}{\varepsilon_{n1}}-1\right)^4}{\tilde{Q}_n}$。因为 $Q_n>0$，所以只截取了纵坐标轴右侧部分的函数，从而得到 $u_{n1}(Q_n)$ 的具体函数表达式。分别仅考虑 q_n、t_n、u_{n-1} 的时效性函数 $u_{n,2}(q_n)$、$u_{n3}(t_n)$、$u_{n4}(u_{n-1})$ 的构造方法完全类似。具体函数表达式和函数图像（图 7-7～图 7-9）如下：

$$u_{n1}(Q_n)=\dfrac{1}{1+e^{-\frac{\ln\left(\frac{1}{\varepsilon_{n1}}-1\right)^4}{\tilde{Q}_n}\left(Q_n-\frac{3\tilde{Q}_n}{4}\right)}},\quad Q_n\geqslant 0$$

$$u_{n2}(q_n)=\dfrac{1}{1+e^{-\frac{\ln\left(\frac{1}{\varepsilon_{n2}}-1\right)^4}{\tilde{q}_n}\left(q_n-\frac{3\tilde{q}_n}{4}\right)}},\quad q_n\geqslant 0$$

$$u_{n3}(t_n)=\dfrac{e^{-\frac{\ln\left(\frac{1}{\varepsilon_{n3}}-1\right)^{4/3}}{\tilde{t}_n}\left(t_n-\frac{3\tilde{t}_n}{4}\right)}}{1+e^{-\frac{\ln\left(\frac{1}{\varepsilon_{n3}}-1\right)^{4/3}}{\tilde{t}_n}\left(t_n-\frac{3\tilde{t}_n}{4}\right)}},\quad t_n\geqslant 0$$

$$u_{n4}(u_{n-1})=\dfrac{1}{1+e^{-\ln\left(\frac{1}{\varepsilon_{n4}}-1\right)^2\left(u_{n-1}-\frac{1}{2}\right)}},\quad 0\leqslant u_{n-1}\leqslant 1$$

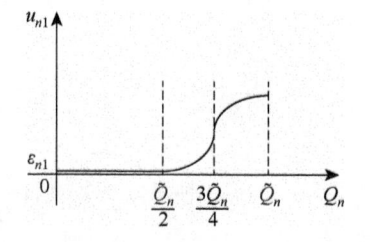

图 7-6　仅考虑供给资源质量时的时效性评估函数

图 7-7　仅考虑供给资源数量时的时效性评估函数

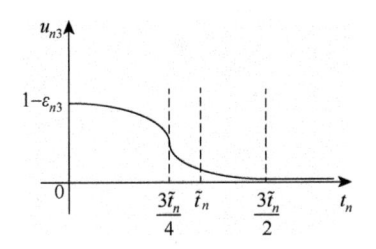

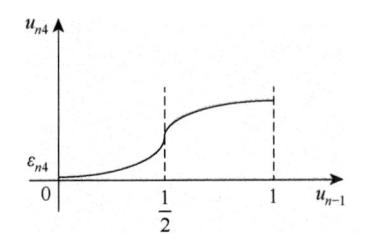

图 7-8 仅考虑完成时间时的时效性评估函数　图 7-9 仅考虑紧前行动影响时的时效性评估函数

根据 7.3.1 小节中的分析，可得行动 P_n 的时效性评估函数表达式如下：

$$u_n(Q_n,q_n,t_n,u_{n-1})=[u_{n1}(Q_n)]^{w_{n,1}}[u_{n2}(q_n)]^{w_{n,2}}[u_{n3}(t_n)]^{w_{n,3}}[u_{n4}(u_{n-1})]^{w_{n,4}} \quad (7\text{-}4)$$

其中，$w_{n,1}$、$w_{n,2}$、$w_{n,3}$、$w_{n,4}$ 为权重，且 $w_{n,1}+w_{n,2}+w_{n,3}+w_{n,4}=1$，则

$$u_n(Q_n,q_n,t_n,u_{n-1})=(1+c_{n,1}e^{-a_{n,1}Q_n})^{-w_{n,1}}(1+c_{n,2}e^{-a_{n,2}q_n})^{-w_{n,2}}(1+c_{n,3}e^{-a_{n,3}t_n})^{-w_{n,3}}(1+c_{n,4}e^{-a_{n,4}u_{n-1}})^{-w_{n,4}} \quad (7\text{-}5)$$

其中

$$a_{n,1}=\frac{\ln\left(\frac{1}{\varepsilon_{n1}}-1\right)^4}{\tilde{Q}_n}, \quad a_{n,2}=\frac{\ln\left(\frac{1}{\varepsilon_{n2}}-1\right)^4}{\tilde{q}_n}, \quad a_{n,3}=\frac{\ln\left(\frac{1}{\varepsilon_{n3}}-1\right)^{4/3}}{\tilde{t}_n}, \quad a_{n,4}=\ln\left(\frac{1}{\varepsilon_{n4}}-1\right)^2$$

$$b_{n,1}=\frac{3\tilde{Q}_n}{4}, \quad b_{n,2}=\frac{3\tilde{q}_n}{4}, \quad b_{n,3}=\frac{3\tilde{t}_n}{4}, \quad b_{n,4}=\frac{1}{2}$$

$$c_{n,1}=e^{a_{n,1}b_{n,1}}, \quad c_{n,2}=e^{a_{n,2}b_{n,2}}, \quad c_{n,3}=e^{a_{n,3}b_{n,3}}, \quad c_{n,4}=e^{a_{n,4}b_{n,4}}$$

由本小节第 1 部分的假设（2）可知，在资源集结类行动中有选择性集结的情况下，时间与资源的质量和数量从量上讲存在着正相关关系，本章首先用较简单的线性函数定量地表达这种正相关关系来开展理论研究。考虑到时间、资源质量和数量三者单位的不同，用其各自满足需求的比例来构造该线性函数，具体可用如下的公式来表示：

$$\frac{t_n}{\tilde{t}_n}=\bar{\lambda}_{n1}\frac{Q_n}{\tilde{Q}_n}+\bar{\lambda}_{n2}\frac{q_n}{\tilde{q}_n}+\bar{\lambda}_{n3}, \quad \bar{\lambda}_{n1}>0, \quad \bar{\lambda}_{n2}>0 \quad (7\text{-}6)$$

式（7-6）中，根据本小节第 1 部分的假设（2），当固定 $\frac{q_n}{\tilde{q}_n}$ 时，$\frac{t_n}{\tilde{t}_n}$ 随着 $\frac{Q_n}{\tilde{Q}_n}$ 的增大而增大，所以此时需要满足 $\bar{\lambda}_{n1}>0$；当固定 $\frac{Q_n}{\tilde{Q}_n}$ 时，$\frac{t_n}{\tilde{t}_n}$ 随着 $\frac{q_n}{\tilde{q}_n}$ 的增大而增大，所以此时需要满足 $\bar{\lambda}_{n2}>0$。

同样，在现场操作类行动中，有

$$\frac{t_n}{\tilde{t}_n} = \bar{\lambda}_{n1}\frac{\tilde{Q}_n}{Q_n} + \bar{\lambda}_{n2}\frac{\tilde{q}_n}{q_n} + \bar{\lambda}_{n3}, \quad \bar{\lambda}_{n1} > 0, \quad \bar{\lambda}_{n2} > 0 \qquad (7\text{-}7)$$

式（7-6）和式（7-7）中，$\bar{\lambda}_{n1}$、$\bar{\lambda}_{n2}$、$\bar{\lambda}_{n3}$均为系数。

实际中，可根据行动的类别将式（7-6）或式（7-7）代入式（7-5），则行动P_n的时效性评估函数u_n变为Q_n、q_n、u_{n-1}的三元函数。

对于需要两种资源及以上的行动，对不同种类的资源分别构造仅考虑其质量和数量的时效性评估函数，构造方法与上述方法完全类似，最终行动时效性评估函数表达式中的乘积项将多于式（7-4）右端的乘积项，如需要两种资源的行动的时效性评估函数表达式中将有六项相乘。

3. 多个行动时效性评估函数的叠加

1）串联行动时效性评估函数的叠加

如图7-10所示，由本小节第2部分可得串联行动P_n和P_{n+1}的时效性评估函数u_n和u_{n+1}分别为

$$u_n(Q_n, q_n, t_n, u_{n-1}) = (1 + c_{n,1}\mathrm{e}^{-a_{n,1}Q_n})^{-w_{n,1}}(1 + c_{n,2}\mathrm{e}^{-a_{n,2}q_n})^{-w_{n,2}}(1 + c_{n,3}\mathrm{e}^{-a_{n,3}t_n})^{-w_{n,3}}(1 + c_{n,4}\mathrm{e}^{-a_{n,4}u_{n-1}})^{-w_{n,4}}$$

$$(7\text{-}8)$$

$$u_{n+1}(Q_{n+1}, q_{n+1}, t_{n+1}, u_n) = (1 + c_{n+1,1}\mathrm{e}^{-a_{n+1,1}Q_{n+1}})^{-w_{n+1,1}}(1 + c_{n+1,2}\mathrm{e}^{-a_{n+1,2}q_{n+1}})^{-w_{n+1,2}}(1 + c_{n+1,3}\mathrm{e}^{-a_{n+1,3}t_{n+1}})^{-w_{n+1,3}}$$
$$\cdot(1 + c_{n+1,4}\mathrm{e}^{-a_{n+1,4}u_n})^{-w_{n+1,4}}$$

$$(7\text{-}9)$$

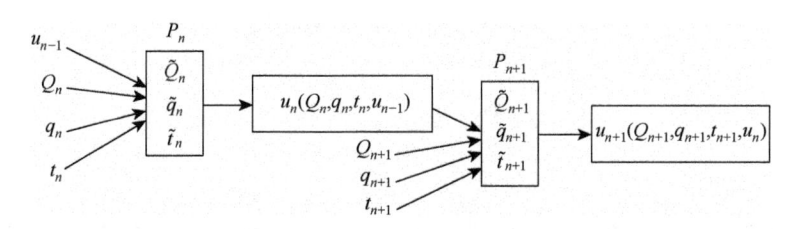

图7-10　串联行动的应急处置过程

根据第7.3.1小节中的分析可知，串联行动的时效性评估函数u（行动P_n和P_{n+1}的组合时效性评估函数）为后一个行动的时效性评估函数u_{n+1}，并将式（7-8）代入式（7-9），可得

$$u = u_{n+1} = (1 + c_{n+1,1}\mathrm{e}^{-a_{n+1,1}Q_{n+1}})^{-w_{n+1,1}}(1 + c_{n+1,2}\mathrm{e}^{-a_{n+1,2}q_{n+1}})^{-w_{n+1,2}}(1 + c_{n+1,3}\mathrm{e}^{-a_{n+1,3}t_{n+1}})^{-w_{n+1,3}}$$
$$\cdot(1 + c_{n+1,4}\mathrm{e}^{-a_{n+1,4}(1+c_{n,1}\mathrm{e}^{-a_{n,1}Q_n})^{-w_{n,1}}(1+c_{n,2}\mathrm{e}^{-a_{n,2}q_n})^{-w_{n,2}}(1+c_{n,3}\mathrm{e}^{-a_{n,3}t_n})^{-w_{n,3}}(1+c_{n,4}\mathrm{e}^{-a_{n,4}u_{n-1}})^{-w_{n,4}}})^{-w_{n+1,4}}$$

2) 并联行动时效性评估函数的叠加

根据 7.3.1 小节的分析，并联行动 P_n 和 P_{n+1}（图 7-11）的需求时间为其各自需求时间的较大者，实际完成时间取为其各自实际完成时间的较大者：

$$\tilde{t} = \max\{\tilde{t}_{n-1}, \tilde{t}_n\}, \quad t = \max\{t_{n-1}, t_n\}$$

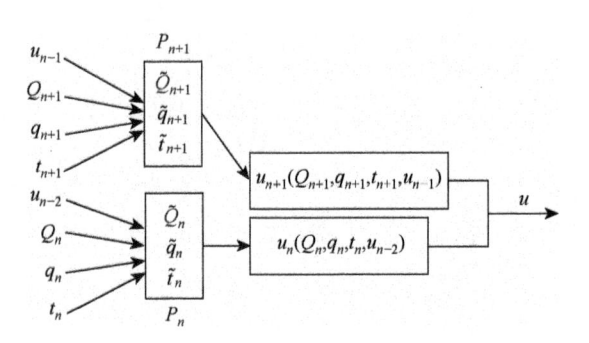

图 7-11 并联行动的应急处置过程

由本小节第 2 部分可得并联行动 P_n 和 P_{n+1} 的时效性评估函数 u_n 和 u_{n+1} 分别为

$$u_n(Q_n, q_n, t_n, u_{n-1}) = (1 + c_{n,1} e^{-a_{n,1} Q_n})^{w_{n,1}} (1 + c_{n,2} e^{-a_{n,2} q_n})^{w_{n,2}} (1 + c_{n,3} e^{-a_{n,3} \max\{t_n, t_{n+1}\}})^{w_{n,3}} (1 + c_{n,4} e^{-a_{n,4} u_{n-1}})^{w_{n,4}}$$
（7-10）

$$u_{n+1}(Q_{n+1}, q_{n+1}, t_{n+1}, u_n) = (1 + c_{n+1,1} e^{-a_{n+1,1} Q_{n+1}})^{w_{n+1,1}} (1 + c_{n+1,2} e^{-a_{n+1,2} q_{n+1}})^{w_{n+1,2}}$$
$$\cdot (1 + c_{n+1,3} e^{-a_{n+1,3} \max\{t_n, t_{n+1}\}})^{w_{n+1,3}} (1 + c_{n+1,4} e^{-a_{n+1,4} u_n})^{w_{n+1,4}}$$
（7-11）

则根据 7.3.1 小节的分析，可得并联行动的时效性评估函数 u（行动 P_n 和 P_{n+1} 的组合时效性评估函数）为 u_n 和 u_{n+1} 的乘积，并以幂指数的形式赋予权重，即

$$u = u_n^{w_1} u_{n+1}^{w_2}, \quad w_1 + w_2 = 1 \qquad (7\text{-}12)$$

其中，w_1、w_2 为权重。另外，可将式（7-10）和式（7-11）代入式（7-12）得到 u 的具体函数表达式，由于比较烦琐，在此没有具体列出。

4. 随机扰动对行动时效性的影响

由于实际情况非常复杂，还存在着一些其他因素和一些随机干扰，而前面所考虑的仅是有限因素之间的相互关系，并且进行了必要的简化和近似处理，所以单依靠最后计算出的 u_n 值给出方案好、中、差的确定性结论有时是不符合实际的。例如，假如在空中所出现的机务故障很复杂，尽管能及时发现且及时进行排故，同时得到来自地面强有力的支持，但最终很可能还是无法排除故障。于是引入了概率，给出了各 u_n 值所对应的好、中、差概率，即得到了各行动好、中、差的概率，通过比较好、中、差的概率，就能对行动的时效性有一个大体的了解和粗略的估计。

假设已经计算出行动 P_n 的时效性函数值 u_n，则从定性角度讲，可认为 u_n 越大，该行动越好，进而可以说，该行动好的概率 $\tilde{p}_1(u_n)$ 越大；可认为 u_n 越小，该行动越差，进而可以说，该行动差的概率 $\tilde{p}_3(u_n)$ 越大；可认为 u_n 值越接近中间值 $\frac{1}{2}$，该行动中的概率 $\tilde{p}_2(u_n)$ 越大。可见，$\tilde{p}_1(u_n)$ 随着 u_n 的增大而增大，$\tilde{p}_3(u_n)$ 随着 u_n 的增大而减小，$\tilde{p}_2(u_n)$ 随着 u_n 的增大先增大而后减小。

1）线性函数

首先用线性函数表达上述定性关系：

$$\tilde{p}_1(u) = u, \quad \tilde{p}_2(u) = \begin{cases} 2u, & 0 \leqslant u \leqslant \frac{1}{2} \\ -2u+2, & \frac{1}{2} < u \leqslant 1 \end{cases}, \quad \tilde{p}_3(u) = -u+1$$

归一化得函数表达式和函数图像（图 7-12）如下：

$$p_1(u) = \begin{cases} \dfrac{u}{1+2u}, & 0 \leqslant u \leqslant \frac{1}{2} \\ \dfrac{u}{3-2u}, & \frac{1}{2} < u \leqslant 1 \end{cases}$$

$$p_2(u) = \begin{cases} \dfrac{2u}{1+2u}, & 0 \leqslant u \leqslant \frac{1}{2} \\ \dfrac{2-2u}{3-2u}, & \frac{1}{2} < u \leqslant 1 \end{cases}, \quad p_3(u) = \begin{cases} \dfrac{1-u}{1+2u}, & 0 \leqslant u \leqslant \frac{1}{2} \\ \dfrac{1-u}{3-2u}, & \frac{1}{2} < u \leqslant 1 \end{cases}$$

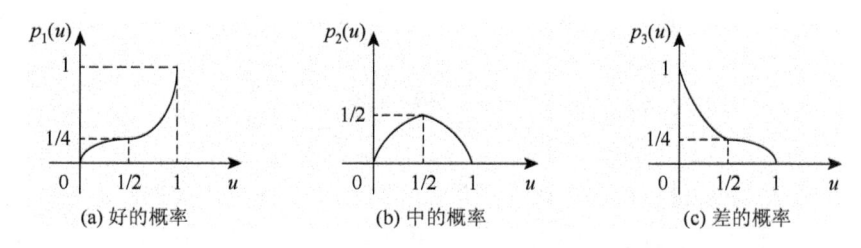

图 7-12　行动好、中、差的概率（线性函数表达）

2）二次函数

因为用线性函数定量表达上述关系时存在函数的分段问题，这势必使一些计算比较复杂，为此引入了二次函数，不仅解决了这一问题，而且较合理地将这一关系定量地表达出来：

$$\tilde{p}_1(u) = u^2, \quad \tilde{p}_2(u) = -4u^2 + 4u, \quad \tilde{p}_3(u) = -u^2 + 1$$

归一化得函数表达式和函数图像（图 7-13）如下：

$$p_1(u) = \frac{u^2}{-4u^2+4u+1}, \quad p_2(u) = \frac{-4u^2+4u}{-4u^2+4u+1}, \quad p_3(u) = \frac{-u^2+1}{-4u^2+4u+1}$$

$$p(P=好)=p_1(u), \quad p(P=中)=p_2(u), \quad p(P=差)=p_3(u)$$

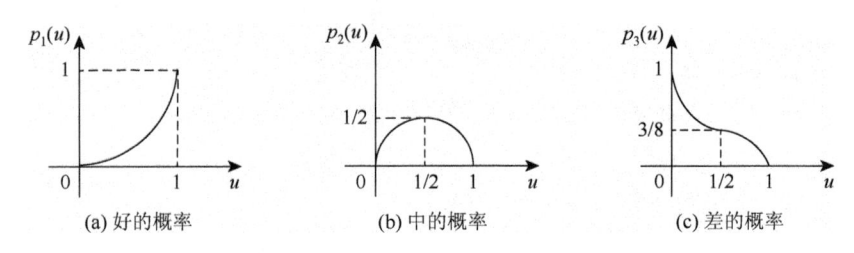

(a) 好的概率　　　　　(b) 中的概率　　　　　(c) 差的概率

图 7-13　行动好、中、差的概率（二次函数表达）

7.3.3　单个行动的单种不同质量资源的配比问题

受启发于周长一定的矩形，当其长和宽相等时，面积达到最大。结合研究问题抽象出一个理论问题：当资金一定时，如何搭配不同质量的资源的数量，能够使行动时效性评估函数值达到最大。这个最优配比是否存在、是否唯一、如何求解等问题是本书感兴趣的，这些理论结果可能会用来指导实际工作。

针对仅需要一种资源，并且该资源分为一等和二等（一等资源的质量高于二等资源的质量）的资源集结类行动 P_n 进行研究。定义资源质量为一等资源占总资源的百分比。针对行动 P_n 的紧前行动 P_{n-1} 做得很好的情形进行分析，此时 P_{n-1} 的时效性评估函数值接近于 1，所以 7.3.2 小节第 2 部分中所构造的仅考虑紧前行动影响时的时效性评估函数 u_{n4} 也将趋于 1。此时行动 P_n 的时效性评估函数值 u_n 受 u_{n4} 的影响很小，可以忽略不计。所以可以假设行动 P_n 的时效性不受其紧前行动 P_{n-1} 的时效性的影响，而仅与实际供给行动 P_n 的资源和完成时间有关。

资源集结类行动 P_n 的需求为 $\{\tilde{Q},\tilde{q},\tilde{t}\}$，实际为 $\{Q,q,t\}$，其中 $\tilde{Q}$ 表示行动 P_n 需求的资源质量，即为行动 P_n 需求的一等资源的数量占其需求资源总数量的比例，$\tilde{q}$、$\tilde{t}$ 分别表示行动 P_n 需求的全部资源数量和操作时间，Q 表示行动 P_n 实际的资源质量，即为行动 P_n 实际的一等资源数量占其实际资源总数量的比例，q、t 分别表示行动 P_n 实际的全部资源数量和操作时间，u 表示行动 P_n 的时效性评估函数。单位一等资源所用资金为 ΔM_1，单位二等资源所用资金为 ΔM_2，资金总量为 M，且 $\Delta M_1 > \Delta M_2$，如图 7-14 所示。

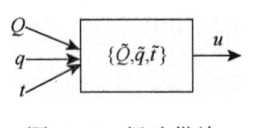

图 7-14　行动供给-需求示意图

根据 7.3.2 小节第 2 部分单个行动的时效性评估函数构造方法，可以得到行动 P_n 的时效性评估函数表达式如下：

$$u(Q,q,t) = (1+c_1 e^{-a_1 Q})^{-w_1}(1+c_2 e^{-a_2 q})^{-w_2}(1+c_3 e^{-a_3 t})^{-w_3} \tag{7-13}$$

其中

$$a_1 = \frac{\ln\left(\frac{1}{\varepsilon_1} - 1\right)^4}{\tilde{Q}}, \quad a_2 = \frac{\ln\left(\frac{1}{\varepsilon_2} - 1\right)^4}{\tilde{q}}, \quad a_3 = \frac{\ln\left(\frac{1}{\varepsilon_3} - 1\right)^{4/3}}{\tilde{t}} \qquad (7\text{-}14)$$

$$b_1 = \frac{3\tilde{Q}}{4}, \quad b_2 = \frac{3\tilde{q}}{4}, \quad b_3 = \frac{3\tilde{t}}{4} \qquad (7\text{-}15)$$

$$c_1 = \mathrm{e}^{a_1 b_1}, \quad c_2 = \mathrm{e}^{a_2 b_2}, \quad c_3 = \mathrm{e}^{a_3 b_3} \qquad (7\text{-}16)$$

因为该行动为资源集结类行动，所以由 7.3.2 小节第 1 部分假设（2）可得其时间与资源的质量和数量从量上讲存在正相关关系，与式（7-6）类似，可得

$$\frac{t}{\tilde{t}} = \bar{\lambda}_1 \frac{Q}{\tilde{Q}} + \bar{\lambda}_2 \frac{q}{\tilde{q}} + \bar{\lambda}_3, \quad \bar{\lambda}_1 > 0, \quad \bar{\lambda}_2 > 0 \qquad (7\text{-}17)$$

其中，$\bar{\lambda}_1$、$\bar{\lambda}_2$、$\bar{\lambda}_3$ 均为系数，则式（7-17）可写为

$$t = \lambda_1 Q + \lambda_2 q + \lambda_3 \qquad (7\text{-}18)$$

其中，λ_1、λ_2、λ_3 均为系数，且

$$\lambda_1 = \bar{\lambda}_1 \frac{\tilde{t}}{\tilde{Q}}, \quad \lambda_2 = \bar{\lambda}_2 \frac{\tilde{t}}{\tilde{q}}, \quad \lambda_3 = \bar{\lambda}_3 \tilde{t}$$

在上式中，因为 $\bar{\lambda}_1$、$\bar{\lambda}_2$、$\tilde{Q}$、$\tilde{q}$、$\tilde{t}$ 均大于零，所以有 $\lambda_1 > 0$、$\lambda_2 > 0$。将式（7-18）代入式（7-13）得

$$u(Q, q) = (1 + c_1 \mathrm{e}^{-a_1 Q})^{-w_1} (1 + c_2 \mathrm{e}^{-a_2 q})^{-w_2} (1 + c_3 \mathrm{e}^{-a_3 (\lambda_1 Q + \lambda_2 q + \lambda_3)})^{-w_3} \qquad (7\text{-}19)$$

由已知可得，行动 P_n 的实际资源所需资金为一等资源所需资金与二等资源所需资金之和，即

$$Qq\Delta M_1 + (1-Q)q\Delta M_2 = M \qquad (7\text{-}20)$$

由式（7-20）可解得

$$Q = \frac{M - q\Delta M_2}{(\Delta M_1 - \Delta M_2)q} = \frac{M}{\Delta M_1 - \Delta M_2} \cdot \frac{1}{q} - \frac{\Delta M_2}{\Delta M_1 - \Delta M_2} \qquad (7\text{-}21)$$

因为 $Q \geq 0$，所以 $\dfrac{M - q\Delta M_2}{(\Delta M_1 - \Delta M_2)q} \geq 0$，因为 $\Delta M_1 > \Delta M_2$，所以 $(\Delta M_1 - \Delta M_2)q > 0$，从而可解得 $q \leq \dfrac{M}{\Delta M_2}$。假设在应急过程中，人们的投入行为是理智的，即投入的资金不会大于需求的资金，则有

$$0 < M \leq \tilde{Q}\tilde{q}\Delta M_1 + (1-\tilde{Q})\tilde{q}\Delta M_2$$

将式（7-21）代入式（7-19），并化简可得

$$u(q) = \left(1 + \overline{c_1}\mathrm{e}^{-\overline{a_1}\frac{1}{q}}\right)^{-w_1} (1 + c_2 \mathrm{e}^{-a_2 q})^{-w_2} \left(1 + \overline{c_3}\mathrm{e}^{-a_3\left(\lambda_1 \frac{M}{\Delta M_1 - \Delta M_2}\frac{1}{q} + \lambda_2 q\right)}\right)^{-w_3} \quad (7\text{-}22)$$

其中

$$\overline{c_1} = c_1 \mathrm{e}^{a_1 \frac{\Delta M_2}{\Delta M_1 - \Delta M_2}}, \quad \overline{a_1} = a_1 \frac{M}{\Delta M_1 - \Delta M_2}, \quad \overline{c_3} = c_3 \mathrm{e}^{a_3 \left(\lambda_1 \frac{\Delta M_2}{\Delta M_1 - \Delta M_2} - \lambda_3\right)} \quad (7\text{-}23)$$

根据数学分析中的极限理论以及魏尔斯特拉斯第二定理（闭区间上的连续函数在该区间上必取到最大值、最小值），可分析出时效性评估函数 $u(q)$ 极大值的存在性。关于极大值是否唯一，有待进一步研究。如果使 $u(q)$ 取得极大值的 $q = q^*$，则

$$Q = Q^* = \frac{M}{\Delta M_1 - \Delta M_2} \cdot \frac{1}{q^*} - \frac{\Delta M_2}{\Delta M_1 - \Delta M_2}$$

此时一等资源数量为 q^*Q^*，二等资源的数量为 $q^*(1-Q^*)$，则最优配比为 $q^*Q^* : q^*(1-Q^*)$。所以，在实际管理中，可通过调整这个配比的方法提高行动的时效性函数值，从而达到在不增加资金的前提下提高应对效果的目的。

7.3.4 算例

以航空公司起落架故障应急响应程序为例，对本章建立的应急响应程序时效性评估模型的有效性进行检验。

1. 航空公司起落架故障应急响应程序

如图 7-15 所示，航空公司起落架故障应急响应程序一般可以划分为如下三个阶段。

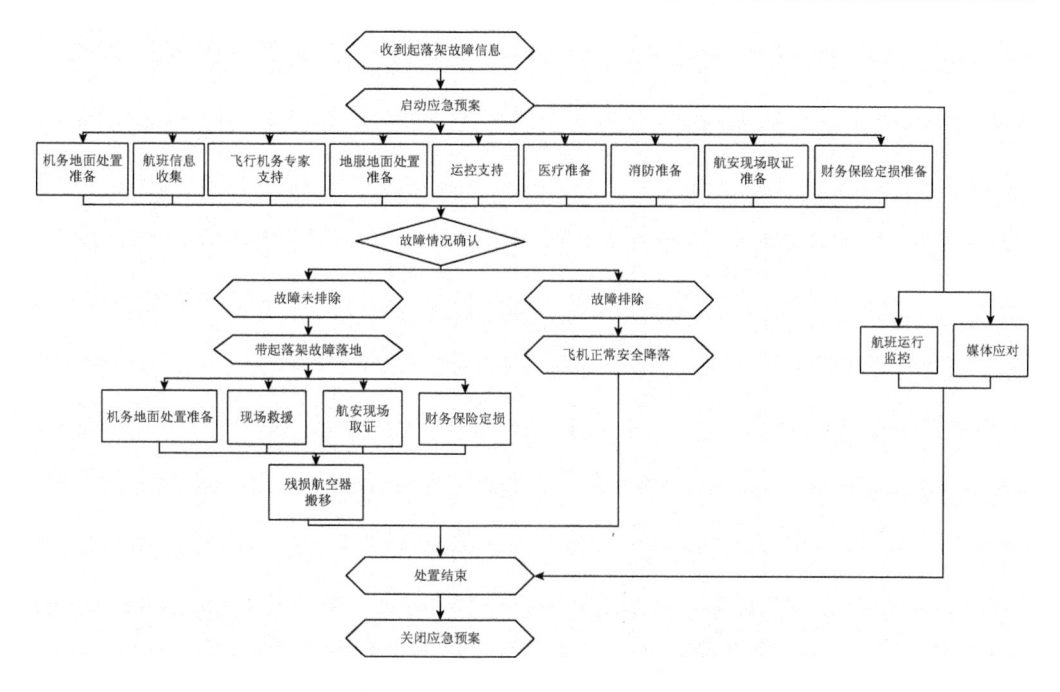

图 7-15 航空公司起落架故障应急响应程序

（1）集结与排故阶段：收到起落架放不下故障信息后，公司应尽快与机组取得联系，派相关机务专家和飞行技术专家提供地面支持，指导起落架正常放下；与此同时，公司应进行相应应急队伍的集结，为后续可能发生的现场救援做准备。若故障未排除，公司必须快速启动公司应急预案；若故障排除，飞机正常降落后关闭应急程序。

（2）救援阶段：在飞机带起落架故障落地之后，公司必须进行旅客和机组人员的现场救援与安置、货邮行的处置以及航空器的搬移等，现场处置结束之后则关闭应急救援程序。

（3）善后阶段：关闭应急救援程序之后，公司还必须进行一系列的事故调查程序，做好家庭救援工作、财务保险定损，以及各部门对事故进行总结和最终报告的提交。

从图 7-15 中抽取出故障未排除时的应急响应程序，并将其表达成网络图的形式如图 7-16 所示。

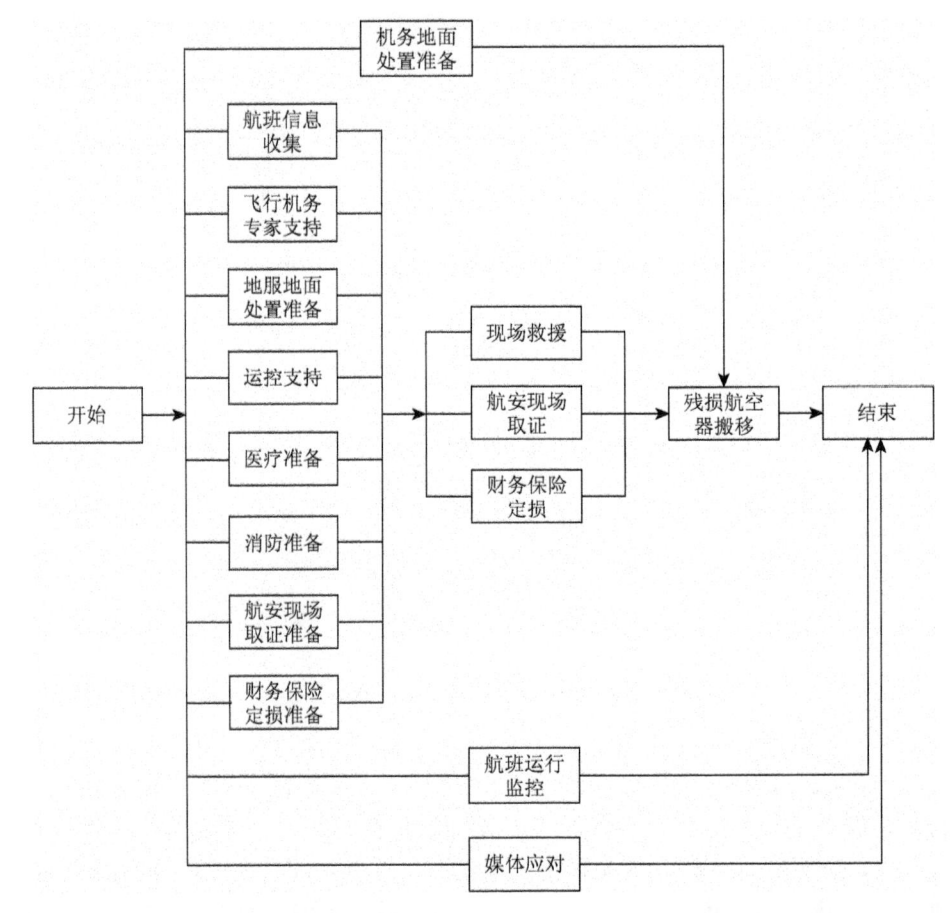

图 7-16 起落架故障未排除时的应急响应程序中各行动的时间关系图

实际中,当接到起落架故障信息后,机务地面处置准备、航班信息收集、飞行机务专家支持、地服地面处置准备、运控支持、医疗准备、消防准备、航安现场取证准备、财务保险定损准备、航班运行监控、媒体应对这十一个行动同时启动。本章针对前后行动之间的逻辑关系为结束-开始关系进行研究,开始-开始、开始-结束、结束-结束关系是以后研究的重点。此外,各行动之间还存在效果上的影响关系(图 7-17),例如,从效果上讲,航安现场取证准备行动的好坏,会影响到航安现场取证行动,而不会影响到财务保险定损行动。但从时间上讲,航安现场取证准备行动也会影响到财务保险定损行动。所以本章的紧前行动是指当前行动的同时满足时间和效果紧前的行动。

2. 参数设置

由图 7-17 可见,起落架故障未排除时的应急响应程序共包括 15 个行动,其

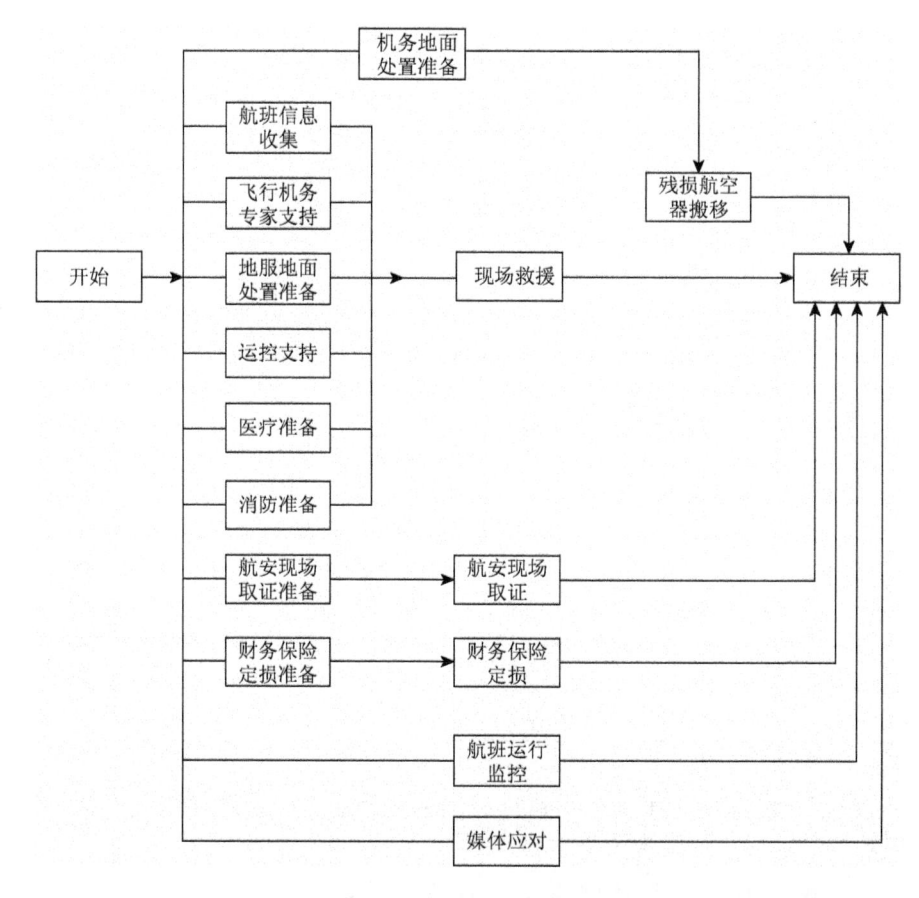

图 7-17 起落架故障未排除时的应急响应程序中各行动的效果关系图

行动参数如表 7-1 所示，这些参数根据实际演练和专家经验设置。

表 7-1 行动需求

行动名称	行动编号	所属类别	人力资源 质量	人力资源 数量 一级	人力资源 数量 二级	人力资源 数量 总计	物力资源数量	时间/min
飞行机务专家支持	1	现场操作	2/3	4	2	6		15
航班信息收集	2	现场操作				2		10
机务地面处置准备	3	资源集结	7/10	14	6	20	20	45
地服地面处置准备	4	资源集结	8/25	8	17	25	5	30
航班运行监控	5	跨阶段	2/3	2	1	3	3	

续表

行动名称	行动编号	所属类别	人力资源 质量	人力资源 数量 一级	人力资源 数量 二级	人力资源 数量 总计	物力资源数量	时间/min
运控支持	6	现场操作				3		30
医疗准备	7	资源集结	1/3	10	20	30	210	30
消防准备	8	资源集结	2/5	10	15	25	35	30
航安现场取证准备	9	资源集结				5	5	30
财务保险定损准备	10	资源集结	1/2	2	2	4	4	30
现场救援	11	现场操作	7/20	28	52	80	250	60
航安现场取证	12	现场操作				5	5	30
财务保险定损	13	现场操作	1/2	2	2	4	4	30
媒体应对	14	跨阶段	1/2	1	1	2		
残损航空器搬移	15	现场操作	7/10	14	6	20	20	30

如表 7-1 所示，实际情况中，不同熟练程度的专家、有无经验的人员会对应急效果产生很大的影响，所以将人力资源进行了分级（见表 7-1 第 5、6 列），其中一级专家的熟练程度要高于二级专家，一级人员要比二级人员更有经验，并定义人力资源的质量为一级专家（或一级人员）占全部专家（或人员）的比例（见表 7-1 第 4 列），即认为一级专家（或一级人员）越多，质量越高。这里不再对航安现场取证行动人员进行分级。这 15 个行动中仅飞行机务专家支持行动需要专家，其他行动均需要工作人员即可。物力资源的质量对应急效果影响不是很大，所以不对其进行分级，仅关注其数量的变化。

由表 7-1 可知，机务地面处置准备行动集结到的资源用于残损航空器搬移行动，地服地面处置准备、医疗准备、消防准备这三个行动集结到的资源全部用于现场救援行动，实际上，现场救援行动的资源包括地服、医疗、消防这三组资源，它们既有各自的工作，又需要互相配合，是非常复杂的。如果地服、医疗、消防这三组资源集结情况都较好，如都达到要求的 80% 以上，此时可以忽略这三组资源的差别而仅关注三者的总量，但如果某一组资源集结情况非常差，如医疗仅达到要求的 50%，则此时根据短板效应，仅关注医疗资源。

航班信息收集行动需要两名人员，运控支持行动需要三名人员，实际情况中一般都会满足该要求,所以假设这两个行动一定会做好,即将两者的效果值均取为最大值1。

3. 计算结果及分析

按照故障未排除时响应程序的逻辑关系,从前往后依次计算出各行动的效果值,这样每个行动对应一个效果值。下面给出一些极端算例。

(1) 人力资源质量和数量、物力资源数量满足需求,时间仅为需求的一半。在图7-18中标出了各行动的效果值以及整个响应程序的效果值。由图7-18可知,当各行动都做得比较好,即都较好地满足要求时,其效果值均较高,都接近于1,与实际情况相符。

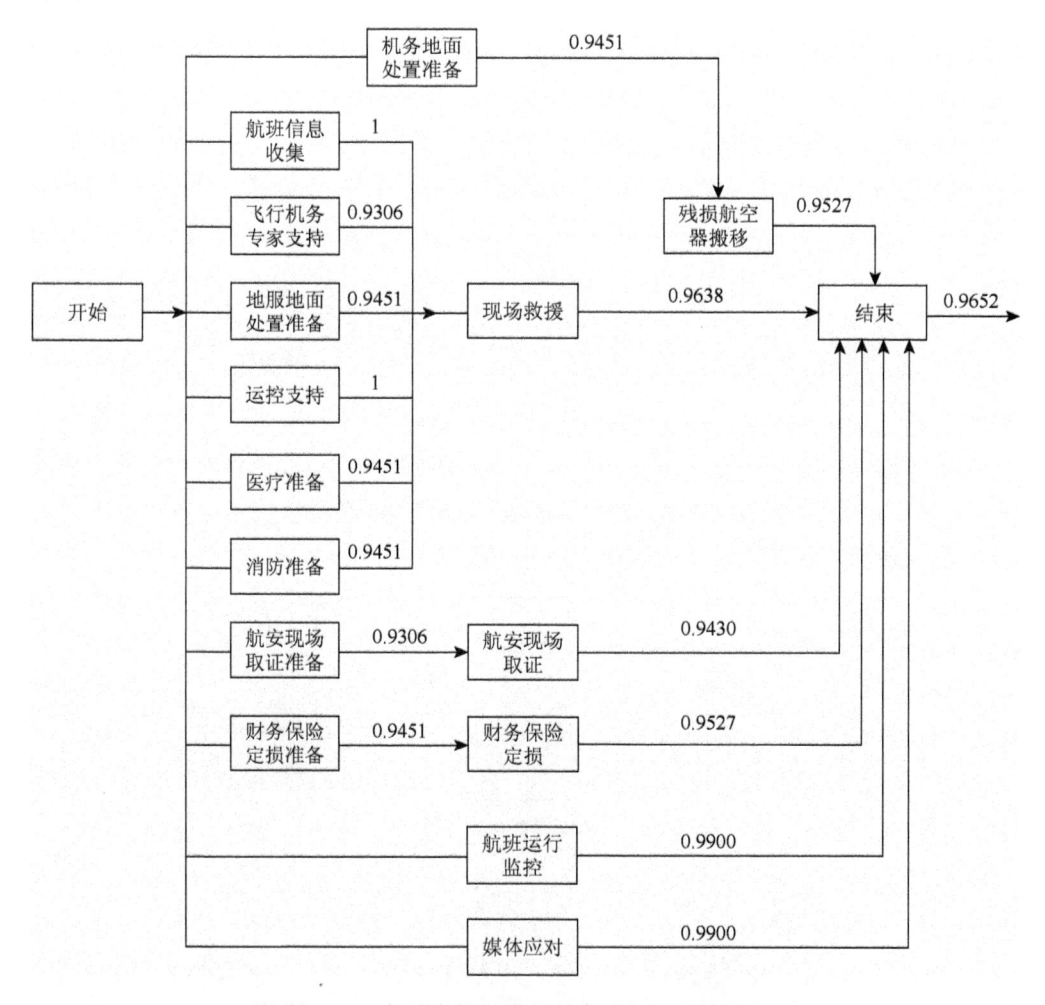

图 7-18 各要素较好满足需求时各行动效果值

（2）人力资源质量达到需求的一半，人力和物力资源数量满足需求，时间仅为需求的一半。由图 7-19 可知，除航安现场取证准备和航安现场取证这两个行动的效果值较高，其他行动的时效性函数值都较低，这是因为在这两个行动中，没有对人员进行分级，所以两者均与人员质量无关。最终整个响应程序的时效性函数值仅为 0.2494。因此，当人力资源的质量较低时，如仅达到需求的一半，即使人力资源和物力资源的数量、时间都较好地满足需求，整个响应程序的时效性函数值仍比较低。

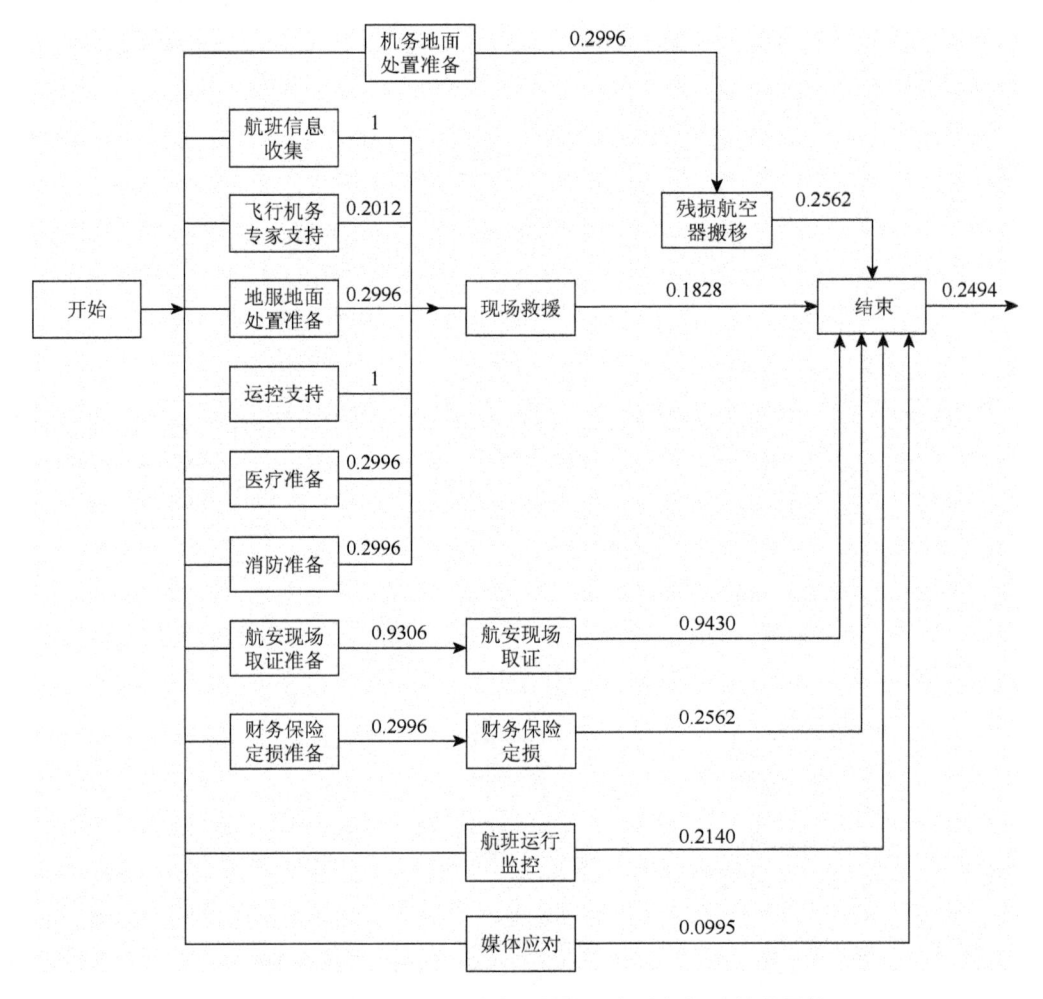

图 7-19　仅人力资源质量达到需求一半时各行动的效果值

（3）人力资源数量达到需求的一半，人力资源质量和物力资源数量满足需求，时间仅为需求的一半。由图 7-20 可知，响应程序的时效性函数值仅为 0.1834，因此，当人力资源的数量过少，如仅为需求的一半时，响应程序的实施也会失败。

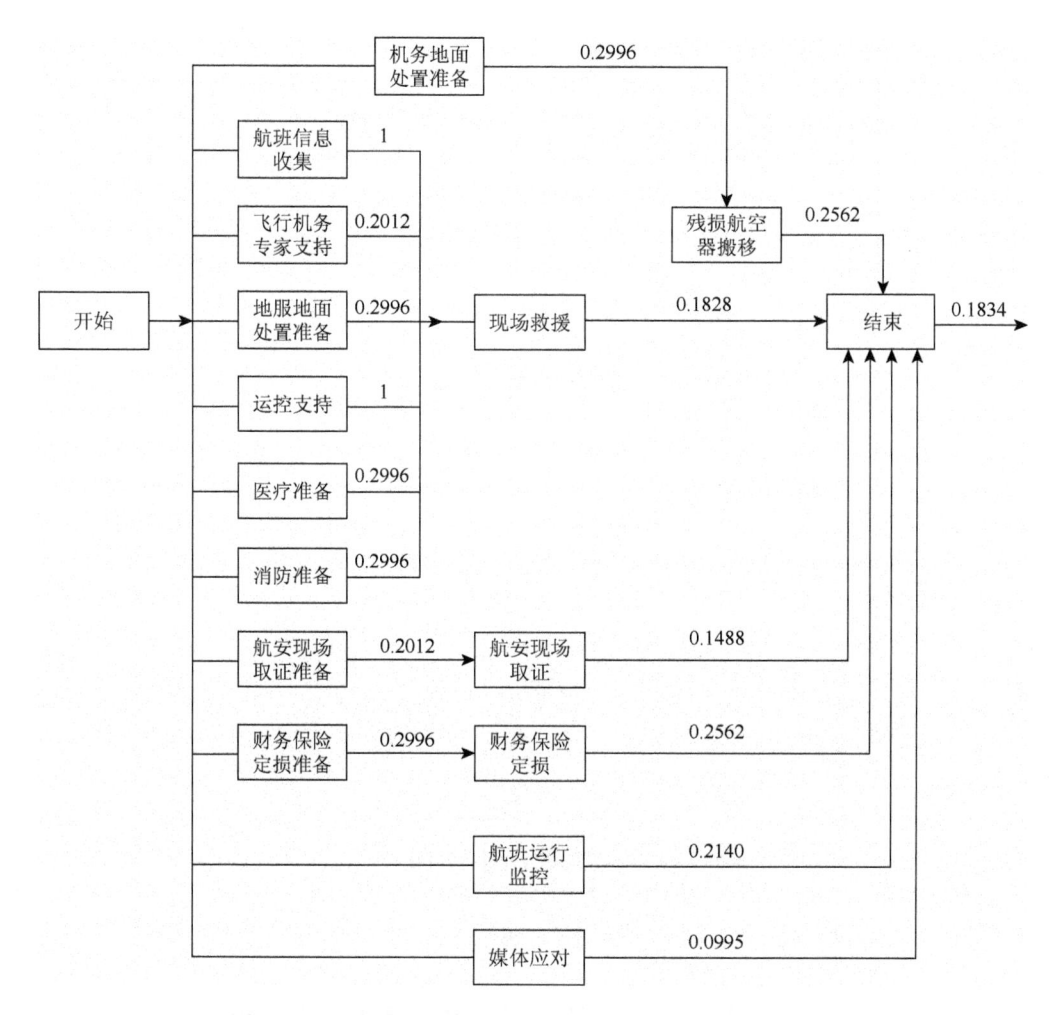

图 7-20　仅人力资源数量达到需求一半时各行动的效果值

（4）物力资源数量达到需求的一半，人力资源质量和数量均满足需求，时间仅为需求的一半。由图 7-21 可知，除飞行机务专家支持和媒体应对行动的时效性函数值较高（这两个行动不需要物力资源），其他行动的时效性函数值均较低，因此，当物力资源的数量过少，如仅为需求的一半时，响应程序的实施也会失败。

（5）人力资源质量和数量、物力资源数量满足需求，时间超过需求的一半。由图 7-22 可知，除航班运行监控和媒体应对行动的时效性函数值较高（这两个行动为跨阶段行动），其他行动的时效性函数值均较低，因此，当时间过多，如超过需求的一半时，响应程序的实施也会失败。

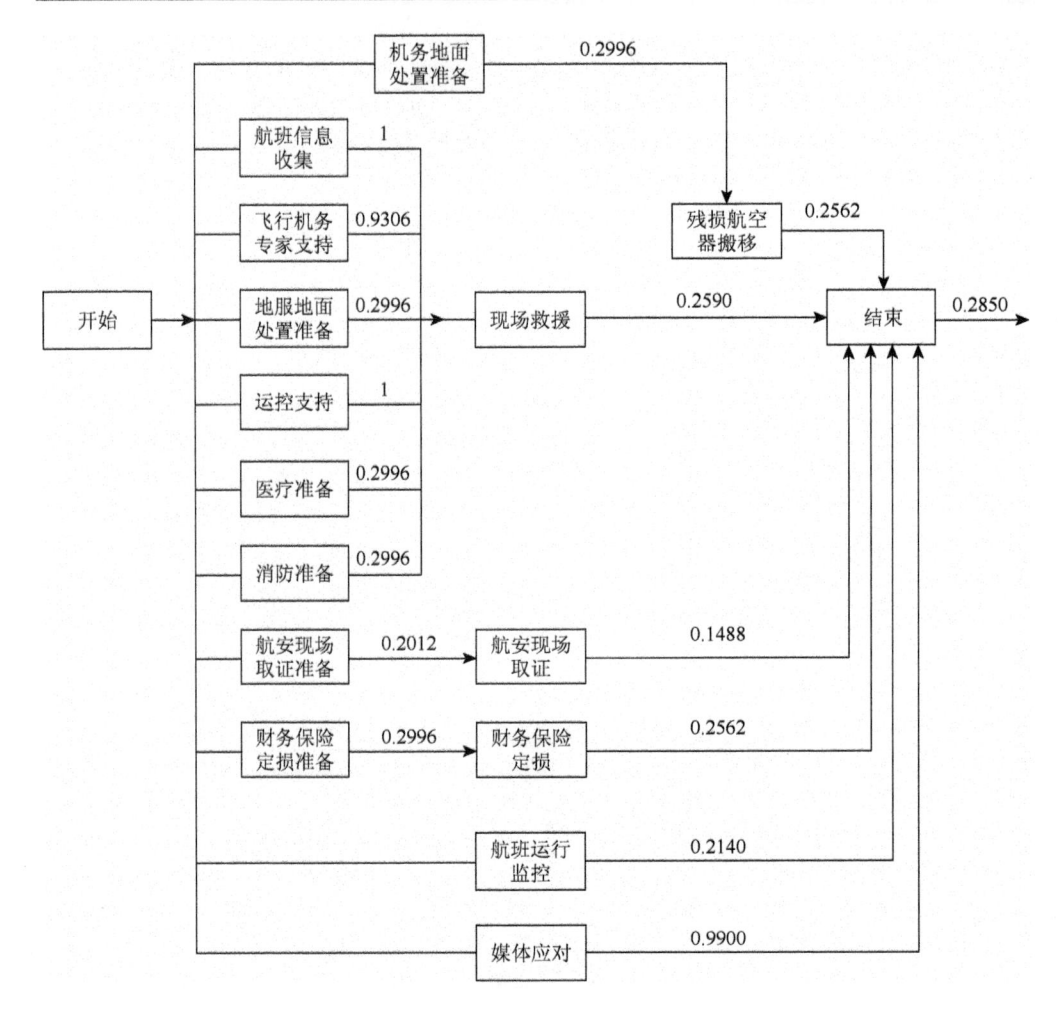

图 7-21 仅物力资源数量达到需求一半时各行动的效果值

由上述五个极端算例可以看出，当人力资源质量和数量、物力资源数量、时间等要素都较好地满足需求时，各行动以及整个响应程序的时效性函数值均较大，接近于 1。而当人力资源质量和数量、物力资源数量、时间有任何一个要素实际值较低时，都会使各行动及整个响应程序的时效性函数值大幅下降。所以在实际中，应兼顾这三个要素。

上述五个算例中均给出了各行动及整个响应程序的时效性函数值，从定量的角度得出了对时效性的一个粗评估。然而，在现实中，存在着各种各样的扰动，所以行动的时效性数值高，未必该行动的操作效果就一定好，只能说好的概率大一些，也存在着不好的可能性。利用本章的模型，计算出了各行动及整个响应程序好、中、差的概率，并将其列于表 7-2 中，大括号中的三项依次为好的概率、

第 7 章 应急响应程序时效性评估

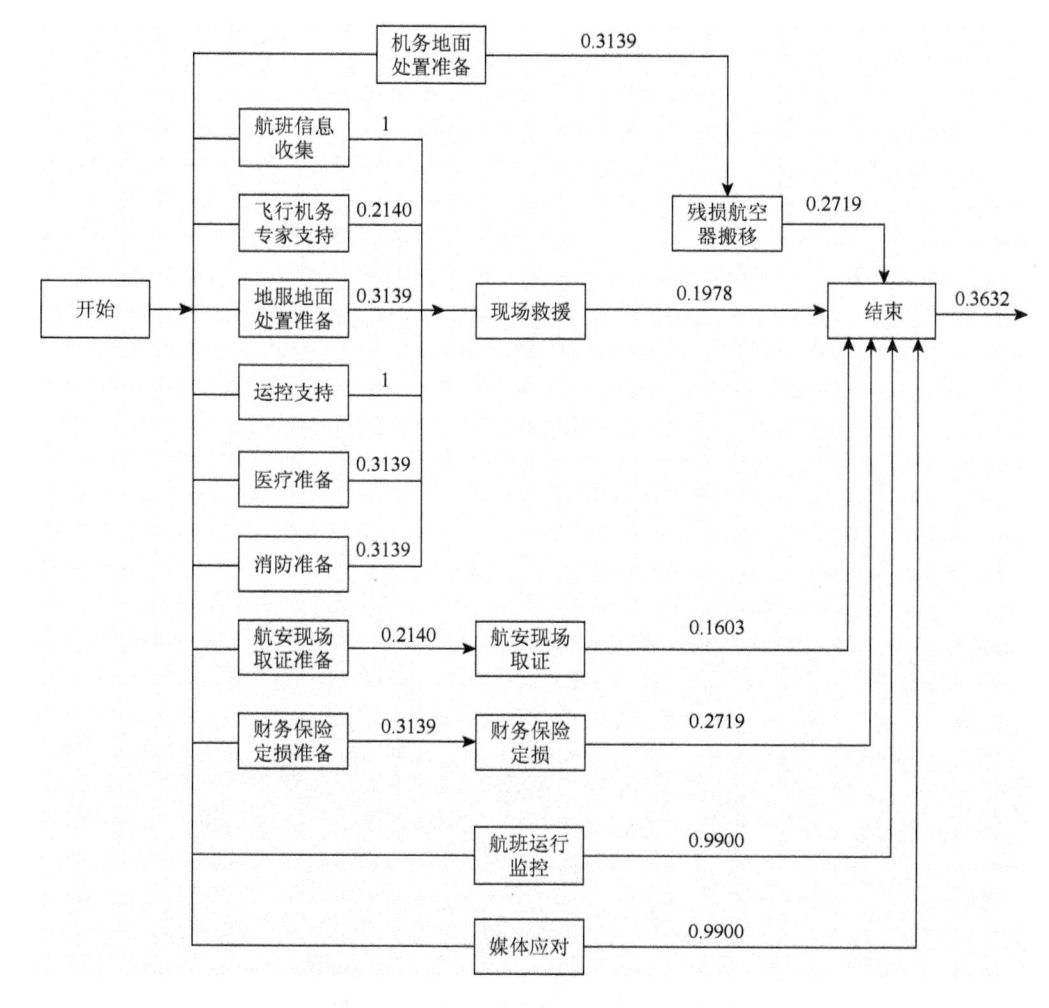

图 7-22 仅时间超过需求一半时各行动的效果值

中的概率、差的概率。根据模糊数学中的最大隶属度原则，给出了各行动及整个响应程序的定性判断，可得本小节算例（1）～算例（5）中整个响应程序时效性的定性判断依次为好、差、差、差、中。

表 7-2 各行动及整个响应程序好、中、差的概率及定性判断

行动名称	算例（1） 好、中、差的概率	定性判断	算例（2） 好、中、差的概率	定性判断	算例（3） 好、中、差的概率	定性判断	算例（4） 好、中、差的概率	定性判断	算例（5） 好、中、差的概率	定性判断
飞行机务专家支持	{0.6882, 0.2053, 0.1065}	好	{0.0246, 0.3913, 0.5841}	差	{0.0246, 0.3913, 0.5841}	差	{0.6882, 0.2053, 0.1065}	好	{0.0274, 0.4022, 0.5704}	差

续表

行动名称	算例（1）好、中、差的概率	定性判断	算例（2）好、中、差的概率	定性判断	算例（3）好、中、差的概率	定性判断	算例（4）好、中、差的概率	定性判断	算例（5）好、中、差的概率	定性判断
航班信息收集	{1.0000, 0, 0}	好	{1.0000, 0, 0}	好	{1.0000, 0, 0}	好	{1.0000, 0, 0}	好	{1.0000, 0, 0}	好
机务地面处置准备	{0.7397, 0.1719, 0.0884}	好	{0.0488, 0.4563, 0.4949}	差	{0.0488, 0.4563, 0.4949}	差	{0.0488, 0.4563, 0.4949}	差	{0.0529, 0.4628, 0.4843}	差
地服地面处置准备	{0.7397, 0.1719, 0.0884}	好	{0.0488, 0.4563, 0.4949}	差	{0.0488, 0.4563, 0.4949}	差	{0.0488, 0.4563, 0.4949}	差	{0.0529, 0.4628, 0.4843}	差
航班运行监控	{0.9428, 0.0381, 0.0191}	好	{0.0274, 0.4022, 0.5704}	差	{0.0274, 0.4022, 0.5704}	差	{0.0274, 0.4022, 0.5704}	差	{0.9428, 0.0381, 0.0191}	好
运控支持	{1.0000, 0, 0}	好	{1.0000, 0, 0}	好	{1.0000, 0, 0}	好	{1.0000, 0, 0}	好	{1.0000, 0, 0}	好
医疗准备	{0.7397, 0.1719, 0.0884}	好	{0.0488, 0.4563, 0.4949}	差	{0.0488, 0.4563, 0.4949}	差	{0.0488, 0.4563, 0.4949}	差	{0.0529, 0.4628, 0.4843}	差
消防准备	{0.7397, 0.1719, 0.0884}	好	{0.0488, 0.4563, 0.4949}	差	{0.0488, 0.4563, 0.4949}	差	{0.0488, 0.4563, 0.4949}	差	{0.0529, 0.4628, 0.4843}	差
航安现场取证准备	{0.6882, 0.2053, 0.1065}	好	{0.6882, 0.2053, 0.1065}	好	{0.0246, 0.3913, 0.5841}	差	{0.0246, 0.3913, 0.5841}	差	{0.0274, 0.4022, 0.5704}	差
财务保险定损准备	{0.7397, 0.1719, 0.0884}	好	{0.0488, 0.4563, 0.4949}	差	{0.0488, 0.4563, 0.4949}	差	{0.0488, 0.4563, 0.4949}	差	{0.0529, 0.4628, 0.4843}	差
现场救援	{0.8151, 0.1225, 0.0624}	好	{0.0209, 0.3740, 0.6051}	差	{0.0209, 0.3740, 0.6051}	差	{0.0379, 0.4343, 0.5278}	差	{0.0239, 0.3883, 0.5878}	差
航安现场取证	{0.7319, 0.1770, 0.0911}	好	{0.7319, 0.1770, 0.0911}	好	{0.0147, 0.3363, 0.6490}	差	{0.0147, 0.3363, 0.6490}	差	{0.0167, 0.3500, 0.6333}	差
财务保险定损	{0.7690, 0.1527, 0.0783}	好	{0.0372, 0.4325, 0.5303}	差	{0.0372, 0.4325, 0.5303}	差	{0.0372, 0.4325, 0.5303}	差	{0.0413, 0.4419, 0.5168}	差
媒体应对	{0.9428, 0.0381, 0.0191}	好	{0.0073, 0.2638, 0.7289}	差	{0.0073, 0.2638, 0.7289}	差	{0.9428, 0.0381, 0.0191}	好	{0.9428, 0.0381, 0.0191}	好
残损航空器搬移	{0.7690, 0.1527, 0.0783}	好	{0.0372, 0.4325, 0.5303}	差	{0.0372, 0.4325, 0.5303}	差	{0.0372, 0.4325, 0.5303}	差	{0.0413, 0.4419, 0.5168}	差
整个响应程序	{0.8213, 0.1184, 0.0603}	好	{0.0356, 0.4282, 0.5362}	差	{0.0210, 0.3746, 0.6044}	差	{0.0447, 0.4491, 0.5062}	差	{0.0685, 0.4806, 0.4509}	中

这样就能够对各行动及整个响应程序的时效性有一个定性的认识，从而为提高整个响应程序的时效性提供了依据，如需要加强时效性差的行动、改善时效性中的行动。另外，算例（1）中各行动的实际完成情况较好地满足需求，所以其定性判断都为好。算例（2）~算例（5）对应着不满足需求的四种情况，各行动及响应程序时效性的定性判断多为差，定性判断为好的是因为对应行动中不含有不满足需求的要素。例如，算例（4）中设置物力资源不满足需求，但飞行机务专家支持不需要物力资源，所以该行动时效性的定性判断为好。算例（5）中响应程序时效性的定性判断为中，这是因为算例（5）设置时间不能较好地满足需求，而航班运行监控和媒体应对都属于跨阶段行动，这两个行动时效性的定性判断都为好，使整个响应程序时效性的定性判断为中。

7.4　本 章 小 结

本章从全流程视角看待应急预案中应急响应程序的评估问题，充分考虑了响应程序中不同行动的特点以及前后行动之间的相互影响关系，分析出影响行动时效性的主要因素，形成行动的评价指标。然后通过构造符合事物定性规律的函数的方法，给出了单个行动的时效性评估函数，并通过函数递推的方法得出响应程序的时效性评估函数，这样不仅能评出结果，还能找到薄弱环节，可为有针对性地改善响应程序提供依据。之后就响应程序时效性评估问题中的理论问题进行了研究，证明了资金固定时，单行动单种异质资源存在着最优配比，可使该行动的时效性评估函数值达到最大，这为实际应急工作中可以通过一定的方式提高资金作用效果这一结论提供了理论上的支撑。最后以航空公司起落架故障应急响应为例构造算例，验证了时效性评估函数构造的合理性。

第 8 章 应急响应程序重构问题

在突发事件的应急处置过程中，事先制定应急预案是一个重要的环节。目前我国各级政府和一些重点行业都已经编制形成了特定领域针对特定突发事件的应急预案，但是从应急预案的编制和完善情况来看，还存在诸多不利于提升应急管理能力的弊端，如针对单一事件制定的应急预案无法应对复杂突发事件并发或次生情形下的需求，文本型的预案包含的信息繁杂、可操作性差等。因此，相对突发事件应急处置的复杂性、重时效和强调动态应对的显著特征，仅依靠人工进行编制和完善的应急预案显然无法满足应急处置的实际需求，而随着社会信息化水平的不断提升，我国政府和一些重点行业采用计算机和信息技术的条件已经逐步成熟，其在应急管理的信息采集、信息传递和信息加工等方面正逐渐作出尝试，并具备了一定的积累。本章将从不同行业和领域对应急处置中资源约束条件的考虑出发，研究无资源约束条件下的应急响应程序重构问题和有资源约束条件下的应急响应程序重构问题。

8.1 应急响应程序重构问题描述

应急管理可能面对的是一个多种灾害短时间间隔爆发的复杂局面，需要在多个单灾种预案基础上快速生成应对多灾种突发事件的新应急预案。

下面将从操作预案的核心——应急响应程序的数字化表达和存储入手，将多个针对单一突发事件的应急预案表达为利于计算机识别和计算的形式，建立计算机在线的应急流程重构算法，快速生成针对多类并发突发事件的综合应急响应程序，为复杂多变情形下的突发事件应急处置提供实时高效的决策辅助。

8.1.1 应急响应程序重构的内涵

应急响应程序重构是指在多类突发事件并发或次生时，基于已数字化表达的应对单一类型突发事件的响应程序，根据事件发生发展的处置需求进行在线的重新组合，形成可同时应对多类突发事件的综合响应程序。其具体内涵包括以下三点。

（1）基于已数字化表达的应对单一类型突发事件的响应程序。编制应急响应程序是应急管理的一项重要内容，突发事件作为处置对象，由于其产生机理的差异，在制定相应应急响应程序时的侧重点和表现形式也不尽相同。然而，应急处置的有效性相当大程度上取决于响应程序的可操作性，即响应程序应当明确表达出各项应急工作的启动条件、处置内容、工作之间内在的逻辑关系等信息。因此，需要一种结构化的表达形式来规范响应程序的编制工作。数字化表达的响应程序是运用计算机进行并发或次生突发事件应急响应程序重构的基础。

（2）按照突发事件并发或次生的实时发生发展过程进行在线组合。突发事件的发生发展、并发或次生的时间或方式常常具有不可预见性，如果针对各种可能情形编制响应程序，无疑是一项艰巨的、需要耗费巨大人力的工作。响应程序重构所要实现的目标是根据并发或次生突发事件的实时发展变化情况，借助计算机进行多个已有响应程序的在线组合。

（3）同时满足并发或次生的多个突发事件的应急处置需求。突发事件的并发或次生意味着在特定的时点需要统筹兼顾多类突发事件的处置功能需求、处置工作之间的衔接关系、各类应急资源的约束，这些都是应急响应程序重构需要解决的问题。

8.1.2 场景和情景

在编制应急响应程序方面，动态博弈网络技术是一种讨论较为深入的方法，其认为应急管理在某个时刻后的后续任务是随着前一阶段子任务的完成效果和所处环境的变化而变化的，而应急处置是突发事件的管理者应对阶段性处置结果和突发事件发展趋势的一个动态博弈过程。应急响应程序重构思想正是基于此展开的。

编制应急预案需要考虑突发事件发生发展过程中各种可能出现的情景，将情景定义为突发事件演变场景的集合，而场景是指由处置主体要素、影响处置的周边环境要素以及设备等资源要素共同构成的随时间不断变化的一系列要素状态取值的集合。由于突发事件的应急处置过程具有明显的阶段性特征，当突发事件性质发生变化、处置空间或对象发生改变、处置任务目标发生变动时，都会伴随着场景的某些关键状态取值发生变化，对应同一预案中可能包含多个可能发生的情景。这些情景之间存在并行和互斥两种关系，并行是指多个情景可以同时并行发生，如停水和停电两种情景；互斥是指多个情景在实际情形中只有一种能够发生，如发生火情和未发生火情两种情景。

以航空公司突发事件为例，在飞机起落架故障应急响应程序中，"落地前故障排除状态"取不同的值时,这一关键场景节点相当于一个分支节点,后续的情景演变过程将分为两支,但在响应程序的实际执行过程中,却只有一种情景会真实发生,对单一事件的响应程序来说,其各个情景表现为非此即彼的"或"关系,但因为不同响应程序应对的突发事件性质往往存在较大差异,其不同响应程序的情景之间可能表现为可同时发生的"与"关系。在对多个突发事件的应急响应程序进行重构时,每个响应程序都可能存在多个情景,将每个响应程序的多个情景与其他响应程序的多个情景分别进行组合,以形成多类突发事件并发或次生时的可能情景演变过程,而这些情景组合之间也应表现为非此即彼的"或"关系。

8.2 资源无约束下的应急响应程序重构方法

受到人类对自然灾害情景复杂性认识的局限性影响,目前的操作预案主要面向单一灾害。而近年来由于突发事件引发次生灾害造成更大损失的例子层出不穷,应急管理决策者越来越多地面对一个多种灾害短时间间隔爆发的复杂局面。在一些几乎可以动用全社会应急力量和资源的情形下,应急资源保障能够远远超出应急处置需求,这种情形下的在多个单灾种预案基础上快速生成应对多灾种突发事件的新应急预案,其重点是应急处置行动之间的衔接关系,即应急响应程序的流程,其难点是如何处理多个预案同时启动时可能出现的措施重复与工作逻辑关系不清晰等问题,以保证新预案切实可行。基于对重构内涵和关键概念的定义,对多个并发或次生突发事件的应急响应程序进行重构时将涉及以下两类主要的重构问题。

(1)情景之间的组合。从每类响应程序中分别抽取一个情景应用组合算法进行组合,得到多类突发事件并发或次生时的某一种可能的情景。

(2)情景组合的再合并。将问题(1)中组合得到的多个情景组合应用分支算法进行再合并,得到多类突发事件并发或次生时的所有可能情景演变过程的分支。

针对并发或次生突发事件的应急响应程序重构设计思路如下(图 8-1)。

应急响应程序具备明显的阶段性特点,其各项处置任务在执行过程中需要遵循一定的时序关系,响应程序的某个情景的执行时序可以用该情景中关键场景点的时序关系来表达。在考虑并发或次生突发事件的应急响应程序重构问题时,需要综合多个响应程序各情景的执行时序信息,遵照一定的时序编码规则,将同一时刻发生的关键场景点赋以相同时序值,具备时间先后顺序的关键场景点赋以代表先后顺序的时序值,从而确保多个预案的重构接入位置与突发事件的并发或次生时的实际情况一致。

第8章 应急响应程序重构问题

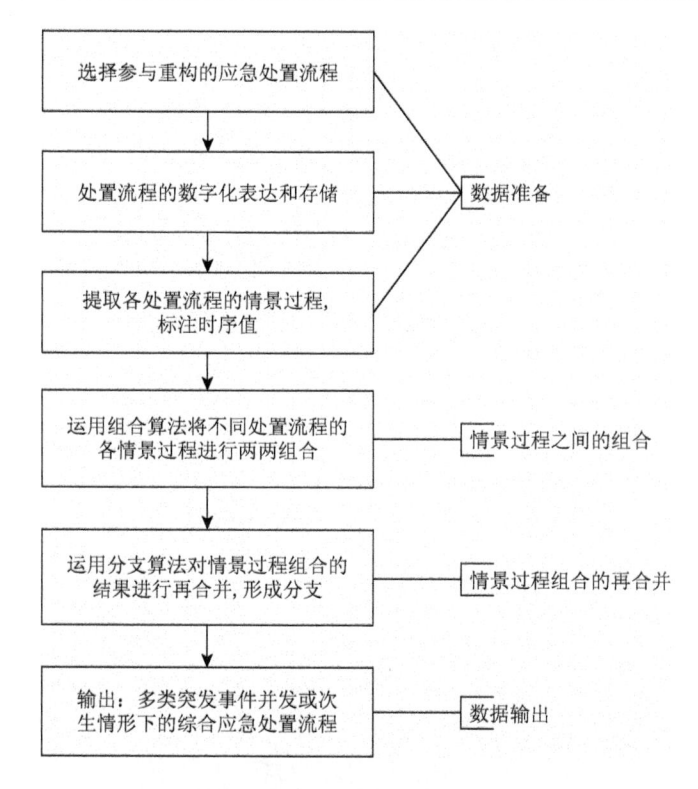

```
┌─────────────────────────┐
│ 选择参与重构的应急处置流程 │ ┐
└───────────┬─────────────┘ │
            ↓               │
┌─────────────────────────┐ │
│ 处置流程的数字化表达和存储 │ ├─ 数据准备
└───────────┬─────────────┘ │
            ↓               │
┌─────────────────────────┐ │
│ 提取各处置流程的情景过程, │ │
│       标注时序值         │ ┘
└───────────┬─────────────┘
            ↓
┌─────────────────────────┐
│ 运用组合算法将不同处置流程的│── 情景过程之间的组合
│  各情景过程进行两两组合   │
└───────────┬─────────────┘
            ↓
┌─────────────────────────┐
│ 运用分支算法对情景过程组合的│── 情景过程组合的再合并
│ 结果进行再合并,形成分支   │
└───────────┬─────────────┘
            ↓
┌─────────────────────────┐
│ 输出:多类突发事件并发或次 │── 数据输出
│ 生情形下的综合应急处置流程│
└─────────────────────────┘
```

图 8-1 响应程序重构设计思路

8.2.1 不同响应程序的各个情景之间的组合

由于对并发或次生的多个突发事件的应急响应程序进行重构时,每类突发事件的响应程序都可能存在多个情景,这就需要将每类响应程序的多个情景与其他响应程序的多个情景分别进行组合,以形成多类突发事件并发或次生时的可能情景演变过程。其组合思路为:首先将各情景分为若干阶段(每个阶段起始关键场景点的时序值相同),处于相同阶段内的节点邻接矩阵进行矩阵相加运算;其次是对相加(重构)后得到的矩阵执行有效性检验。

1. 矩阵相加运算

采用邻接矩阵形式存储的响应程序,其元素取值只有 0 和 1 两种,对其进行的加运算本质上是对不同响应程序的序关系进行叠加,为了使执行相加运算后的矩阵能够保留各响应程序中对应急处置序关系的要求,在此,需先将参与相加运算的邻接矩阵转换为同维度的矩阵,然后再对新生成的邻接矩阵进行相加运算。

假设参与相加的矩阵为 $A_{m\times m}$ 和 $B_{n\times n}$，对其节点集合 M 和 N 求并集（$P=M \bigcup N$），以 P 中的元素作为新邻接矩阵的行列名称，生成邻接矩阵 $A'_{p\times p}$ 和 $B'_{p\times p}$，其相应元素进行相加运算时采取布尔逻辑或运算的规则（表 8-1）。

表 8-1　矩阵对应元素相加运算规则

$a_{ij}(A'_{p\times p})$	$b_{ij}(B'_{p\times p})$	$a_{ij}+b_{ij}$
0	0	0
1	0	1
0	1	1
1	1	1

2. 环路的判断和处理

对重构后矩阵进行的有效性检验是为了判断根据组合算法计算得到的重构矩阵是否会存在环路或短路等结构性的错误，并对其进行提示和处理。

环路是指从一个节点出发，按照有向边经过若干节点以后，又回到原来的节点。例如，从响应程序 A 和响应程序 B 中分别抽取一个情景进行组合，采用组合算法生成的重构矩阵和相应的重构图形如图 8-2 所示。

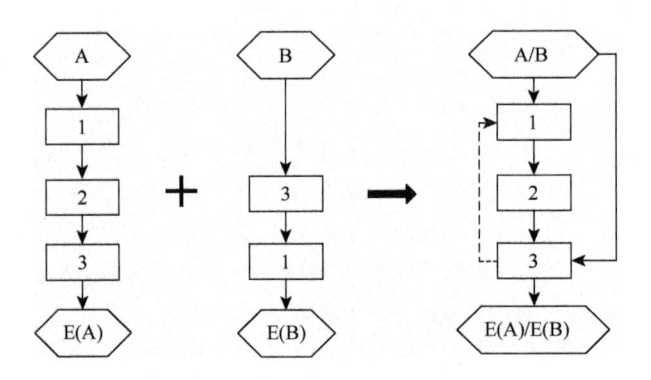

图 8-2　组合运算后的环路情形

图 8-2 中显示的 1→2→3→1 的虚箭线组成了一个典型的环路流程，在响应程序的实际编制过程中，响应程序 A 和响应程序 B 对节点 1 和节点 3 的序关系定义了相反的情况，这在将多类事件的响应程序进行合并时将出现环路情形，给重构后响应程序的实际执行带来困扰，针对不同的情景叠加情况，应该对重构后响应

程序的环路进行判断和提示，这可以提醒决策者对存在环路的节点序关系进行审视，辅助应急决策。

3. 短路的判断和处理

短路是指从一个节点出发，有两条或两条以上的不相交的响应程序可以到达另一个相同的节点，其中一条路径为两个节点的直接连线。例如，从响应程序 A 和响应程序 B 中分别抽取一个情景进行组合，采用组合算法生成的重构矩阵和相应的重构图形如图 8-3 所示。

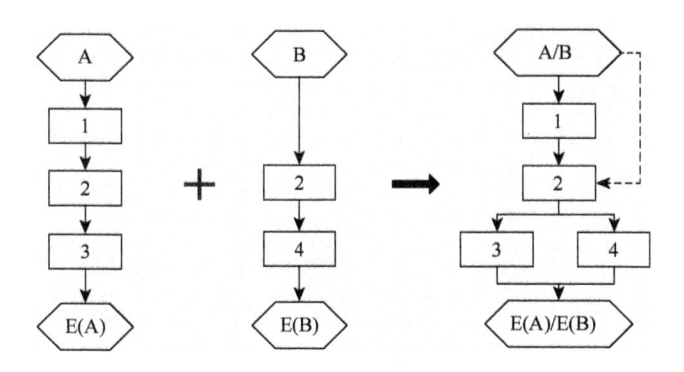

图 8-3　组合运算后的短路情形

图 8-3 中 A/B→2 的虚箭线为短路流程，在响应程序的实际执行过程中，响应程序 A 要求在 1 完成后启动 2，而响应程序 B 中 2 的执行并没有对 1 提出要求，矩阵合并运算所得重构矩阵保留了响应程序 A 和响应程序 B 中节点 2 的全部前序关系，这将造成 A/B 节点与 2 节点之间的短路问题，在响应程序的实际执行过程中，使节点 2 工作的启动条件不清，有可能造成启动失效或重复执行，从而影响响应程序的执行效率，这种情况在响应程序编制过程中应当尽量避免。

8.2.2　情景组合的再合并

由于对并发或次生的多个突发事件的应急响应程序进行重构时，针对单一突发事件的响应程序中的各个情景存在非此即彼的"或"关系，也就是说在该响应程序的实际执行过程中，只有一种情景会真实发生，而就 8.2.1 小节中合并得到的针对并发或次生突发事件的多个情景组合，其组合结果中必定包含单一突发事件的不同情景，这也就意味着这多个情景组合在实际执行过程中只能有一种真实发生，其也表现为"或"关系。因此，需要对 8.2.1 小节得到的多个情景组合采用分支合并算法进行再合并。其合并思路为：首先对情景组合中完全相同（工作内容和序关系都相同）的部分执行合并；其次对情景组合中不完全相同的部分予以保留，形成分支。

8.2.3 示例

相对其他行业，突发事件对航空公司的应急处置能力提出了更高的要求，而应急响应程序作为突发事件发生时应急处置的一个总体计划和安排，直接决定了其应急处置的质量和效率。下面就以国内某航空公司处理飞机空中颠簸（图 8-4）和起落架故障（图 8-5）两类突发事件的应急响应程序为例，采用前面介绍的基于数字化表达的应急响应程序重构思路和算法，生成一个可以应对两类事件并发时的新应急响应程序。

针对飞机空中颠簸和起落架故障复合情景下的应急响应程序的重构，实现步骤如下。

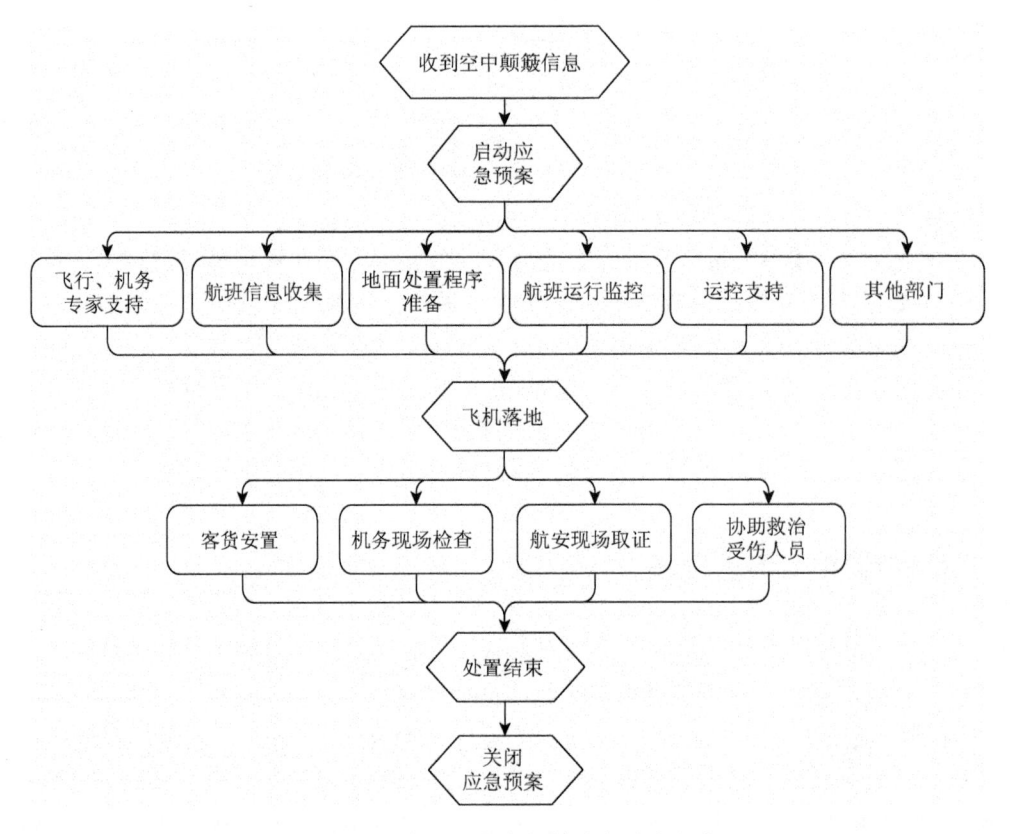

图 8-4 航空公司空中颠簸应急响应程序

第 8 章 应急响应程序重构问题 ·109·

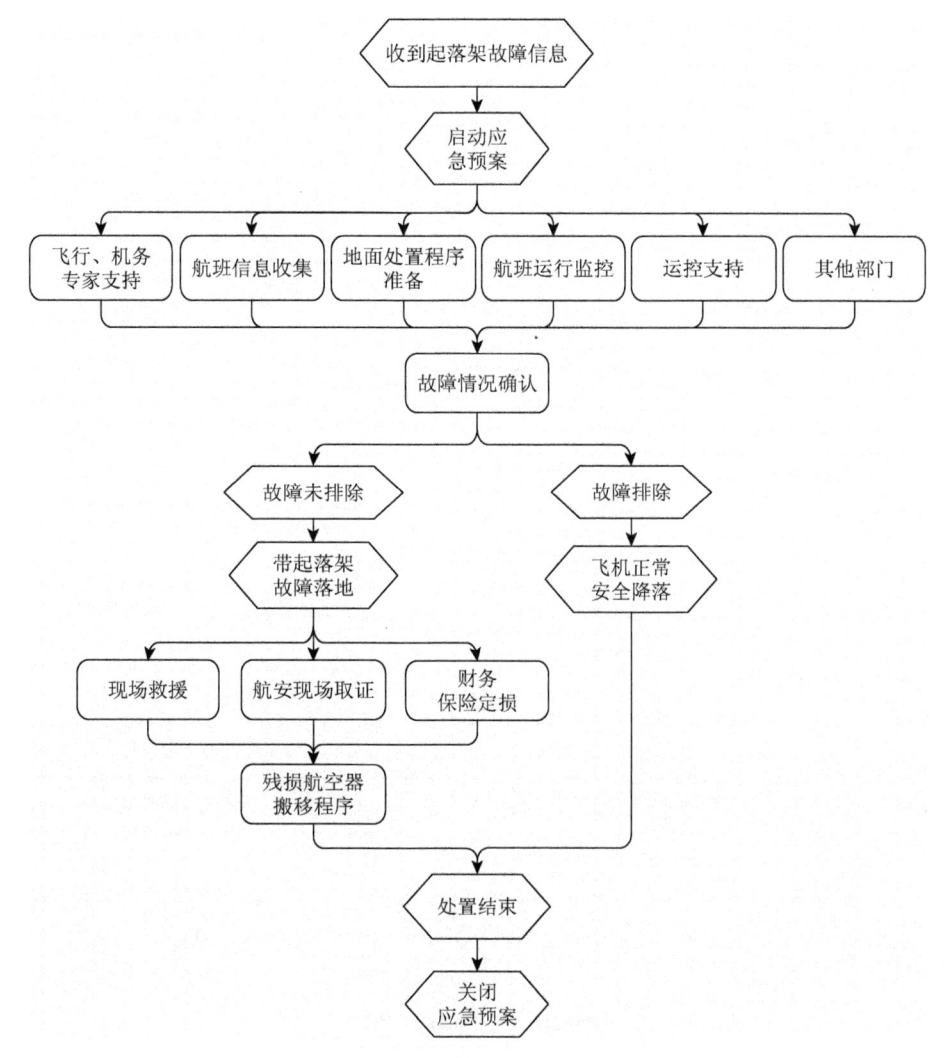

图 8-5 航空公司起落架故障应急响应程序

（1）获取参与重构的突发事件应急响应程序，提取每个突发事件应急响应程序中所包含的情景如表 8-2、表 8-3 所示。

表 8-2 空中颠簸应急响应程序情景（一）

事件（$i=1$）	空中颠簸
情景（j）	$j=1$
关键场景点	收到空中颠簸信息
	启动应急响应程序

续表

事件（i = 1）	空中颠簸
情景（j）	j = 1
关键场景点	飞机落地
	处置结束
	关闭应急响应程序

表 8-3　起落架故障应急响应程序情景（一）

事件（i = 2）	起落架故障	
情景（j）	j = 1	j = 2
关键场景点	收到起落架故障信息	收到起落架故障信息
	启动应急响应程序	启动应急响应程序
	故障未排除	故障排除
	带起落架故障落地	飞机正常安全降落
	处置结束	处置结束
	关闭应急响应程序	关闭应急响应程序

（2）为提取的每个情景赋以时序值。由于航空公司应急处置的对象主要是飞机，所以结合已有应急响应程序实际情况，制定时序编码规则如表 8-4 所示。

表 8-4　时序编码规则

编码	节点类型	编码规则
B	起始节点	$B_i, i = 1, 2 \cdots$
M	一般中间节点	$M_i, i = 1, 2 \cdots$
Ba	分支节点（飞机在空中）	$Ba_i, i = 1, 2 \cdots$
Bg	分支节点（飞机在地面）	$Bg_i, i = 1, 2 \cdots$
E	结束节点	$E_i, i = 1, 2 \cdots$

针对以上两个响应程序的情景，其时序取值情况如表 8-5、表 8-6 所示。

第 8 章 应急响应程序重构问题

表 8-5 空中颠簸应急响应程序情景（二）

事件（$i=1$）	空中颠簸	
情景（j）	$j=1$	时序值
关键场景点	收到空中颠簸信息	B_1
	启动应急响应程序	B_2
	飞机落地	Bg_1
	处置结束	E_2
	关闭应急响应程序	E_1

表 8-6 起落架故障应急响应程序情景（二）

事件（$i=2$）	起落架故障		
情景（j）	$j=1$	$j=2$	时序值
关键场景点	收到起落架故障信息	收到起落架故障信息	B_1
	启动应急响应程序	启动应急响应程序	B_2
	故障未排除	故障排除	Ba_1
	带起落架故障落地	飞机正常安全降落	Bg_1
	处置结束	处置结束	E_2
	关闭应急响应程序	关闭应急响应程序	E_1

（3）空中颠簸响应程序只有一个情景（记为 S_{11}），起落架故障有两个情景（记为 S_{21} 和 S_{22}），组合结果为 $G_1 = S_{11} + S_{21}$，$G_2 = S_{11} + S_{22}$，$G = \{G_1, G_2\}$。按照时序值将 G_1 和 G_2 分为四段：$[B_1, B_2]$，$[B_2, Bg_1]$，$[Bg_1, E_2]$，$[E_2, E_1]$。

（4）将各情景处于该阶段内的节点邻接矩阵进行矩阵相加运算，以 $G_1 = S_{11} + S_{21}$ 中 $[B_2, Bg_1]$ 段为例，空中颠簸 S_{11} 情景 $[B_2, Bg_1]$ 段的邻接矩阵与起落架故障 S_{21} 情景 $[B_2, Bg_1]$ 段的邻接矩阵执行矩阵加运算，组合后的 G_1 的 $[B_2, Bg_1]$ 段重构矩阵见表 8-7。

表 8-7 $G_1 = S_{11} + S_{21}$ 的 $[B_2, Bg_1]$ 段重构矩阵（一）

序号	节点名称	1	2	3	4	5	6	7	8	9	10
1	启动应急响应程序		1	1	1	1	1	1			
2	飞行机务专家支持								1		
3	航班信息收集								1		1
4	地面处置程序准备								1		
5	航班运行监控								1		1

续表

序号	节点名称	1	2	3	4	5	6	7	8	9	10
6	运控支持								1		1
7	其他部门								1		1
8	故障情况确认									1	
9	故障未排除										1
10	飞机落地/带起落架故障落地										

（5）重构矩阵有效性检验。以 G_1 的 $[B_2, Bg_1]$ 段为例，本重构矩阵不存在环路，但从节点2～节点7至节点10的连线属于短路连线，因为从节点2～节点7经过节点8和节点9同样可以至节点10。将短路线予以删除，得 $G_1 = S_{11} + S_{21}$ 的 $[B_2, Bg_1]$ 段重构矩阵见表8-8。

表8-8　$G_1 = S_{11} + S_{21}$ 的 $[B_2, Bg_1]$ 段重构矩阵（二）

序号	节点名称	1	2	3	4	5	6	7	8	9	10
1	启动应急响应程序		1	1	1	1	1	1			
2	飞行机务专家支持								1		
3	航班信息收集								1		
4	地面处置程序准备								1		
5	航班运行监控								1		
6	运控支持								1		
7	其他部门								1		
8	故障情况确认									1	
9	故障未排除										1
10	飞机落地/带起落架故障落地										

（6）因为 $G_1 = S_{11} + S_{21}$ 和 $G_2 = S_{11} + S_{22}$ 重构后的矩阵中都增加了新的节点，其时序值也发生了变化，此时需对 G_1 和 G_2 重新分为五段：$[B_1, B_2]$，$[B_2, Ba_1]$，$[Ba_1, Bg_1]$，$[Bg_1, E_2]$，$[E_2, E_1]$，构造各段子邻接矩阵。

（7）情景组合之间的合并。选取 G_1 和 G_2，从 $[B_1, B_2]$ 开始，分别对以上五对子邻接矩阵进行判断，其中 $[B_1, B_2]$，$[B_2, Ba_1]$ 和 $[E_2, E_1]$ 段邻接矩阵完全相同（节点名称和连线），进行合并处理；$[Ba_1, Bg_1]$ 和 $[Bg_1, E_2]$ 段邻接矩阵不同，进行分支处理。将合并结果记为 G_3，此时 G 中只有 G_3 一个元素，输出为最终重构结果，如图8-6所示。

第 8 章 应急响应程序重构问题 · 113 ·

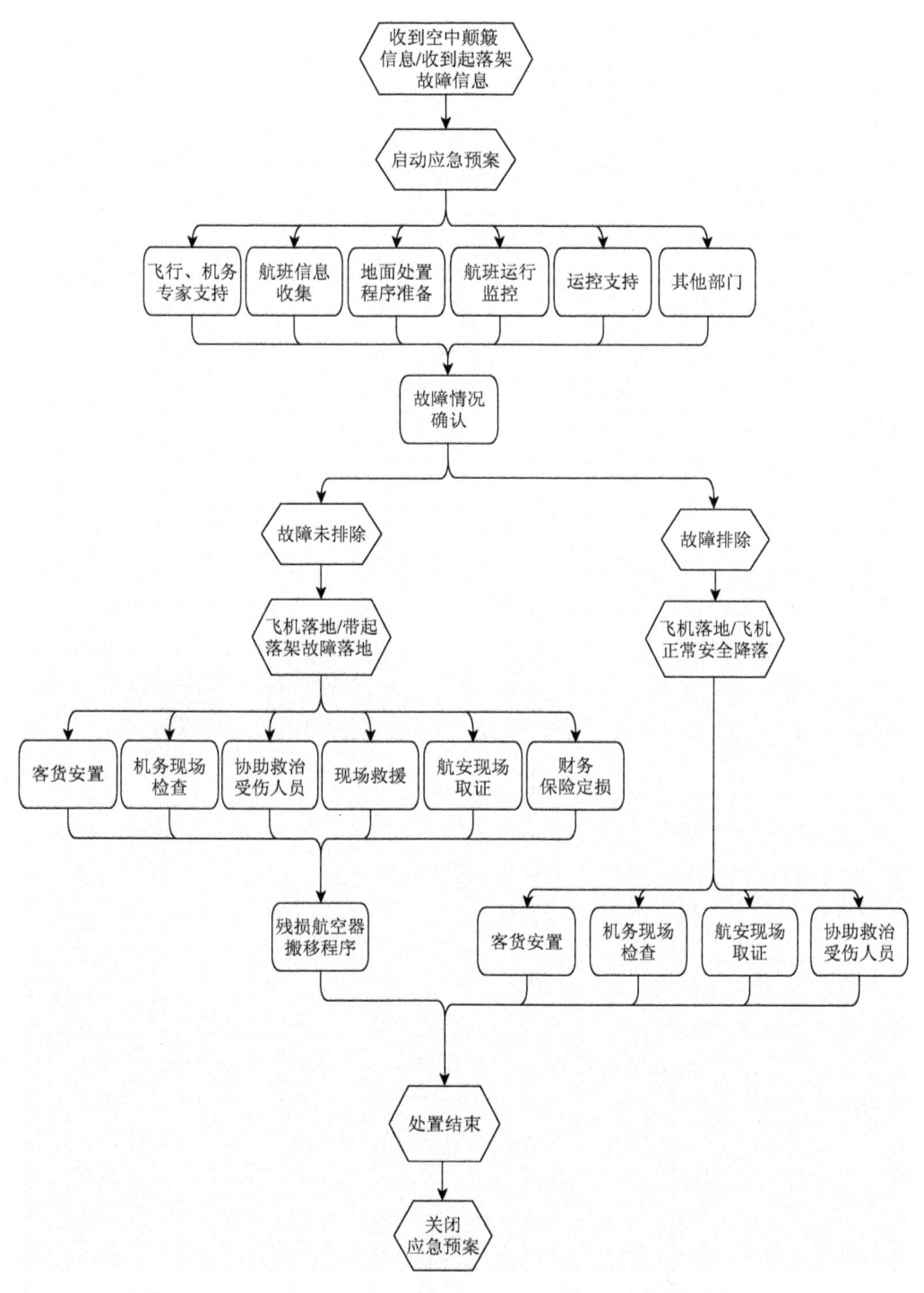

图 8-6 空中颠簸与起落架故障复合情景下的应急响应程序重构结果

8.3 资源有约束下的应急响应程序重构方法

从应急预案的编制和使用情况来看，目前的大多数预案仍然是通过对特定类型突发事件的应对经验进行总结得出的应急处置工作流程，这为应急管理者提供了基本的决策支持，但由于在生产领域的应急处置中，应急资源存在限制和约束的情形非常普遍，而缺乏资源约束的预案在实际操作层将面临许多障碍。此外，由于突发事件发展演变的复杂性和不确定性，当突发事件爆发后，相对突发的、不确定的需求，应急资源在一定时间窗口内的种类和数量往往是有限的。因此，在突发事件爆发初期，需要根据事件的特点以及所能获取的来自事件本身和资源状态的信息，将已有的多个针对单一事件的预案通过重构的方式生成新的能够满足复杂突发事件处置需求的应急预案，包括对应急资源的调度方案和处置工序的安排。

8.3.1 问题描述

在存在资源约束的预案重构问题中，并行和互斥情景的组合问题处理除了需要考虑工序之间的序关系，还需要考虑工序之间的并行或互斥关系对资源调度的影响，下面将从资源约束的角度对这两类典型的重构问题分别加以研究。

1. 并行情景之间的组合问题

在对并发或次生情形下的多个预案进行重构时，每个预案中都可能存在多个情景，将每个预案中的情景与其他预案的情景进行组合之后，才能形成多类突发事件并发或次生时的各种可能情景，这种组合问题是在最优化处置效率和处置成本的目标下，为多个并行的工序安排资源调度方案。问题可以描述为：已知应急预案中工序持续时间和调用资源数量的关系、工序间的基本序关系、资源总量限制的时间窗口、关键场景点的完成时间约束等，在最小化应急处置持续时间和资源调用成本的目标下，确定各个工序的结束时间和资源调用量。考虑约束如下。

（1）工序的唯一性约束。工序的唯一性是指任何工序在同一情景中只能执行一次。在进行组合的多个并行情景中，都包含大量的工序，大部分工序具有不同的名称和工期参数，其在执行过程中只用执行一次，但也有部分工序是多个情景的公共工序。在将多个并行情景组合为一个情景时，当某个公共工序在组合情景中的执行时间存在重叠时，可以合并为一次执行；而当其在组合情景中的执行时间不存在重叠时（如某个预案必须在中途启动时，部分公共工序则可能必须重新执行),则需要将该公共工序标记为不同的工序,在组合后生成的情景中执行多次。

(2) 工序间的序关系约束。每个情景都有定义部分工序的序关系,当多个并行情景合并时,部分工序之间的序关系约束可能会出现矛盾(短路、环路、断路),需要根据实际情况加以修正后形成组合情景中工序之间的基本序关系。

(3) 资源总量限制。应急处置对资源的需求往往是针对人员、物资或设备而言的,其数量会不断得到补充,但调用总量受储备水平和调用时间等影响,在某个时刻会有上限约束,这些存在上限约束的时刻集合就是该资源的总量限制时间窗口。例如,航空公司突发事件预案中对运行控制人员的调用受值班人数和抽调时间的约束,在突发事件刚发生的一段时间内会存在人数调用上限。

(4) 关键场景点的完成时间约束。在并发的多个情景进行组合时,需要根据突发事件应急处置的具体需求,为部分关键场景点的完成设置最迟完成时间。

2. 互斥情景之间的组合问题

由并行情景之间组合得出的只是多类突发事件并发或次生情形下的可能情景,需要将这些相对独立的情景进行再次组合,最终形成包含所有可能情景的整体应急预案。并行情景之间组合得到的情景中可能包含单个预案中的多个互斥情景,因此,这些情景之间的再次组合可能涉及多个互斥情景之间的组合问题,其与并行情景之间的组合问题的不同之处在于对资源准备阶段的公共工序进行资源调度时需要综合考虑后续互斥工序的资源需求,多个互斥分支工序之间只有一种能够实际发生,其资源需求具有不确定性,因此组合情景中公共工序的资源调度方案应综合考虑所有可能情景出现时对方案进行调整的灵活性。当公共工序的资源准备数量不足时,会产生额外的资源补充成本(紧缺成本);当资源准备过剩时,会产生额外的闲置成本。公共工序的鲁棒资源调用量可以描述为在期望额外成本最小(紧缺成本+闲置成本)目标下的资源调用量,在组合后的情景中按照这一方案实施,将使当任何一种互斥情景实际发生时,资源准备的数量与实际需求的偏差都不会过大。该组合问题可以描述为如下问题:已知应急预案中工序持续时间和调用资源数量的关系、互斥情景的发生概率、工序间的基本序关系、资源总量限制的时间窗口、关键场景点的完成时间约束等,在最小化应急处置持续时间和资源调用成本的目标下,确定各个工序的结束时间和资源调用量。

8.3.2 模型构建

符号说明:S 表示情景集合,$s \in S$;I_a 表示应急准备阶段工序集合;I_b 表示应急处置阶段工序集合;I_c 表示应急善后阶段工序集合;I 表示工序集合,

$i, j \in I = \{1, 2, \cdots, n\}$，$n$ 代表所有工序中的末尾工序，$I = I_a + I_b + I_c$；EF_i 表示工序 i 的最早完成时间；LF_i 表示工序 i 的最晚完成时间；K 表示资源种类集合，$k \in K = \{1, 2, 3, 4\} = \{人员，工具，设备，物资\}$；$Q$ 表示序关系集合，$(i, j) \in Q$；Θ 表示关键工序集合，$\theta \in \Theta$；$B(\theta)$ 表示能够确定关键工序 θ 时间的工序集合，$B(\theta) \subseteq I$；t_θ 表示关键工序 θ 的目标时间；$x_{s,i,t}$ 表示 0-1 变量，如果情景 s 中的工序 i 在时刻 t 完成则为 1，否则为 0；$r_{s,i,k}$ 表示情景 s 中工序 i 调用资源 k 的数量；$N_{s,i,k}$ 表示情景 s 中工序 i 对资源 k 的需求量；$p_{s,i}$ 表示情景 s 中工序 i 的工期；$p_{s,i}$ 表示情景 s 中工序 i 的工期下限；$p_{s,i}^-$ 表示情景 s 中工序 i 的工期上限。

准备阶段工序的工期主要取决于资源调集的时间。对于所需资源储备数量较少，需要多次调运的，其工期取决于需要调配资源的数量，如果有多种资源需要调集，其工期取决于关键资源的需求数量；对于所需资源储备数量充足，可以采取一次或并行调集的，其工期受资源量的影响不大。假设以上两种模式的工序具有如下关系：

$$p_{s,i} = u_{s,i} r_{s,i,k^*} + v_{s,i}, \quad i \in I_a$$

其中，$u_{s,i}$ 为准备单位关键资源 k^* 所用的工期，$u_{s,i} \geq 0$；$v_{s,i}$ 为常数，表示情景 s 中工序 i 的工期固定部分。

处置和善后阶段的工序都是在既定资源准备基础上完成的工作。有些工序的工期主要取决于所用关键资源数量的大小，所能调用的资源越多，其工期越短，如处置阶段的客货安置，地服人员越多，其安置所需时间越短；但也有部分工序的工期与所用资源量的多少无关，如残损航空器搬移，并非拖车越多处置越快，其处置时间基本不受拖车数量的影响。假设以上两种工序的工期有如下关系：

$$p_{s,i} = v'_{s,i} - u'_{s,i} \cdot r_{s,i,k^*}, \quad i \in I_b \cup I_c$$

其中，$u'_{s,i}$ 为调用单位关键资源 k^* 所能节省的工期，$u'_{s,i} \geq 0$；$v'_{s,i}$ 表示情景 s 中工序 i 的工期固定部分。

定义 T_k 为资源 k 存在总量约束的时间段集合；$R_{k,t}$ 为资源 k 在时刻 t 内的总量约束；c_k 为单位资源 k 在准备阶段的准备成本；g_k 为单位资源 k 在处置阶段的调用成本；η_s 为情景 s 的发生概率；Φ_k 为资源 k 的单位临时调用成本（紧缺成本）；Γ_k 为资源 k 的单位闲置成本。

1. 并行的多个情景之间的组合问题

$$\min \sum_{t=EF_n}^{LF_n} t x_{s,n,t} \tag{8-1}$$

$$\min \sum_{i \in I_a} \sum_{k \in K} r_{s,i,k} c_k + \sum_{i \in I_b, I_c} \sum_{k \in K} r_{s,i,k} g_k \tag{8-2}$$

s.t.
$$\sum_{t=\mathrm{EF}_i}^{\mathrm{LF}_i} x_{s,i,t} = 1 \tag{8-3}$$

$$\sum_{t=\mathrm{EF}_i}^{\mathrm{LF}_i} tx_{s,i,t} \leqslant \sum_{t=\mathrm{EF}_j}^{\mathrm{LF}_j} (t - p_{s,j}) x_{s,j,t}, \quad (i,j) \in Q \tag{8-4}$$

$$p_{s,i_-} \leqslant p_{s,i} \leqslant p_{s,i}^- \tag{8-5}$$

$$\sum_{s \in S} \sum_{i \in I} \sum_{q=t}^{t+p_{s,i}-1} r_{s,i,k} x_{s,i,q} \leqslant R_{k,t}, \quad t \in T_k \tag{8-6}$$

$$\sum_{t=\mathrm{EF}_i}^{\mathrm{LF}_i} tx_{s,i,t} \leqslant t_\theta, \quad \forall i \in B(\theta), \quad \theta \in \Theta \tag{8-7}$$

式（8-1）表示最小化应急处置的持续时间；式（8-2）表示资源准备和调用的总成本最小；式（8-3）表示工序的唯一性约束；式（8-4）表示工序之间的序关系约束；式（8-5）表示工序的工期上下限约束；式（8-6）表示资源总量对窗口内的资源总量限制；式（8-7）表示关键场景的完成时间约束。

2. 互斥的多个情景之间的组合问题

（1）公共工序的最优决策问题。

$$\min\left\{\sum_{s \in S} \eta_s \Phi_k [N_{s,i,k} - r_{s,i,k}]^+ + \sum_{s \in S} \eta_s \Gamma_k [r_{s,i,k} - N_{s,i,k}]^+\right\} \tag{8-8}$$

s.t.
$$\sum_{s \in S} \eta_s = 1 \tag{8-9}$$

$$N_{s,i,k} \geqslant 0, \quad \Phi_k \geqslant 0, \quad \Gamma_k \geqslant 0, \quad r_{s,i,k} \geqslant 0 \tag{8-10}$$

式（8-8）表示最小化各种互斥情景发生时，由于资源紧缺或闲置造成的期望损失；式（8-9）表示情景集合 S 包含了所有可能发生的情景。

（2）公共工序确定情形下的后续工序安排问题。针对每个情景分支，计算后续工序最优开工时间和资源调用量，情景分支后的工序之间互不影响。只需要在并行情景组合优化模型的基础上增加公共工序的执行约束即可。

8.3.3 算法设计

1. 并行的多个情景之间的组合问题

此问题为多目标 0-1 整数规划问题，目标一是最小化预案总的执行时间，目标二是最小化应急处置成本。从应急管理的实际背景考虑,应对突发事件的时间要求更为迫切,而资源调用产生的成本只要在可接受的范围内就可以了。应急处置和善后阶段使用的资源有的是在应急准备阶段准备的,其资源的准备和使用数量之间存在关联,资源量的增加会导致准备阶段工序的工期增加,而处置和善后阶段的工序工期则会相应减少(图 8-7)。因此,从目标一来看,需要对处在关键路径上的这部分工序进行资源量的最优配置;从目标二来看,需要尽可能减少工序对资源的调用数量,但这必须是在保证目标一实现的前提下实现的。下面设计的启发式规则以最小化预案总的执行时间为首要目标,在此基础上考虑是否可以尽可能减少资源准备和使用产生的成本。

$$\min \sum_{i \in S} \sum_{i \in I_a} \sum_{k \in K} r_{s,i,k} c_k + \sum_{i \in S} \sum_{i \in I_b \cup I_c} \sum_{k \in K} r_{s,i,k} g_k \qquad \min \sum_{t} t\, x_{s,n,t}$$

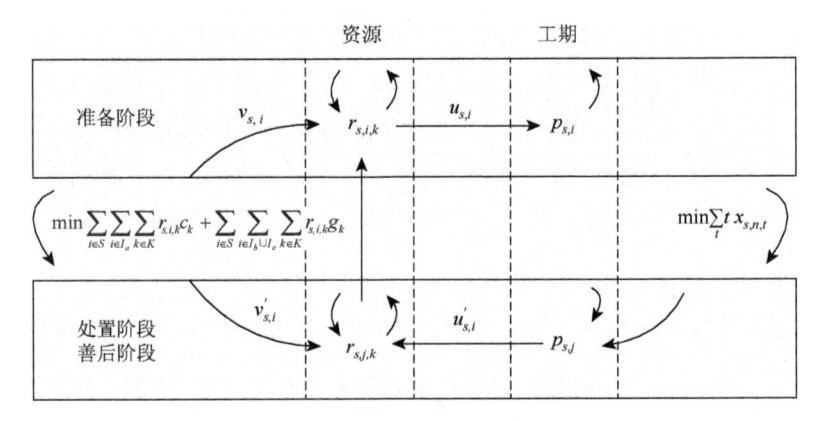

图 8-7 并行情景组合问题的求解思路

预案中的工序按照其工期之间的影响关系可以分为三类。

Ⅰ类工序集:在准备阶段和处置善后阶段都涉及同种资源调用的工序,处置善后阶段使用的资源需要在准备阶段提前准备,这部分工序的资源准备量和资源使用量相等,当处于不同阶段的这些工序的工期都与资源量有关时,这些工序组成的工序集合定义为Ⅰ类工序集,当这些工序处在预案的关键路径上时,需要综合考虑同一资源量调整时对多个工序工期造成的影响。

Ⅱ类工序集:同样针对在准备阶段和处置善后阶段都涉及同种资源调用的工序,当处于某个阶段或两个阶段的工序工期都与资源量无关时,这些工序组成的集合定义为Ⅱ类工序集,当这些工序处在预案的关键路径上时,只需要考虑压缩工期与资源量有关的那些工序的工期即可。

Ⅲ类工序集:除了Ⅰ类和Ⅱ类工序集,预案还有一些工序是仅在准备阶段或处置(善后)阶段单独出现调用某种资源的,这些工序的工期之间相互独立,其组成的集合定义为Ⅲ类工序集,当这类工序处在预案的关键路径上时,只需将其尽量压缩至工期下限即可。

第 8 章 应急响应程序重构问题

启发式规则如下。

（1）在满足序关系和资源总量约束的前提下，优先安排有目标完成时间限制的关键工序，以保障处置善后阶段的资源需求为主，生成初始调度方案。

（2）针对 I、II、III 类工序集分别设计调度算法，压缩关键路径工期。

（3）针对非关键路径上的工序，压缩其资源调用数量，以最小化资源调用成本。

算法具体步骤如图 8-8 所示。

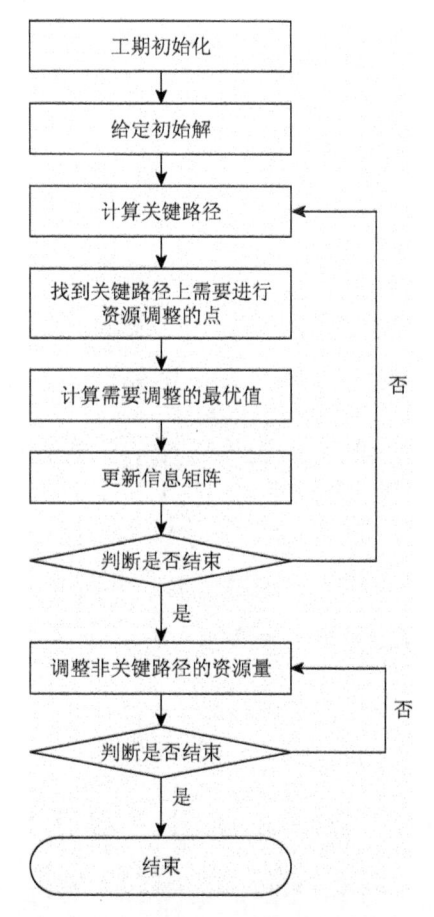

图 8-8 并行情景组合问题的算法流程图

步骤 1：按照优先安排关键工序和保障处置善后阶段的资源需求规则进行工期初始化。

构造 I 类工序集 $J_1 = \{(i,j) \mid r_{s,j,k} = r_{s,j,k}, u_{s,j} u'_{s,j} \neq 0, i \in I_a, j \in I_b \bigcup I_c\}$，令

$$p_{s,j} = p_{s,j\_}, \quad p_{s,j} = u_{s,i} r_{s,j,k} + v_{s,i}$$

构造II类工序集 $J_{II} = \{(i,j) | r_{s,i,k} = r_{s,j,k}, u_{s,i} u'_{s,j} = 0, i \in I_a, j \in I_b \bigcup I_c\}$，令

$$p_{s,i} = \begin{cases} v_{s,i}, & u_{s,i} = 0 \\ p_{s,i\_}, & u_{s,i} \neq 0 \end{cases}, \quad p_{s,j} = \begin{cases} v_{s,j}, & u_{s,j} = 0 \\ p_{s,j\_}, & u_{s,j} \neq 0 \end{cases}$$

构造III类工序集 $J_{III} = I - J_I - J_{II}$，令

$$p_{s,i} = \begin{cases} v_{s,i}, & u_{s,i} = 0 \\ p_{s,i\_}, & u_{s,i} \neq 0 \end{cases}$$

步骤2：生成初始解。

采用串行调度生成机制，一共进行 $g = 1, 2, \cdots, n$ 次迭代，每次迭代选取一个工序 g，计算其前序工序集合中所有工序的最晚开始时间，每次选择最晚开始时间最早的工序进行安排。选定工序后，按照初始化工期生成该工序调度方案，$g = g + 1$，直至所有工序安排完毕。

步骤3：压缩关键路径工期。

计算初始关键路径 CP_0 的总工期 P_0，构建关键路径集合：

$$CP = \{CP_n | P_n = \min\{P_0, P_1, \cdots, P_n\}\}$$

步骤3.1：将关键路径上的工序区分I、II、III类形成集合 J_I、J_{II}、J_{III}，针对 J_I、J_{II}、J_{III} 中的工序，分别执行步骤3.2~3.4。

步骤3.2：判断如果 $J_I = \varnothing$，转步骤3.3；否则，针对 $J_I = \{(i,j) | r_{s,i,k} = r_{s,j,k}, u_{s,i} u'_{s,j} \neq 0, i \in I_a, j \in I_b \bigcup I_c\}$ 中的工序对 (i,j)，判断如果 m 个工序对 (i, j_m) 之间包含公共工序 i，即工序 i 准备的某种资源同时供 m 个工序使用，转步骤3.2.1，否则转步骤3.2.2。

步骤3.2.1：判断如果使用同种资源的 m 个工序 $\{j_m\}$ 之间存在序关系，则令 $r_{s,i,k} = \{r_k^* | \max(r_{s,j_m,k}), (i, j_m) \in J_I, m \geq 2\}, J_I = J_I / \{i, j_m\}$，转步骤3.2；否则令 $r_{s,i,k} = \{r_k^* | \sum_m (r_{s,j_m,k}), (i, j_m) \in J_I, m \geq 2\}, J_I = J_I / \{i, j_m\}$，转步骤3.2。

步骤3.2.2：令 $r_{s,i,k} = r_{s,j,k} = \{r_k^* | \min[(u_{s,i} r_{s,i,k} + v_{s,i}) + (u'_{s,i} r_{j,k} + v'_{s,i})], (i,j) \in J_I\}$，$p_{s,i} = u_{s,i} r_k^* + v_{s,i}$，$p_{s,j} = u'_{s,j} r_k^* + v'_{s,j}$，$J_I = J_I / \{i, j\}$，转步骤3.2。

步骤3.3：判断如果 $J_{II} = \varnothing$，转步骤3.4；否则，针对 $J_{II} = \{(i,j) | r_{s,i,k} = r_{s,j,k}, u_{s,i} u'_{s,j} = 0, i \in I_a, j \in I_b \bigcup I_c\}$ 中的工序对 (i, j)，如果 $u_{s,i} \neq 0$，转步骤3.3.1，否则转步骤3.3.2。

步骤3.3.1：令 $r_{s,i,k} = r_{s,i,k} - 1$，$J_{II} = J_{II} / \{i, j\}$，转步骤3.3。

步骤 3.3.2：令 $r_{s,j,k} = r_{s,j,k}+1$，$J_{\mathrm{II}} = J_{\mathrm{II}}/\{i,j\}$，转步骤 3.3。

步骤 3.4：判断如果 $J_{\mathrm{III}} = \varnothing$，令 $t = t+1$，转步骤 3.5；否则，针对 $J_{\mathrm{III}} = I - J_{\mathrm{I}} - J_{\mathrm{II}}$ 中的工序 i，如果 $i \in I_a$ 且 $u_{s,i} \neq 0$，转步骤 3.4.1；如果 $i \in I_b \bigcup I_c$，且 $u'_{s,i} \neq 0$，转步骤 3.4.2，否则转步骤 3.4.3。

步骤 3.4.1：令 $r_{s,i,k} = r_{s,i,k}-1$，$J_{\mathrm{III}} = J_{\mathrm{III}}/\{i,j\}$，转步骤 3.4。

步骤 3.4.2：令 $r_{s,i,k} = r_{s,i,k}+1$，$J_{\mathrm{III}} = J_{\mathrm{III}}/\{i,j\}$，转步骤 3.4。

步骤 3.4.3：令 $J_{\mathrm{III}} = J_{\mathrm{III}}/\{i,j\}$，转步骤 3.4。

步骤 3.5：计算关键路径 CP_t 的总工期 P_t，判断如果 CP_t 和 CP_{t-1} 完全相同，则转步骤 4.1；如果 CP_t 和 CP_{t-1} 存在不同工序，且 $P_t = P_{t-1}$，则转步骤 4.2，否则转步骤 3.1。

步骤 4：压缩非关键路径上的资源量。

步骤 4.1：在不改变 CP_t 的前提下，减少非关键路径上的资源量。

步骤 4.2：在不改变 CP_t 或 CP_{t-1} 的前提下，分别减少非关键路径上的资源量，根据资源总调用成本最小，确定关键路径及资源用量。

2. 互斥的多个情景之间的组合问题

问题分解为情景分支之前的公共工序鲁棒决策问题和公共工序确定情形下的各分支后续工序安排问题。前者可以通过求解单目标的鲁棒优化模型求解；后者可以通过增加公共工序工期和完成时间约束，结合并行情景组合模型求解，如图 8-9 所示。

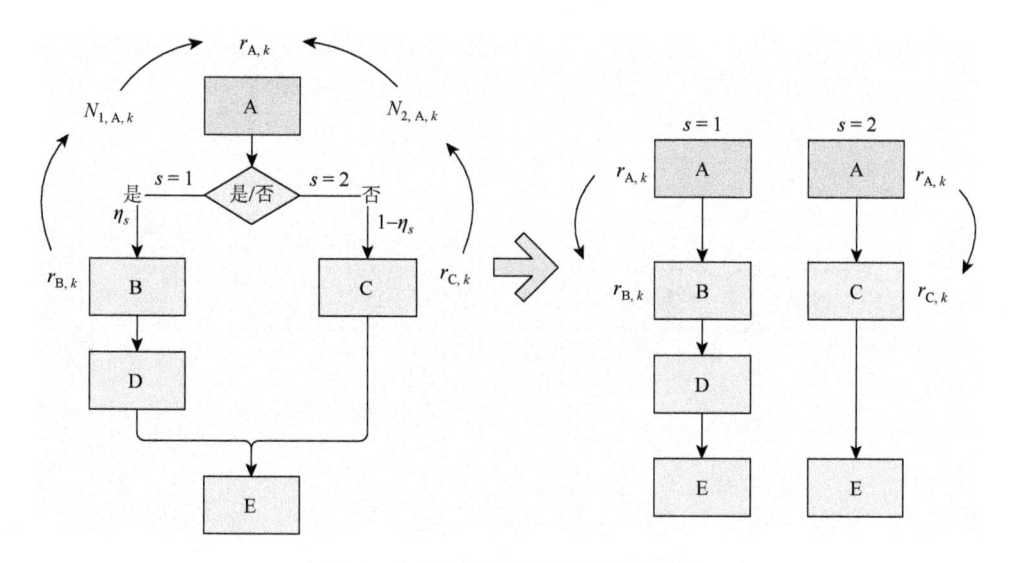

图 8-9 互斥情景组合问题的求解思路

8.3.4 算例

1. 案例场景假设

(1) 在 $t=0$ 时刻，运行控制中心接到某航班飞机空中颠簸信息后，启动空中颠簸应急预案。

(2) 在 $t=30$ 时刻，运行控制中心接到该航班起落架故障信息，随即启动起落架故障应急预案。

(3) 飞机燃油将在 85 分钟后耗尽，在此时刻将执行紧急迫降。

(4) 由于航班信息收集、航班运行监控和运控支持都需要运控中心的临时人员支持，其短时间内的人员调用总量上限为 6 人。

(5) 飞机载有乘客和机组共 200 人。

2. 预案及工序参数

航空公司空中颠簸和起落架故障应急预案的网络结构图如图 8-10 和图 7-15 所示。

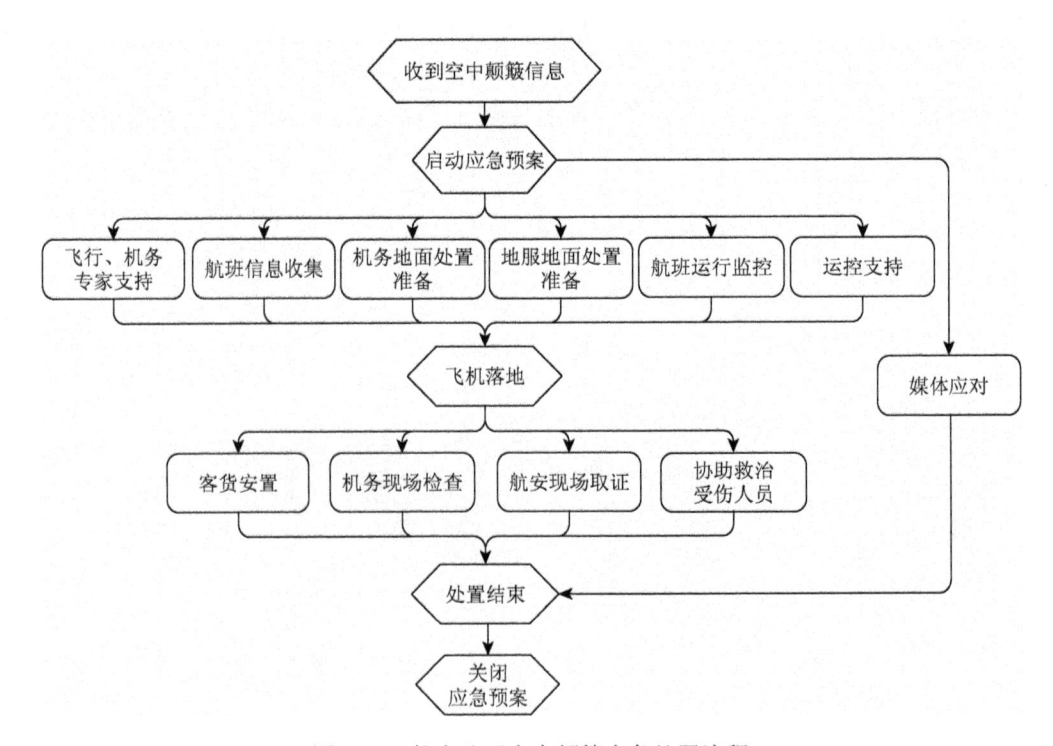

图 8-10 航空公司空中颠簸应急处置流程

工序参数见表 8-9 和表 8-10。

表 8-9 空中颠簸应急预案工序参数

工作内容	工序序号	情景	资源需求 人员	资源需求 工具	资源需求 设备	资源需求 物资	工期/min	紧前工序	目标时间/min
收到空中颠簸信息	1	1					0		0
启动应急预案	2	1					0	1	
飞行机务专家支持	3	1	6				$v=15$	2	
航班信息收集	4	1	2				$v=10$	2	
机务地面处置准备	5	1	20	10	10		$p_{s,i}^-=45$	2	
			2	1	1		$p_{s,i_-}=35$		
地服地面处置准备	6	1	15		5	200	$v=30$	2	
航班运行监控	7	1	3		3		$v=5$	2	
运控支持	8	1	2		2		$v=20$	2	
媒体应对	9	1	2					2	$=t_{15}$
飞机落地	10	1					$v=15$	3～8	85
客货安置	11	1	25		5	$=r_{1,6,4}$	$p_{s,i_-}=30$	10	
			15		3	$=r_{1,6,4}$	$p_{s,i}^-=45$		
机务现场检查	12	1	20	10	10		$p_{s,i}^-=30$	10	
			2	1	1		$p_{s,i_-}=60$		
航安现场取证	13	1	4			4	$v'=60$	10	
协助救治受伤人员	14	1	10		5	5	$v'=60$	10	
处置结束	15	1						9，11～14	
关闭应急预案	16	1						15	

注：$r_{1,5,k}=r_{1,12,k}$；$r_{1,12,2}=r_{1,12,3}=2r_{1,12,1}$。

表 8-10 起落架故障应急预案工序参数

工作内容	工序序号	情景	资源需求 人员	资源需求 工具	资源需求 设备	资源需求 物资	工期/min	紧前工序	目标时间/min
收到起落架故障信息	1	1，2							30
启动应急预案	2	1，2					0	1	
飞行机务专家支持	3	1，2	6				$v=15$	2	
航班信息收集	4	1，2	2				$v=10$	2	

续表

工作内容	工序序号	情景	资源需求 人员	资源需求 工具	资源需求 设备	资源需求 物资	工期/min	紧前工序	目标时间/min
机务地面处置准备	5	1, 2	20	10	10		$p_{s,i}^- = 45$	2	
			2	1	1		$p_{s,i} = 35$		
地服地面处置准备	6	1, 2	25		5		$v = 30$	2	
航班运行监控	7	1, 2	3		3		$v = 5$	2	
运控支持	8	1	3				$v = 30$	2	
		2	2				$v = 5$		
医疗准备	9	1	30		10	200	$v = 30$	2	
		2	0		0	0	$v = 0$		
消防准备	10	1	25		5	30	$v = 30$		
		2	0		0	0	$v = 0$		
媒体应对	11	1, 2	2					2	
故障情况确认	12	1, 2	6					3~10	
故障未排除	13	1						12	
带起落架故障落地	14	1						13	85
现场救援	15	1	80		20	230	$v = 60$	14	
航安现场取证	16	1	5		5		$v = 30$	14	
财务保险定损	17	1	4		4		$v = 30$	14	
残损航空器搬移程序	18	1	20	10	10		$p_{s,i}^- = 30$	15~17	
			2	1	1		$p_{s,i} = 60$		
故障排除	19	2						12	
飞机正常安全降落	20	2						19	85
处置结束	21	1, 2						11, 18, 20	
关闭应急预案	22	1, 2						21	

注：资源准备阶段的资源调用量依据各情景处置阶段的需求确定；$r_{1,5,k} = r_{1,18,k}$，$r_{1,18,2} = r_{1,18,3} = 2r_{1,18,1}$。

3. 并行情景之间的组合

首先，以 $G_1 = S_{11} + S_{21}$ 为例，执行如下处理。

1）工序预处理

多个情景之间可能存在一些公共的工序（名称相同，但资源和工期可能不同），哪些公共工序需要合并为一个，哪些需要分开执行多次，这需要视该公共工序在各情景中的位置而定：有的公共工序的工期之间存在重叠，只是调用资源数量不同；有的则是工期之间相差较远，或者序关系方面有其他强约束（如次生事件预案必须在中途启动时，部分公共工序则可能必须重新执行）。工期之间存在重叠的情况：可以将 n 个公共工序合并为一次执行；工期之间差异较大的情况：将 n 个公共工序分开执行两次（作为不同工序）。

（1）合并为一次执行的工序及其参数见表 8-11。

表 8-11 合并为一次执行的工序及其参数

工作内容	工序序号	场景组合	资源需求 人员	资源需求 工具	资源需求 设备	资源需求 物资	工期/min	紧前工序	目标时间/min
飞行机务专家支持	3	G_1	6				15	2	
航班信息收集	4	G_1	2				10	2	
航班运行监控	7	G_1	3		3		5	2	
媒体应对	9	G_1	2					2	
机务地面处置准备	5	G_1	2	2	1		35	2	
航安现场取证	13	G_1	5			5	60	10	
处置结束	15	G_1						9, 11~14	
关闭应急预案	16	G_1						15	

（2）需要多次执行的工序及其参数见表 8-12。

表 8-12 需要多次执行的工序及其参数

工作内容	工序序号	场景组合	资源需求 人员	资源需求 工具	资源需求 设备	资源需求 物资	工期/min	紧前工序	目标时间/min
地服地面处置准备（1）	6	G_1	15		5		30	2	
运控支持（1）	8	G_1	2		2		20	2	
地服地面处置准备（2）			10		5		30		
运控支持（2）	8	G_1	3				30	2	

（3）合并后 G_1 包含的工序及其参数见表 8-13。

表 8-13 合并后 G_1 包含的工序及其参数

工作内容	工序序号	场景组合	资源需求 人员	资源需求 工具	资源需求 设备	资源需求 物资	工期/min	紧前工序	目标时间/min
收到空中颠簸信息	1	G_1					0		0
启动应急预案（空中颠簸）	2	G_1					0	1	
飞行机务专家支持	3	G_1	6				$v=15$	2	
航班信息收集	4	G_1	2				$v=10$	2	
地服地面处置准备（1）	5	G_1	15		5	200	$v=30$	2	
航班运行监控	6	G_1	3		3		$v=5$	2	
运控支持（1）	7	G_1	2		2		$v=20$	2	
媒体应对	8	G_1	2						
收到起落架故障信息	9	G_1							30
启动应急预案（起落架故障）	10	G_1					0	9	
机务地面处置准备	11	G_1	20	10	10		$p_{s,i}^-=45$	2	
			2	1	1		$p_{s,i}^-=35$		
地服地面处置准备（2）	12	G_1	10		5		$v=30$	10	
运控支持（2）	13	G_1	1				$v=25$	10	
医疗准备	14	G_1	30		10	200	$v=30$	10	
消防准备	15	G_1	25		5	30	$v=30$	10	
故障情况确认	16	G_1	6					3~7, 11~15	
故障未排除	17	G_1						16	
飞机落地/带起落架故障落地	18	G_1					$v'=15$	17	85
客货安置	19	G_1	25		5	$=r_{2,0,0}$	$p_{s,i}=30$	18	
			15		3	$=r_{2,0,0}$	$p_{s,i}^-=45$		
机务现场检查	20	G_1	20	10	10		$p_{s,i}^-=30$	18	
			2	1	1		$p_{s,i}=60$		
航安现场取证	21	G_1	5		5		$v'=60$	18	
协助救治受伤人员	22	G_1	10		5	5	$v'=60$	18	
现场救援	23	G_1	80		20	230	$v'=60$	18	
财务保险定损	24	G_1	4		4		$v'=30$	18	
残损航空器搬移程序	18	G_1	20	10	10		$p_{s,i}^-=30$	15~17	
			2	1	1		$p_{s,i}^-=60$		
处置结束	26	G_1						2, 25	
关闭应急预案	27	G_1						26	

2）数学模型

$$\min \sum_{t=\mathrm{EF}_n}^{\mathrm{LF}_n} tx_{s,n,t}$$

$$s = G_1, \quad n = 27$$

$$\min \sum_{s\in S}\sum_{i\in I_a}\sum_{k\in K} r_{s,i,k} c_k + \sum_{s\in S}\sum_{i\in I_b, I_c}\sum_{k\in K} r_{s,i,k} g_k$$

s.t.

（1）工序唯一性约束：

$$s = G_1, \quad i = 1, 2, \cdots, 27$$

$$\sum_{t=\mathrm{EF}_i}^{\mathrm{LF}_i} x_{s,i,t} = 1$$

（2）序关系约束：

$$\sum_{t=\mathrm{EF}_1}^{\mathrm{LF}_1} tx_{s,1,t} \leqslant \sum_{t=\mathrm{EF}_2}^{\mathrm{LF}_2} (t - p_{s,2}) x_{s,2,t}$$

$$\sum_{t=\mathrm{EF}_2}^{\mathrm{LF}_2} tx_{s,2,t} \leqslant \sum_{t=\mathrm{EF}_i}^{\mathrm{LF}_i} (t - p_{s,i}) x_{s,i,t}, \quad i = 3, 4, \cdots, 8$$

$$\sum_{t=\mathrm{EF}_9}^{\mathrm{LF}_9} tx_{s,9,t} \leqslant \sum_{t=\mathrm{EF}_{10}}^{\mathrm{LF}_{10}} (t - p_{s,10}) x_{s,10,t}$$

$$\sum_{t=\mathrm{EF}_2}^{\mathrm{LF}_2} t \cdot x_{s,2,t} \leqslant \sum_{t=\mathrm{EF}_{11}}^{\mathrm{LF}_{11}} (t - p_{s,11}) x_{s,11,t}$$

$$\sum_{t=\mathrm{EF}_{10}}^{\mathrm{LF}_{10}} tx_{s,10,t} \leqslant \sum_{t=\mathrm{EF}_i}^{\mathrm{LF}_i} (t - p_{s,i}) x_{s,i,t}, \quad i = 12, 13, 14, 15$$

$$\sum_{t=\mathrm{EF}_i}^{\mathrm{LF}_i} t \cdot x_{s,i,t} \leqslant \sum_{t=\mathrm{EF}_{16}}^{\mathrm{LF}_{16}} (t - p_{s,16}) x_{s,16,t}, \quad i = 3, 4, \cdots, 7, 11, 12, \cdots, 15$$

$$\sum_{t=\mathrm{EF}_{16}}^{\mathrm{LF}_{16}} tx_{s,16,t} \leqslant \sum_{t=\mathrm{EF}_{17}}^{\mathrm{LF}_{17}} (t - p_{s,17}) x_{s,17,t}$$

$$\sum_{t=\mathrm{EF}_{17}}^{\mathrm{LF}_{17}} tx_{s,17,t} \leqslant \sum_{t=\mathrm{EF}_{18}}^{\mathrm{LF}_{18}} (t - p_{s,18}) x_{s,18,t}$$

$$\sum_{t=\mathrm{EF}_{18}}^{\mathrm{LF}_{18}} tx_{s,18,t} \leqslant \sum_{t=\mathrm{EF}_i}^{\mathrm{LF}_i} (t - p_{s,i}) x_{s,i,t}, \quad i = 19, 20, \cdots, 24$$

$$\sum_{t=\mathrm{EF}_i}^{\mathrm{LF}_i} tx_{s,i,t} \leq \sum_{t=\mathrm{EF}_{25}}^{\mathrm{LF}_{25}} (t-p_{s,25})x_{s,25,t}, \quad i=19,20,\cdots,24$$

$$\sum_{t=\mathrm{EF}_{25}}^{\mathrm{LF}_{25}} tx_{s,25,t} \leq \sum_{t=\mathrm{EF}_{26}}^{\mathrm{LF}_{26}} (t-p_{s,26})x_{s,26,t}$$

$$\sum_{t=\mathrm{EF}_{26}}^{\mathrm{LF}_{26}} tx_{s,26,t} \leq \sum_{t=\mathrm{EF}_{27}}^{\mathrm{LF}_{27}} (t-p_{s,27})x_{s,27,t}$$

（3）工期约束：

$$s = G_1$$

$$35 \leq p_{s,5} \leq 45$$

$$30 \leq p_{s,19} \leq 45$$

$$30 \leq p_{s,20} \leq 60$$

$$30 \leq p_{s,18} \leq 60$$

（4）资源约束：由于航班信息收集、航班运行监控和运控支持都需要运控中心的临时人员支持，前 30 分钟内的人员调用总量上限为 6 人，30 分钟后可从轮休人员中临时增加抽调人数，即

$$s = G_1$$

$$i = 4,6,7,13$$

$$R_1 = 6$$

$$T_1 = \{1,2,\cdots,30\}$$

$$\sum_{i\in I}\sum_{t\in T_k}\sum_{q=t}^{t+p_{s,i}-1} r_{s,i,k}x_{s,i,t} \leq R_{k,t}, \quad t \in T_k$$

（5）关键事件完成时间约束：

$$\Theta = \{1,9,18\}$$

$$x_{s,1,t} = 0$$

$$x_{s,9,t} = 30$$

$$x_{s,18,t} = 85$$

3）G_1 的合并结果

G_1 的合并结果见表 8-14，G_1 的甘特图如图 8-11 所示。

表 8-14 情景组合 G_1 的合并结果

工作内容	工序序号	人员	工具	设备	物资	开工时间/min	完成时间/min	紧前工序
收到空中颠簸信息	1					0		
启动应急预案（空中颠簸）	2					0		1
飞行机务专家支持	3	6				0	15	2
航班信息收集	4	2				0	10	2
地服地面处置准备（1）	5	15		5	200	0	30	2
航班运行监控	6	3		3		10	15	2
运控支持（1）	7	2		2		0	20	2
媒体应对	8	2				0		2
收到起落架故障信息	9					30	30	
启动应急预案（起落架故障）	10					30	30	9
机务地面处置准备	11	20	10	10		0	45	2
地服地面处置准备（2）	12	10		5		30	60	10
运控支持（2）	13	1				30	55	10
医疗准备	14	30		10	200	30	60	10
消防准备	15	25		5	30	30	60	10
故障情况确认	16	6				60	70	3～7, 11～15
故障未排除	17					70	70	16
飞机落地/带起落架故障落地	18					70	85	17
客货安置	19	25		5	200	85	115	18
机务现场检查	20	20	10	10		85	115	18
航安现场取证	21	5		5		85	145	18
协助救治受伤人员	22	10		5	5	85	145	18
现场救援	23	80		20	230	85	145	18
财务保险定损	24	4		4		85	115	18
残损航空器搬移程序	25	20	10	10		145	175	15～17
处置结束	26					175	175	2, 25
关闭应急预案	27					175	175	26

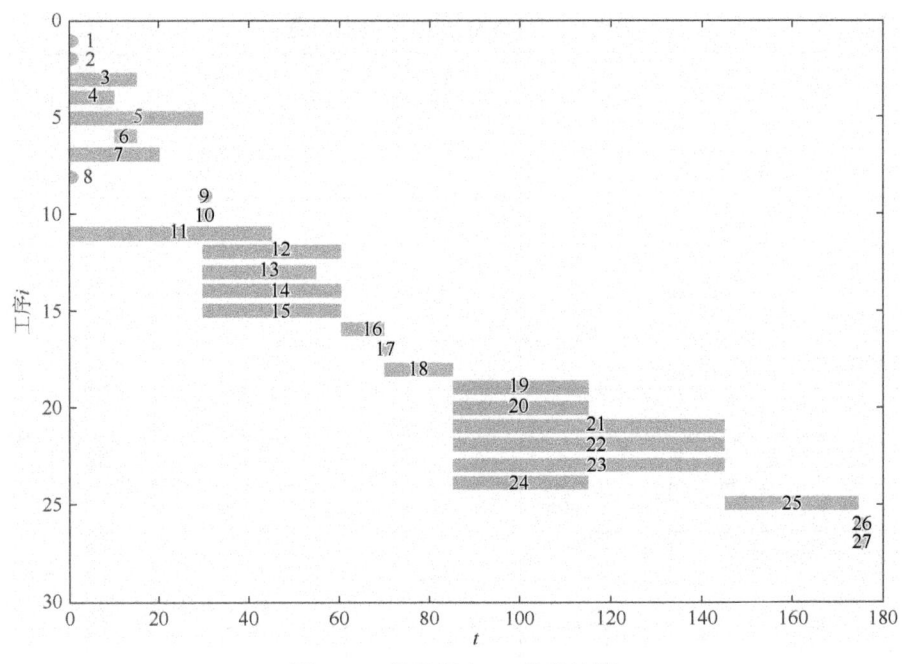

图 8-11 情景组合 G_1 的甘特图

同上，对 $G_2 = S_{11} + S_{22}$ 进行合并，得结果如表 8-15 所示，甘特图如图 8-12 所示。

表 8-15 情景组合 G_2 的合并结果

工作内容	工序序号	人员	工具	设备	物资	开工时间/min	完成时间/min	紧前工序
收到空中颠簸信息	1					0		
启动应急预案（空中颠簸）	2					0		1
飞行机务专家支持	3	6				0	15	2
航班信息收集	4	2				0	10	2
地服地面处置准备（1）	5	15		5	200	0	30	2
航班运行监控	6	3		3		10	15	2
运控支持（1）	7	2		2		0	20	2
媒体应对	8	2				0		2
收到起落架故障信息	9					30	30	
启动应急预案（起落架故障）	10					30	30	9
机务地面处置准备	11	2	1	1		0	35	2
地服地面处置准备（2）	12	10		5		30	60	10

续表

工作内容	工序序号	资源需求 人员	资源需求 工具	资源需求 设备	资源需求 物资	开工时间/min	完成时间/min	紧前工序
运控支持（2）	13	1				30	55	10
医疗准备	14	30		10	200	30	60	10
消防准备	15	25		5	30	30	60	10
故障情况确认	16	6				60	70	3~7, 11~15
故障排除	17					70	70	16
飞机落地/飞机正常安全降落	18					70	85	17
客货安置	19	25		5	$=r_{1,6,4}$	85	115	18
机务现场检查	20	2	1	1		85	145	18
航安现场取证	21	5		5		85	145	18
协助救治受伤人员	22	10		5	5	85	145	18
处置结束	23					145	145	19~22
关闭应急预案	24					145	145	23

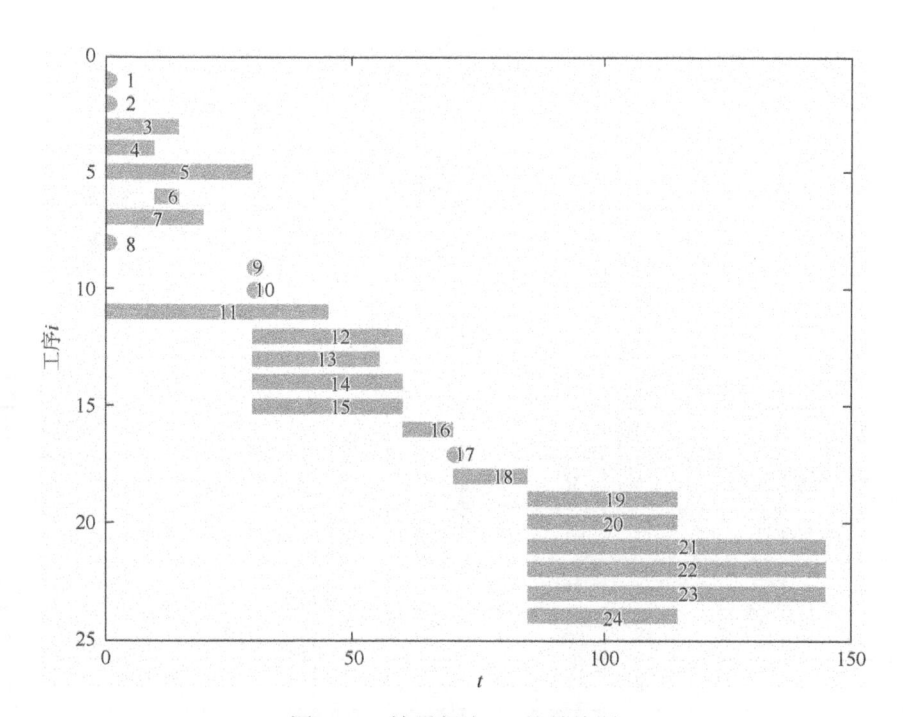

图 8-12 情景组合 G_2 的甘特图

4. 互斥情景之间的组合（$M_1 = G_1 + G_2$）

（1）场景分支前的公共工序安排。涉及的工序：机务地面处置准备见表8-16。

表8-16 场景分支前的公共工序及其参数

工作内容	场景组合	资源需求				工期/min	紧前工序	目标时间/min
		人员	工具	设备	物资			
机务地面处置准备	G_1	20	10	10		45	2	
	G_2	2	1	1		35		

其他参数：$n_{G_1}=0.2, \eta_{G_2}=0.8, k^*=1, N_{G_1,11,1}=20, N_{G_2,11,1}=2, \Phi_1=0.9, \Gamma_1=0.1$。

$$\min\left\{\sum_{s\in S}\eta_S\Phi_k[N_{s,i,k}-r_{s,i,k}]^+ + \sum_{s\in S}\eta_S\Gamma_k[r_{s,i,k}-N_{s,i,k}]^+\right\}$$
$$=\min\{0.2\times 0.9\times(20-r_{s,i,k^*})+0.8\times 0.1\times(r_{s,i,k^*}-2)\}$$
$$=\min(-0.1r_{s,i,k^*}+3.44)$$

解得 $r_{M_1,11,1^*}=20, r_{M_1,11,2}=10, r_{M_1,11,3}=10$。

（2）后续工序的安排见表8-17和图8-13。

表8-17 $G_1 + G_2$ 的合并结果

工作内容	工序序号	情景	资源需求				开工时间/min	完成时间/min	紧前工序
			人员	工具	设备	物资			
收到空中颠簸信息	1	M_1					0		
启动应急预案（空中颠簸）	2	M_1					0		1
飞行机务专家支持	3	M_1	6				0	15	2
航班信息收集	4	M_1	2				0	10	2
地服地面处置准备（1）	5	M_1	15		5	200	0	30	2
航班运行监控	6	M_1	3		3		10	15	2
运控支持（1）	7	M_1			2		0	20	2
媒体应对	8	M_1	2				0		2
收到起落架故障信息	9	M_1					30	30	

续表

工作内容	工序序号	情景	资源需求 人员	资源需求 工具	资源需求 设备	资源需求 物资	开工时间/min	完成时间/min	紧前工序
启动应急预案（起落架故障）	10	M_1					30	30	9
机务地面处置准备	11	M_1	20	10	10		0	45	2
地服地面处置准备（2）	12	M_1	10		5		30	60	10
运控支持（2）	13	M_1	1				30	55	10
医疗准备	14	M_1	30		10	200	30	60	10
消防准备	15	M_1	25		5	30	30	60	10
故障情况确认	16	M_1	6				60	70	3～7, 11～15
故障未排除	17	G_1					70	70	16
飞机落地/带起落架故障落地	18	G_1					70	85	17
客货安置	19	G_1	25		5	200	85	115	18
机务现场检查	20	G_1	20	10	10		85	115	18
航安现场取证	21	G_1	5		5		85	145	18
协助救治受伤人员	22	G_1	10		5	5	85	145	18
现场救援	23	G_1	80		20	230	85	145	18
财务保险定损	24	G_1	4		4		85	115	18
残损航空器搬移程序	25	G_1	20	10	10		145	175	15～17
处置结束	26	G_1					175	175	2，25
关闭应急预案	27	G_1					175	175	26
故障排除	28	G_2					70	70	16
飞机落地/飞机正常安全降落	29	G_2					70	85	28
客货安置	30	G_2	25		5	$=r_{2,0,0}$	85	115	29
机务现场检查	31	G_2	20	10	10		85	115	29
航安现场取证	32	G_2	5		5		85	145	29
协助救治受伤人员	33	G_2	10		5	5	85	145	29
处置结束	34	G_2					145	145	30～33
关闭应急预案	35	G_2					145	145	34

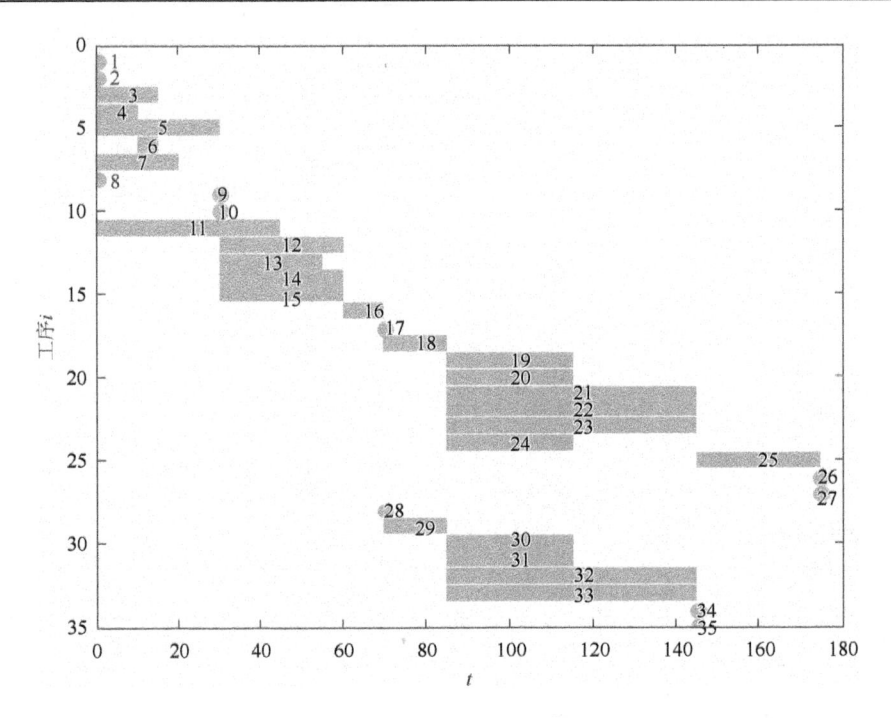

图 8-13 情景组合 $G_1 + G_2$ 的甘特图

8.4 本章小结

在一些行业和领域的应急处置中，突发事件本身造成的损失极其巨大，应急资源消耗的约束在这些行业和领域并不明显，如在航空领域，突发事件应急处置所消耗的资源相对飞机和旅客的生命而言是非常有限的，其应急预案的编制对资源约束的考虑也相对较少，更多的是针对应急处置的工作流程进行梳理。本章在定义了描述事件发生发展演变过程的场景、情景等概念后，采用了基于有向图和邻接矩阵的处置流程数字化表达和存储方式，设计了资源无约束情形下的应急响应程序重构算法，并通过一个航空公司的应急处置流程重构示例对算法的实现进行了说明，可以为多类突发事件并发或引发次生突发事件时提供实时、高效的应急决策辅助。

在生产领域的应急处置中，应急资源存在限制和约束的情形非常普遍，而缺乏资源约束的预案在实际操作层将面临重重障碍。8.3 节在引入预案的网络计划表达的基础上，进一步为工序加入所用资源种类、数量以及完成时间的约束，在考虑资源总量限制的约束下，从提升应急管理的处置效率和处置效果出发，研究了多类突发事件并发或次生时，通过计算机在线重构方式生成应急预案资源调度方案的方法。在对制定应急预案资源调度方案的目标和考虑因素作出说明的基础上，针对并行和互斥两类典型的情景合并问题分别构建了模型，并设计了相应的启发式算法，通过一个航空公司的应急预案重构的示例对重构的实现过程进行了阐述，为提升应急管理者的应急处置效率提供了支持。

第 9 章　应急处置团队的能力评估

预案的实施是由拥有各种资源的多个专业人员和管理人员组成的团队来执行的，因此应急团队的处置能力评估是应急管理的核心问题，本章将分别应用题目反应模型和系统动力学仿真模型评估整体的团队应急处置能力。

9.1　航空公司应急处置能力

9.1.1　能力的定义

对能力内涵和外延的界定，不同学者有着不同的理解[1]，其代表性观点大致可分为三类（表 9-1）：心理学视角下的定义、哲学视角下的定义和管理学视角下的定义。

表 9-1　不同视角下能力的定义

视角	能力定义
心理学视角[2]	潜能说：人在特定情境当中无数可能行为的表现，代表人物美国心理学家奥图等[3]
	动态知识技能说：表现在掌握知识、技能的动态上，代表人物苏联心理学家彼得·罗夫斯基等[4]
	个性心理特征说：成功完成某些活动的那些个性心理特征，代表人物苏联心理学家斯米尔诺夫和我国学者李孝忠、叶奕乾等[5, 6]
哲学视角[7]	显现性：人的内在素质的外在表现、实现和确证
	全面性：包括智力、情感力、意志力、精神力量、实践能力（含专业技能）、德力
	可测性：驾驭各种活动的本领大小和熟练程度
	受动性和方向性：受道德和理性引导的，从正面讲的
	功能性：人的实际工作表现及其所达到的实际成效
	经验观察性和可确证性：人在某种实际行动中表现出来的、可实际观察和确证的实际能量
	本位性：实现个人价值的一种方式，涉及能力发挥与回报的关系
	属人性：左右社会发展和人生命运动的一种积极力量
管理学视角	通用能力观：具有普遍适应性的一般素质，能够在不同工作、组织之间和不同情境下转移而不损失其有效性，能够满足多种工作需要的能力，代表人物 Boyatzis、Schroder 等[8-10]
	专用能力观：强调能力的情境依赖性，只适用于特定工作，在不同工作、组织或情境下难以转移，代表人物 Spencer 等[11]

其中，在管理学视角之下，主要形成了两种能力观：一是通用能力观；二是专用能力观。两种能力观从不同的视角给出了自己对能力的理解，各有自己的合理之处，同时，也存在一定的不足。通用能力观的缺陷主要体现在两点，一是依据这种能力观鉴别出来的一般素质对于为特定专业开发设计课程并无太大帮助；二是这种能力观忽视了具体的工作情境，脱离具体的工作情境来评价学习者的一般素质，显然是缺乏效度的[12]。专用能力观的缺陷主要体现在：以具体任务与岗位推演出来的能力必然是琐碎和不完整的，它忽视了作为操作性任务技能基础的基本素质的重要性，忽视了在真实的职业世界中人们工作表现的复杂性以及在智能操作中判断力所起的重要作用[13]。

9.1.2 应急处置能力的定义

目前关于应急能力的概念并不统一，学者基于不同研究视角分别对其概念进行了阐释，较有代表性的观点如表9-2所示[14-21]。

表9-2 应急能力的定义

年份	研究领域	对应急能力的定义
2006	突发公共卫生	突发公共卫生事件政府应急能力是指政府在应对突发公共卫生事件时，通过对人力、资源、科技和机构等的综合运用，使人员伤亡和财产损失达到最小，保证社会稳定运行的一种综合应急处理能力
2007	医院应急医学	医院应急医学救援能力是为把人员伤亡减小到最低限度，在组织管理、救援技术、快速反应、救援保障、野外生存等工作中的综合体现
2008	生产	应急管理能力是为了提高预防和处置突发安全生产事件能力，在组织体制、应急指挥、应急预案、资源保障等方面准备工作中的综合体现
2009	危险行业	事故应急管理能力是包括自然和社会要素、硬件和软件条件、人力和体制资源、工程和组织能力等多维度的概念
2009	社会公众	社会公众的应急能力是指社会公众通过有计划、有目的的学习和培训所形成的一种应对突发事件的个性心理特征
2010	行政	行政应急能力指政府监测、预防、缓解和处置突发公共事件，避免、减轻生命财产损害，维护和恢复社会经济秩序的全过程
2011	地震	县（市）绝对地震应急能力是以减轻人员伤亡和经济损失为目的，县（市）在地震发生的前后在硬件和软件方面实际具备的水平
2012	社会公众	社会公众借助自我学习、培训和教育活动等途径，具备的有效应对突发事件的能力

从上述学者的观点可以看出，应急能力属于能力的范畴，具有水平的性质；它的目的是减少人员伤亡、降低事故损失；它的结构包括组织体制、应急指挥、应急预案、应急保障等多个维度，以及应急活动的全过程；从组织层面考察，

它是组织应急资源的综合运用，是应急管理工作的综合体现，也是一种综合的应急处理能力；从个体层面考察，它是人应对突发事件的能力或一种个体心理特征。

应急能力从最广泛的意义上讲是指对突发事件在事前、事中、事后所有方面应急管理的能力；从狭义的角度上讲，应急能力通常与应急处置能力的概念一致，指对已经发生的突发事件进行处理的能力。

应急处置能力是指对突发险情、事故、事件等采取科学方法，根据既定的应急救援方案，按照科学规范的响应程序和处置要求，充分运用应急指挥、应急队伍、应急装备等各种应急资源，进行应对处置，有效控制事态发展，避免事件的扩大和恶化，减轻事件对人员、财产、环境造成危害的能力。

应急处置能力的要素包括组织、制度、硬件资源、人的素质等，集中体现在应急响应程序上，是经过组织中各类训练有素的人员，熟练运用各种技术、装备和材料，按照一定机制运作，达到预期的效率和处置结果。因此应急能力评估就体现在应急团队的评估上。

9.2 基于题目反应模型的应急团队能力评估方法

应急处置能力评估是应急能力建设的基础，包括个人能力评估和团队能力评估。如何由个人能力评估团队能力是有待解决的问题。本节将广泛用于教育测量领域的题目反应模型引入应急团队能力评估的研究中。在个人能力的基础上，探讨团队的评分规则，估计团队答题的反应结果，结合题目反应模型，给出团队能力的评估方法，最后给出算例。

9.2.1 题目反应模型

题目反应模型揭示被试在测验题目上的反应结果与被试能力水平之间的定量关系。

使用题目反应模型需作出如下假设[22]。

（1）潜在特质空间的单维性。对于人的某一种任务行为起制约作用的若干潜在特质的集合称作潜在特质空间。在潜在特质空间中，如果只有一种潜在特质，则该潜在特质空间为单维的。

（2）局部独立性。这个假设包括两个方面：一方面，被试对测验中各个题目的作答反应彼此独立，即这一题目的作答既不影响也不取决于其他任一题目的作答，于是，被试在一批题目上某种答对答错的反应结果类型出现的概率，是各个题目上出现这些对错反应概率的乘积；另一方面，除了题目间彼此相互独立，被试间也是彼此相互独立的,这就是说,此被试对题目的作答反应既不影响也不取决于其他任一被试对题目的作答反应。

(3)测验未被加速。也就是说这类测验属难度测验范畴而不属速度测验范畴。很明显,一批题目施测于被试时,若测验被大大加速,猜测度可能就会大增。所以,只有当被试有充分时间解题作答时,题目的功能特性才能稳定地表现出来。

题目反应模型按照反应结果可以分为二值反应模型、多值反应模型和连续反应模型[23]。

二值反应模型表示答题结果只有答对和答错两种情况。按照参数设置的不同,常见的有单参数模型、双参数模型和三参数模型。

美国著名测量学家洛德对美国教育考试服务中心(educational testing service, ETS)的大量实测资料进行了深入的分析调查。经研究,洛德提出用数学上的逻辑斯谛函数(Logistic function)来刻画被试答对概率与能力水平及题目特性的关系,这里介绍双参数模型[22, 24],如下:

$$p_j(\theta) = \frac{1}{1+e^{-1.7a_j(\theta-b_j)}}$$

其中,$p_j(\theta)$是能力值为θ的被试回答第j题答对的概率;a_j是试题的区分度;b_j是试题的难度。

多值反应模型表示答题结果有两种以上。在多值反应模型中,塞姆吉玛提出了一个等级反应模型(graded response model),它可以看成上述单维双参数模型的拓展[22, 25]。塞姆吉玛等级反应模型规定,被试在题目i上恰得某一等级k分的概率,是两个概率的差值,即

$$p_{i,k}(\theta) = p_{i,k}(\theta)^* - p_{i,k+1}(\theta)^*$$

其中,$p_{i,k}(\theta)$是能力为θ的被试在等级记分题目i上恰得k分的概率;$p_{i,k}(\theta)^*$是该被试在题目上得k分及k以上分数的概率;$p_{i,k+1}(\theta)^*$是该被试在该题目上得$k+1$分及$k+1$以上分数的概率。

假定该题目的满分为m分。显然,$p_{i,k}(\theta)^*$实际上是等级记分题的一个"全或无"方式记分的概率,也就是说,当被试得k以及k以上分数时视为"通过",而得k分以下分数时则视为"不通过"。塞姆吉玛等级反应模型指定,对应每一等级k(零等级除外)的难度为$b_{i,k}$,于是:

$$b_{i,1} < b_{i,2} < \cdots < b_{i,k} < b_{i,k+1} < \cdots < b_{i,m}$$

即等级难度随等级数增加而单调上升。

模型还假定,题目各等级上的区分度相等,统一记为a_i。这样,$p_{i,k}(\theta)^*$可按照双参数模型写为

$$p_{i,k}(\theta)^* = \frac{1}{1+e^{-1.7a_i(\theta-b_{i,k})}}$$

类似地，有

$$p_{i,k+1}(\theta)^* = \frac{1}{1+e^{-1.7a_i(\theta-b_{i,k+1})}}$$

而恰得 k 分的概率可写为

$$p_{i,k+1}(\theta) = \frac{1}{1+e^{-1.7a_i(\theta-b_{i,k})}} - \frac{1}{1+e^{-1.7a_i(\theta-b_{i,k+1})}}$$

9.2.2　问题描述

为研究方便起见，首先假设一个应急团队由两个岗位构成。

教育测验的最终目的是评估考生的能力。与之类似，应急团队能力的评估也需要进行"测验"。但应急中的"测验"与教育测验的不同之处在于：它是通过应急演练实现的，测试的题目则是应对不同情景的工作或任务。

设岗位 α 和 β 的应急能力分别为 θ_α 和 θ_β。考察岗位 α 和 β 组成的团队的应急能力需要测试。把 α 和 β 需要完成的工作看作试题，这些试题共同组成一张考察应急团队能力的试卷。各试题的区分度、难度已知，假设将各试题组成的试卷也看作一道综合题目，试卷的难度和区分度也已知，综合各试题的得分得到试卷总分的评分规则已知。在上述已知条件下，求解由应急岗位 α 和 β 共同构成的应急团队的能力 θ_0。进一步将团队组成推广至 n 个人，探讨如何求解团队的能力水平 θ_0。

9.2.3　团队能力 θ_0 的求解

为引入题目反应模型，且为研究方便起见，现作出如下假设。

（1）潜在特质空间的单维性。团队或个人的表现只与一种应急能力有关。

（2）演练测验未被加速。即该测验有充分的时间完成，测试的结果只取决于能力，而不会因时间不充分对测试结果造成影响。

（3）团队的得分概率与团队能力、试卷难度、试卷区分度之间的关系仍满足题目反应模型。

（4）各试题之间相互独立。

题目反应模型的实质是描述得分概率 $p(\theta)$ 与能力 θ、题目难度 b 及区分度 a 之间的定量关系，即 $p(\theta) = f(\theta, a, b)$。求解 θ_0 的过程如下：根据 $p(\theta) = f(\theta, a, b)$，由已知的 θ_α、θ_β 和试题的区分度及难度，求得 α 和 β 得分的概率分别为 p_α、p_β。根据 p_α、p_β 和试卷的评分规则可以求得整张试卷的得分概率 $p_{\alpha,\beta}$，即团队的得

分概率 $p_{\alpha,\beta}$。再次利用 $p(\theta) = f(\theta,a,b)$，并根据已知的整张试卷作为综合题目的难度和区分度，求得团队的能力 θ_0。

在以上求解过程中，关键的一步是如何根据 p_α、p_β 和试卷的评分规则求得试卷的得分概率 $p_{\alpha,\beta}$，这就需要分析各个试题之间的相互关系。如前所述，试题是在一定的应急场景下需要完成的工作或任务，由于工作之间可能相互独立，也可能上游工作的效果会影响下游工作的进行，所以，与一般教育测试不同的是，各个试题之间的关系为相互独立或者相关。例如，民航客机在空中故障后需要紧急迫降，迫降之后首先对旅客和货物实施救援，主要包括地面服务部门、商务委员会共同实施旅客救援以及货运部门负责货物、危险品处置，两者相互独立，也就是应急处置表现互不影响。但在迫降之前，机务、飞行专家对飞行机组进行技术支持，同时需要运行控制中心提供航班信息、迫降机场气象信息等，技术支持工作的表现会受到运行控制中心提供信息的准确性的影响，两者呈现相关性。本书只讨论试题之间相互独立的情况。

评分规则不同，求解 θ_0 的方法不同，常见的评分规则有加权平均规则和取最小规则。加权平均规则是通过对个人得分赋权后进行团队综合评价的评分规则。取最小规则是指根据短板理论将得分最低的个人评价作为团队评价的一种评分规则。下面着重讨论以上两种常见的评分规则下 θ_0 的求解方法。

1）评分规则为加权平均

首先讨论团队由两个岗位构成的情况。

设 α 和 β 两个岗位分别回答不同的题目，两题的难度和区分度、整个试卷的难度和区分度均为已知。若 α 的得分为随机变量 $X_1 \in A = \{i \mid 0 \leqslant i \leqslant I, i \in Z\}$，$\beta$ 的得分为随机变量 $X_2 \in B = \{j \mid 0 \leqslant j \leqslant J, j \in Z\}$，$Z$ 为 α 和 β 组成的团队的总得分。加权平均的评分规则可表示为 $Z = f(X_1, X_2) = \alpha_1 X_1 + \alpha_2 X_2$，其中，$0 < \alpha_1 < 1$，$0 < \alpha_2 < 1$，且 $\alpha_1 + \alpha_2 = 1$。α 和 β 所有可能得分组合可以用点 (X_1, X_2) 的所有可能取值来表示，$(X_1, X_2) \in M = \{(X_1, X_2) \mid X_1 \in A, X_2 \in B\}$。

$p(Z = k) = p(\alpha_1 X_1 + \alpha_2 X_2 = k)$，其中，$k = \alpha_1 i + \alpha_2 j$，且 $i \in A$，$j \in B$。

此时，(X_1, X_2) 的所有可能值为集合 M 与集合 $N = \{(X_1, X_2) \mid \alpha_1 X_1 + \alpha_2 X_2 = k\}$ 的交集：

$$p(Z = k) = p(\alpha_1 X_1 + \alpha_2 X_2 = k) = \sum_{j=1}^{m} p(X_1 = x_{1,j}, X_2 = x_{2,j})$$

其中，$(x_{1,j}, x_{2,j}) \in M \cap N$，$j = 1, 2, \cdots, m$。

X_1 与 X_2 相互独立，因此有

$$p(Z = k) = p(\alpha_1 X_1 + \alpha_2 X_2 = k) = \sum_{j=1}^{m} p(X_1 = x_{1,j}) \times p(X_2 = x_{2,j}) \qquad (9\text{-}1)$$

例如，$X_1 = 0, 1, 2, 3$，$X_2 = 0, 1, 2, 3$，$\alpha_1 = 0.5$，$\alpha_2 = 0.5$，则 $Z = 0.5 X_1 + 0.5 X_2$。

$p(Z=0.5) = p(0.5X_1 + 0.5X_2 = 0.5) = p(X_1=0) \times p(X_2=1) + p(X_1=1) \times p(X_2=0)$。其中，$(X_1, X_2)$ 的所有可能值为直线 $0.5X_1+0.5X_2=0.5$ 与 16 个点的交集，如图 9-1 所示。

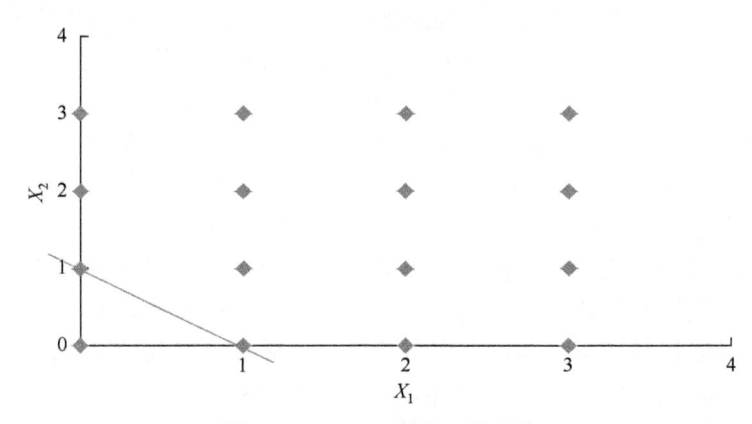

图 9-1 (X_1, X_2) 所有可能取值

根据公式 $p_{i,k}(\theta) = \dfrac{1}{1+e^{-1.7a_i(\theta-b_{i,k})}} - \dfrac{1}{1+e^{-1.7a_i(\theta-b_{i,k+1})}}$ 可得

$$p(Z=k) = \frac{1}{1+e^{-1.7a_0(\theta_0-b_{0,k})}} - \frac{1}{1+e^{-1.7a_0(\theta_0-b_{0,k+1})}}$$

$$p(X_1=x_{1,j}) = \frac{1}{1+e^{-1.7a_1(\theta_\alpha-b_{1,x_1,j})}} - \frac{1}{1+e^{-1.7a_1(\theta_\alpha-b_{1,x_1,j+1})}}$$

$$p(X_2=x_{2,j}) = \frac{1}{1+e^{-1.7a_2(\theta_\beta-b_{2,x_2,j})}} - \frac{1}{1+e^{-1.7a_2(\theta_\beta-b_{2,x_2,j+1})}}$$

由式（9-1）可得

$$\begin{aligned}&\frac{1}{1+e^{-1.7a_0(\theta_0-b_{0,k})}} - \frac{1}{1+e^{-1.7a_0(\theta_0-b_{0,k+1})}}\\&=\sum_{j=1}^{m}\left(\frac{1}{1+e^{-1.7a_1(\theta_\alpha-b_{1,x_1,j})}} - \frac{1}{1+e^{-1.7a_1(\theta_\alpha-b_{1,x_1,j+1})}}\right)\\&\quad\times\left(\frac{1}{1+e^{-1.7a_2(\theta_\beta-b_{2,x_2,j})}} - \frac{1}{1+e^{-1.7a_2(\theta_\beta-b_{2,x_2,j+1})}}\right)\end{aligned} \quad (9\text{-}2)$$

由于已知所有难度参数，区分度参数和能力值 θ_α、θ_β，由式（9-2）可求得 θ_0。

然后将团队的组成扩展为 n 个人。n 个人回答 n 道题目的得分分别为 $X_1, X_2, \cdots, X_n$，且 $X_i \in A_i = \{x_i \mid 0 \leqslant x_i \leqslant L_i, x_i \in Z\}$，$i=1,2,\cdots,n$。$Z$ 为 n 个人构成的团队的总得分。加权平均的评分规则可以表示为

$$Z = f(X_1, X_2, \cdots, X_n) = \alpha_1 X_1 + \alpha_2 X_2 + \cdots + \alpha_n X_n$$

$$(X_1, X_2, \cdots, X_n) \in M = \{(X_1, X_2, \cdots, X_n) \mid X_i \in A_i\}$$

$$p(Z=k) = p(\alpha_1 X_1 + \alpha_2 X_2 + \cdots + \alpha_n X_n = k)$$

其中，$k=\sum_{i=1}^{n}\alpha_i x_i$，$x_i \in A_i$。$(X_1, X_2, \cdots, X_n)$ 的所有可能取值为集合 M 与集合 $N=\{(X_1, X_2, \cdots, X_n) | \alpha_1 X_1 + \alpha_2 X_2 + \cdots + \alpha_n X_n = k\}$ 的交集：

$$p(Z=k) = \sum_{j=1}^{m} p(X_1 = x_{1,j}, X_2 = x_{2,j}, \cdots, X_n = x_{n,j})$$

其中，$(x_{1,j}, x_{2,j}, \cdots, x_{n,j}) \in M \cap N$，$j=1,2,\cdots,m$。

假设 X_1，X_2，$\cdots$，X_n 之间相互独立，就有

$$p(Z=k) = \sum_{j=1}^{m} p(X_1 = x_{1,j}, X_2 = x_{2,j}, \cdots, X_n = x_{n,j}) = \sum_{j=1}^{m} \prod_{i=1}^{n} p(X_i = x_{i,j}) \quad (9\text{-}3)$$

根据公式 $p_{i,k}(\theta) = \dfrac{1}{1+e^{-1.7a_i(\theta-b_{i,k})}} - \dfrac{1}{1+e^{-1.7a_i(\theta-b_{i,k+1})}}$，可得

$$p(Z=k) = \frac{1}{1+e^{-1.7a_0(\theta_0-b_{0,k})}} - \frac{1}{1+e^{-1.7a_0(\theta_0-b_{0,k+1})}}$$

$$p(X_i = x_{i,j}) = \frac{1}{1+e^{-1.7a_i(\theta_i-b_{i,x_{i,j}})}} - \frac{1}{1+e^{-1.7a_i(\theta_i-b_{i,x_{i,j+1}})}}$$

由式（9-3）可得

$$\frac{1}{1+e^{-1.7a_0(\theta_0-b_{0,k})}} - \frac{1}{1+e^{-1.7a_0(\theta_0-b_{0,k+1})}} = \sum_{j=1}^{m} \prod_{i=1}^{n} \left(\frac{1}{1+e^{-1.7a_i(\theta_i-b_{i,x_{i,j}})}} - \frac{1}{1+e^{-1.7a_i(\theta_i-b_{i,x_{i,j+1}})}} \right)$$

上式中，所有涉及的难度参数、区分度参数和各个能力（θ_1，θ_2，$\cdots$，θ_n）均为已知，因此可求得团队的能力 θ_0。

2）评分规则为取最小

仍然首先讨论两个岗位构成的团队能力的求解。

设 α 和 β 两个岗位分别回答两道不同的题目。α 的得分为随机变量 $X_1 \in A = \{i | 0 \leqslant i \leqslant I, i \in Z\}$，$\beta$ 的得分为随机变量 $X_2 \in B = \{j | 0 \leqslant j \leqslant J, j \in Z\}$，$Z$ 为 α 和 β 组成的团队的总得分，则取最小的评分规则可表示为 $Z = f(X_1, X_2) = \min\{X_1, X_2\}$。$\alpha$ 和 β 所有可能得分组合可以用点 (X_1, X_2) 的所有可能取值来表示，$(X_1, X_2) \in M = \{(X_1, X_2) | X_1 \in A, X_2 \in B\}$：

$$p(Z=k) = p(\min\{X_1, X_2\} = k)$$

不妨设 $X_1 = k$，则上式中 $(X_1, X_2) \in M \cap N = \{(X_1, X_2) | X_1 = k, X_2 \geqslant k\}$。

$$\begin{aligned} p(Z=k) &= p(\min\{X_1, X_2\} = k) \\ &= p(X_1=k, X_2=k) + p(X_1=k, X_2=k+1) + \cdots + p(X_1=k, X_2=J) \end{aligned}$$

X_1 与 X_2 相互独立，因此有

$$\begin{aligned} p(Z=k) &= p(X_1=k) \times p(X_2=k) + p(X_1=k) \times P(X_2=k+1) \\ &\quad + \cdots + p(X_1=k) \times p(X_2=J) \\ &= p(X_1=k) \times [p(X_2=k) + p(X_2=k+1) + \cdots + p(X_2=J)] \end{aligned}$$

根据公式 $p_{i,k}(\theta) = p_{i,k}(\theta)^* - p_{i,k+1}(\theta)^*$，有

$$p(Z=k) = p(X_1=k) \times [(p_{2,k}^* - p_{2,k+1}^*) + (p_{2,k+1}^* - p_{2,k+2}^*) + \cdots + (p_{2,J}^* - p_{2,J+1}^*)]$$

$p_{2,J+1}^* = 0$，所以可得

$$p(Z=k) = p(X_1=k) \times p_{2,k}^* \tag{9-4}$$

根据公式 $p_{i,k}(\theta) = \dfrac{1}{1+e^{-1.7a_i(\theta-b_{i,k})}} - \dfrac{1}{1+e^{-1.7a_i(\theta-b_{i,k+1})}}$ 得

$$p(X_1=k) = \frac{1}{1+e^{-1.7a_1(\theta_\alpha - b_{1,k})}} - \frac{1}{1+e^{-1.7a_1(\theta_\alpha - b_{1,k+1})}}$$

$$p(Z=k) = \frac{1}{1+e^{-1.7a_0(\theta_0 - b_{0,k})}} - \frac{1}{1+e^{-1.7a_0(\theta_0 - b_{0,k+1})}}$$

$$p_{2,k}^* = \frac{1}{1+e^{-1.7a_2(\theta_\beta - b_{2,k})}}$$

由式（9-4）可得

$$\frac{1}{1+e^{-1.7a_0(\theta_0 - b_{0,k})}} - \frac{1}{1+e^{-1.7a_0(\theta_0 - b_{0,k+1})}}$$

$$= \left(\frac{1}{1+e^{-1.7a_1(\theta_\alpha - b_{1,k})}} - \frac{1}{1+e^{-1.7a_1(\theta_\alpha - b_{1,k+1})}} \right) \times \frac{1}{1+e^{-1.7a_2(\theta_\beta - b_{2,k})}}$$

上式中，由于 θ_α 和 θ_β 以及各区分度和难度参数已知，可求得 θ_0。

然后将团队的组成扩展为 n 个人。n 个人的得分分别为 X_1，X_2，…，X_n，且 $X_i \in A_i = \{x_i \mid 0 \leqslant x_i \leqslant L_i, x_i \in Z\}$，$i=1,2,\cdots,n$。$Z$ 为 n 个人构成的团队的得分。取最小的评分规则可以表示为

$$Z = f(X_1, X_2, \cdots, X_n) = \min\{X_1, X_2, \cdots, X_n\}$$

$$(X_1, X_2, \cdots, X_n) \in M = \{(X_1, X_2, \cdots, X_n) \mid X_i \in A_i\}$$

$$p(Z=k) = p(\min\{X_1, X_2, \cdots, X_n\} = k)$$

设其中的 $X_1 = k$。$(X_1, X_2, \cdots, X_n)$ 的所有可能取值为集合 M 与集合 $N = \{(X_1, X_2, \cdots, X_n) \mid X_1 = k, X_2 \geqslant k, \cdots, X_n \geqslant k\}$ 的交集。因此，有

$$p(Z=k) = \sum_{j=1}^{m} p(X_1 = x_{1,j}, X_2 = x_{2,j}, \cdots, X_n = x_{n,j})$$

其中，$(x_{1,j}, x_{2,j}, \cdots, x_{n,j}) \in M \cap N$。

由于 X_1，X_2，…，X_n 之间相互独立，有

$$p(Z=k) = \sum_{j=1}^{m} \prod_{i=1}^{n} p(X_i = x_{i,j}) \tag{9-5}$$

根据公式 $p_{i,k}(\theta) = \dfrac{1}{1+e^{-1.7a_i(\theta-b_{i,k})}} - \dfrac{1}{1+e^{-1.7a_i(\theta-b_{i,k+1})}}$，可得

第 9 章 应急处置团队的能力评估

$$p(Z=k) = \frac{1}{1+e^{-1.7a_0(\theta_0-b_{0,k})}} - \frac{1}{1+e^{-1.7a_0(\theta_0-b_{0,k+1})}}$$

$$p(X_i=x_{i,j}) = \frac{1}{1+e^{-1.7a_i(\theta_i-b_{i,x_{i,j}})}} - \frac{1}{1+e^{-1.7a_i(\theta_i-b_{i,x_{i,j}+1})}}$$

由式（9-5）可得

$$\frac{1}{1+e^{-1.7a_0(\theta_0-b_{0,k})}} - \frac{1}{1+e^{-1.7a_0(\theta_0-b_{0,k+1})}} = \sum_{j=1}^{m}\prod_{i=1}^{n}\left(\frac{1}{1+e^{-1.7a_i(\theta_i-b_{i,x_{i,j}})}} - \frac{1}{1+e^{-1.7a_i(\theta_i-b_{i,x_{i,j}+1})}}\right)$$

上式中，所有涉及的难度参数、区分度参数和各个能力（θ_1，θ_2，…，θ_n）已知，因此可求得团队的能力 θ_0。

9.2.4 算例

1）案例背景

当民航客机在空中发生设备故障时，需紧急迫降。在迫降之前，地面做好迫降准备和技术支持；迫降之后，对客机紧急救援。迫降之前的应急准备主要包括：机务、飞行专家对机组人员提供技术支持，消防人员对迫降地机场的应急准备以及地服准备地面拖车、现场救援队伍集结、车辆集结等。迫降之后，首先地面服务部门（简称地服）和商务委员会（简称商委）负责家庭救援，货运部门负责货物和危险品安置处理。

2）目的

重点考察地服、商委团队与货运团队在飞机迫降之后对旅客和货物的救援能力。假设已知家庭救援能力和货物处置能力分别为 θ_α 和 θ_β，预测整个团队的旅客和货物救援能力。对地服、商委团队所出的考题是按照家庭救援计划实施旅客救援，对货运部门所出的考题是按照相应的预案对货物和危险品进行处置。两个考题的区分度分别为 a_1 和 a_2，两个考题的难度分别为 b_1 和 b_2，试卷的区分度和难度分别为 a_0 和 b_0。地服、商委团队和货运团队的应急表现具有随机性，用得分表示，设为随机变量 X 和 Y，X 与 Y 相互独立。团队得分为随机变量 Z：

$$X = \begin{cases} 1, & \text{地服和商委按照家庭救援计划实施旅客救援} \\ 0, & \text{否则} \end{cases}$$

$$Y = \begin{cases} 1, & \text{货运部门按照预案进行货物和危险品处置} \\ 0, & \text{否则} \end{cases}$$

3）假设

由于地服与商委的旅客救援工作和货运部门的货物、危险品处置工作相互独立,其表现不会相互影响,所以,在计算团队得分时可以不考虑两者的协调和配合表现,直接由两者的得分得到团队的得分情况。

4) 解决步骤

(1) 由地服和商委的救援能力 θ_α 预测其应急处置得分情况。同理,由货运部门的救援能力 θ_β 预测其应急处置得分情况:

$$p_{1,1} = \frac{1}{1+e^{-1.7a_1(\theta_\alpha-b_1)}}$$

$$p_{2,1} = \frac{1}{1+e^{-1.7a_2(\theta_\beta-b_2)}}$$

(2) 由两个队伍的应急处置得分情况得到团队的应急处置得分情况。先给出由两个应急任务构成的试卷的评分规则,如表 9-3 所示。

表 9-3 评分规则表(算例)

随机变量	可能得分情况			
X	1	1	0	0
Y	1	0	1	0
Z	1	0	0	0

因为 X 与 Y 相互独立,所以:

$$p(Z=1) = p_{1,1} \times p_{2,1} = \frac{1}{1+e^{-1.7a_1(\theta_\alpha-b_1)}} \times \frac{1}{1+e^{-1.7a_2(\theta_\beta-b_2)}}$$

(3) 由团队的应急处置得分情况预测团队的应急处置能力。

因为:

$$p(Z=1) = \frac{1}{1+e^{-1.7a_0(\theta_0-b_0)}}$$

所以:

$$\frac{1}{1+e^{-1.7a_1(\theta_\alpha-b_1)}} \times \frac{1}{1+e^{-1.7a_2(\theta_\beta-b_2)}} = \frac{1}{1+e^{-1.7a_0(\theta_0-b_0)}} \tag{9-6}$$

由式(9-6)可得

$$\theta_0 = b_0 - \frac{1}{1.7a_0}\ln[e^{-1.7a_1(\theta_\alpha-b_1)} + e^{-1.7a_2(\theta_\beta-b_2)} + e^{-1.7a_1(\theta_\alpha-b_1)} \cdot e^{-1.7a_2(\theta_\beta-b_2)}]$$

9.3 基于系统动力学模拟的应急团队能力评估方法

综合性应急演练难组织、成本高,且难以多次重复进行,因此,可以构建综合性应急演练的仿真环境,然后将个人培训或单项应急演练的历史数据作为参数,输入应急演练模拟仿真系统中，就可以得到综合应急演练模拟仿真的结果。运用这个结果，可以对整个团队的应急能力进行评估。运用仿真结果，还可以分析某些参数对演练结果的敏感性，从而为应急决策提供理论依据。

9.3.1 问题背景及建模目的

航空器发生迫降后，可能发生断裂或起火，处于危险区域内的人的状态可能会由未受伤，向轻伤、重伤或死亡转化；对于被营救到安全区域的伤员，如果救治资源不足、救治不及时，也可能会由轻伤向重伤或者死亡进一步转化。研究上述转化过程对于救援过程中的资源配置和决策分析具有一定的指导作用。

本节建立的模拟仿真系统针对飞机发生迫降后的初始场景为机身起火，飞机迫降后由地服人员、医护人员及救护车组成的应急团队对飞机内被困人员的应急救援过程，暂不考虑机身起火火势和消防部门救援相关过程。

9.3.2 系统动力学及仿真原理

1. 系统动力学原理

1）反馈

反馈是系统动力学中的基本概念，是指将系统或其子系统的输出 y_i ($i = 1, 2, \cdots, n$) 的全部或一部分返回至系统或其子系统的输入 x_i ($i = 1, 2, \cdots, m$) 的过程[26]。通过控制论中的反馈偏差调整过程能够帮助更好地理解反馈的概念。

以一个线性系统的反馈偏差调整过程为例进行说明[26]。假设一个线性系统的数学模型为 $y = ax + b(a \neq 0)$，系统的标准值或目标值为 y^*，初始输入值为 x_0，图 9-2 反映了系统如何通过反馈过程调整系统的输出偏差，直到系统输出偏差接近于标准值 y^*。

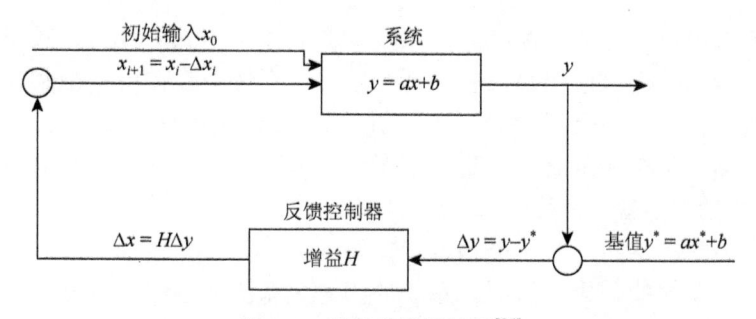

图 9-2 反馈偏差调整图[26]

要想使系统的标准值或目标值为 y^*，由于系统为线性系统 $y=ax+b(a\neq 0)$，很容易得到系统正确的输入值为 $x^*=\dfrac{y^*-b}{a}$。这样，经过一次反馈就可以直接得到系统的标准值或者目标值。但实际情况中，系统往往无法直接求出精确的解析表达式。因此需要使用逐步调整偏差的方法进行求解。

由 $\Delta y=y-y^*$，以及系统为线性系统 $y=ax+b(a\neq 0)$，可得

$$\Delta x=\frac{1}{a}\Delta y$$

设反馈控制器中的增益为 $H=\dfrac{1}{a}+\varepsilon$。

设开始时系统输入初始值为 x_0，则系统的输出值为 $y_0=ax_0+b$。因此，系统产生的误差为

$$\Delta y_0=y_0-y^*=ax_0+b-(ax^*+b)=a(x_0-x^*)\neq 0$$

所以系统输入应调整的量为

$$\Delta x_0=H\Delta y_0=\left(\frac{1}{a}+\varepsilon\right)a(x_0-x^*)=x_0-x^*+\varepsilon a(x_0-x^*)$$

因此，经过一次反馈调整后输入量变为

$$x_1=x_0-\Delta x_0=x^*-\varepsilon a(x_0-x^*) \qquad (9\text{-}7)$$

由式（9-7）可知，当 $\varepsilon=0$ 时，系统的输入量经过一次反馈就可以调整为正确的输入值 x^*。因此，系统为线性系统时，经过反馈控制器的增益 $H=\dfrac{1}{a}$ 调整，无论系统初始输入值 x_0 为多少，系统都可以经过一次调整，调整到正确的输入值 x^*[26]。但当 $\varepsilon\neq 0$ 时，系统经过一次调整后，实际输入值 x_1 仍然与正确输入值 x^* 之间存在误差。

由于系统中有不同的反馈回路，系统才会呈现出不同的行为。系统中存在正反馈回路，则系统会呈现指数增长的行为趋势；系统中存在负反馈回路，则系统会呈现受到干扰偏离原来状态但又能自动返回目标状态的行为趋势；系统中既存在正反馈回路，又存在负反馈回路，则系统会呈现更加复杂的行为趋势。

2）系统动力学解决问题的基本步骤

系统动力学解决问题的三个基本步骤如下。

（1）建立系统的因果关系图。系统的因果关系图从定性角度分析了系统各个变量间的因果关联关系。

第 9 章　应急处置团队的能力评估

（2）建立系统流图。流图是系统定量分析的有用工具，区分了系统中各变量性质，主要的变量类型为状态变量和速率变量（也有的将状态变量称为存量或者流位，将速率变量称为流量或流率）。流图中的状态变量与速率变量之间建立了定量关系，即

$$\text{LEV}(t) = \text{LEV}(t-\Delta t) + \Delta t \times \text{RAT}(t-\Delta t)$$

状态变量方程再加上速率方程等，就可以实现定量分析。

（3）建立方程并设定参数。在建立系统方程时，速率方程的建立是难点，首先要对系统所描述的事件或过程进行机理分析，明确影响速率的主要因素，再建立定量关系。

系统中的参数确定也是难点。如果在建立模型时有实际监测数据，那么可根据实际监测数据确定模型参数。然而，有相当一部分研究没有实际数据可供参考，则需要根据实际问题寻求模型参数确定的恰当方法。

3）系统动力学中的方程组

系统动力学能够描述系统变量之间非常复杂的非线性关系，但并不是直接建立的，而是通过一个一个看似简单的系统方程建立的。

以库存系统为例，系统中有两个状态变量：订货量与库存量。订货速率影响订货量，而进货速率又受到订货量的影响，进货速率影响库存量，库存量又对订货速率产生影响，如此形成一个负反馈[26]。系统的流图如图 9-3 所示。

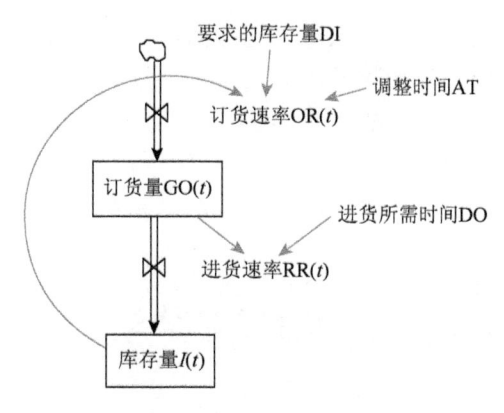

图 9-3　简单库存模型[26]

系统的方程及参数设定如下：

$$\text{OR}(t) = (\text{DI} - I(t))/\text{AT}$$

$$\text{RR}(t) = \frac{\text{GO}(t)}{\text{DO}}$$

$$GO(t) = GO(0) + \int_0^t (OR(t) - RR(t))dt$$

$$I(t) = I(0) + \int_0^t RR(t)dt$$

$$DI = 6000(单位)$$

$$AT = 5(周)$$

$$DO = 10(周)$$

$$GO(0) = 10\ 000(单位)$$

$$I(0) = 1000(单位)$$

由上述方程得到如下的微分方程组：

$$\begin{cases} GO'(t) = \dfrac{1}{5}(6000 - I(t)) - \dfrac{GO(t)}{10} \\ GO(0) = 10\ 000 \\ I'(t) = \dfrac{GO(t)}{10} \\ I(0) = 1000 \end{cases} \quad (9\text{-}8)$$

由式（9-8）得到：

$$I''(t) + \frac{1}{10}I'(t) + \frac{1}{50}I(t) = 120 \quad (9\text{-}9)$$

式（9-9）为二阶常系数非齐次线性微分方程。一阶常系数齐次线性微分方程的求解可通过积分获得，为指数函数形式，将指数函数形式解代入二阶常系数齐次线性微分方程，可得其解满足式（9-10），因此可求得其通解，然后利用常数变易法，求得非齐次方程的一个特解，将上述求得的通解与特解相加，再利用初始条件确定其中的任意常数，从而求得二阶常系数非齐次线性微分方程满足初值条件的解：

$$\lambda^2 + \frac{1}{10}\lambda + \frac{1}{50} = 0 \quad (9\text{-}10)$$

所以有

$$\lambda_{1,2} = -\frac{1}{20} \pm \frac{\sqrt{7}}{20}i$$

式（9-9）对应的齐次方程的解为

$$I(t) = e^{-\frac{1}{20}t}\left(C_1 \cos\frac{\sqrt{7}}{20}t + C_2 \sin\frac{\sqrt{7}}{20}t\right)$$

式（9-9）的特解为

$$I^*(t) = 6000$$

因此，式（9-9）的通解为

$$I(t) = e^{-\frac{1}{20}t}\left(C_1 \cos\frac{\sqrt{7}}{20}t + C_2 \sin\frac{\sqrt{7}}{20}t\right) + 6000 \qquad (9\text{-}11)$$

又由 $I(0) = 1000$，所以有

$$C_1 = -5000$$

由式（9-11）有

$$I'(t) = -\frac{1}{20}e^{-\frac{1}{20}t}\left(-5000\cos\frac{\sqrt{7}}{20}t + C_2 \sin\frac{\sqrt{7}}{20}t\right)$$

$$+ e^{-\frac{1}{20}t}\left(250\sqrt{7}\sin\frac{\sqrt{7}}{20}t + \frac{\sqrt{7}}{20}C_2 \cos\frac{\sqrt{7}}{20}t\right)$$

又 $I'(0) = \dfrac{GO(0)}{10} = \dfrac{10\,000}{10} = 1000$，有

$$1000 = -\frac{1}{20}\times(-5000) + \frac{\sqrt{7}}{20}C_2$$

所以有

$$C_2 = \frac{15\,000}{\sqrt{7}}$$

所以式（9-9）的解为

$$I(t) = e^{-\frac{1}{20}t}\left(-5000\cos\frac{\sqrt{7}}{20}t + \frac{15\,000}{\sqrt{7}}\sin\frac{\sqrt{7}}{20}t\right) + 6000$$

这就是库存量随时间 t 变化的函数。

由 $GO(t) = 10I'(t)$，有

$$GO(t) = e^{-\frac{1}{20}t}\left(10\,000\cos\frac{\sqrt{7}}{20}t + \frac{16\,000}{\sqrt{7}}\sin\frac{\sqrt{7}}{20}t\right)$$

这就是订货量随时间 t 变化的函数。

于是，可得订货速率的函数关系为

$$OR(t) = (6000 - I(t))/5$$
$$= e^{-\frac{1}{20}t}\left(1000\cos\frac{\sqrt{7}}{20}t - \frac{3000}{\sqrt{7}}\sin\frac{\sqrt{7}}{20}t\right)$$

进货速率的函数关系为

$$RR(t) = \frac{GO(t)}{10}$$
$$= \frac{1}{10}e^{-\frac{1}{20}t}\left(10\,000\cos\frac{\sqrt{7}}{20}t + \frac{10\,000}{\sqrt{7}}\sin\frac{\sqrt{7}}{20}t\right)$$

通过以上过程看到，在系统动力学中，尽管所建立的方程看起来并不复杂，然而状态变量或速率变量可能是非常复杂的函数，为系统动力学描述复杂非线性系统奠定了基础。

2. 系统动力学求解原理

通过本小节第 1 部分可看出，系统动力学所建立微分方程组的求解是进行仿真的关键。多数情况下，微分方程的求解需要采用数值计算方法，只有极少数情况下才能求出解析解。常见的数值计算方法有欧拉法、龙格-库塔法等。欧拉法是用差分代替方程中的微分进行求解，相当于用一阶泰勒多项式近似函数。实际上，可通过提高泰勒多项式的阶数来提高精度，但会出现函数的各阶偏导，导致计算复杂。龙格-库塔法是用函数在若干点上的函数值的线性组合来构造近似公式，使近似公式在迭代点处的泰勒展开式和解在该点处的泰勒展开式前几项重合，从而使近似公式达到所需要的阶数，避免了计算函数的偏导数，又提高了方法的精度。此处，以欧拉法为例阐述求解方法[26]。

对于给定初值的微分方程：

$$\begin{cases}\dfrac{dy(t)}{dt} = f(t, y(t)) \\ y(t_0) = y_0\end{cases} \qquad (9\text{-}12)$$

在欧拉法中，以增量近似代替微分，有

$$\frac{y_{n+1} - y_n}{t_{n+1} - t_n} = f(t_n, y_n)$$

所以式（9-12）就可化为

第9章 应急处置团队的能力评估

$$\begin{cases} y_{n+1} = y_n + hf(t_n, y_n) \\ y(t_0) = y_0 \end{cases} \quad (9\text{-}13)$$

其中，h 为步长，$h = t_{n+1} - t_n$。

实质上，欧拉法是以折线代替了解的曲线，其理论研究表明，当步长 $h \to 0$ 时，折线趋近于解的曲线[26]。

用欧拉法求解系统动力学中所建立的微分方程。其中，状态变量与速率变量之间关系的微分方程如下：

$$\begin{cases} \dfrac{\mathrm{dLEV}(t)}{\mathrm{d}t} = \mathrm{RAT}(t, \mathrm{LEV}(t)) \\ \mathrm{LEV}(t)|_{t=0} = \mathrm{LEV}(0) \end{cases} \quad (9\text{-}14)$$

其中，$\mathrm{LEV}(t)$ 为状态变量；$\mathrm{RAT}(t, \mathrm{LEV}(t))$ 为净速率变量。

将式（9-14）化为

$$\begin{cases} \mathrm{LEV}(t) = \mathrm{LEV}(t-\mathrm{DT}) + \mathrm{DT} \times \mathrm{RAT}(t-\mathrm{DT}, \mathrm{LEV}(t-\mathrm{DT})) \\ \mathrm{LEV}(t)|_{t=0} = \mathrm{LEV}(0) \end{cases}$$

其中，DT 为求解步长。

求解步骤如下。

（1）当 $t = \mathrm{DT}$ 时，先给出 $\mathrm{LEV}(t)$ 的初始值 $\mathrm{LEV}(0)$，再计算 $\mathrm{RAT}(0, \mathrm{LEV}(0))$。

（2）当 $t = 2\mathrm{DT}$ 时，先计算：

$$\mathrm{LEV}(\mathrm{DT}) = \mathrm{LEV}(0) + \mathrm{DT} \times \mathrm{RAT}(0, \mathrm{LEV}(0))$$

再计算：

$$\mathrm{RAT}(\mathrm{DT}, \mathrm{LEV}(\mathrm{DT}))$$

以此类推，就可以得到式（9-14）的数值解。

系统动力学中主要有如下几类方程类型，用不同的符号表示：L 表示状态变量方程；R 表示速率变量方程；C 表示常量方程；N 表示初始值方程；A 表示辅助变量方程。

在进行仿真时，上述方程有一定的计算顺序，计算顺序如图 9-4 所示。开始数值计算时（$t = t_0$），先对 C 方程及表函数方程赋值，然后计算 N 方程，再计算出状态变量、辅助变量及速率变量的初始值。当 $t > t_0$ 时，先计算 L 方程，得到状态变量的值；再计算 A 方程，得到辅助变量的值；再计算 R 方程，得到速率变量的值。数值计算每次循环，根据程序决定是否输出数据。当仿真终止后，输出数据表和坐标图[26]。

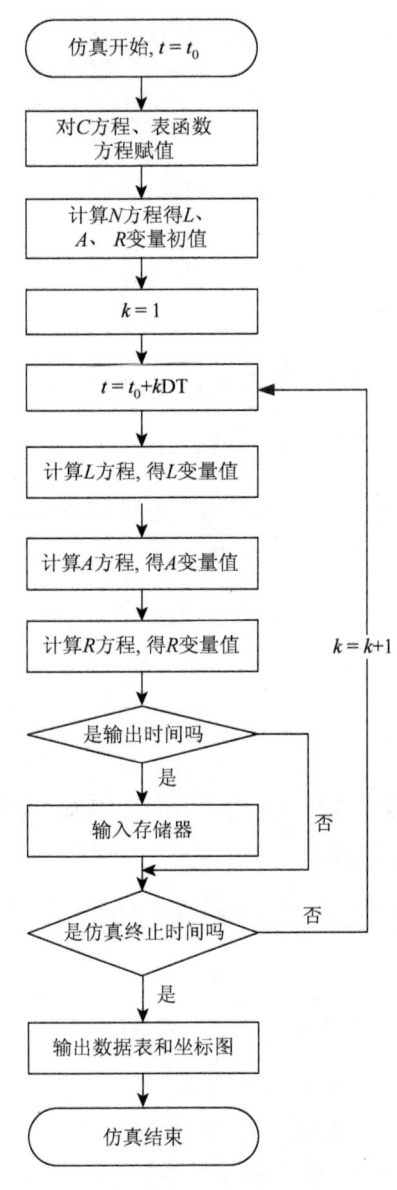

```
仿真开始, t = t₀
   ↓
对C方程、表函数方程赋值
   ↓
计算N方程得L、A、R变量初值
   ↓
k = 1
   ↓
t = t₀+kDT  ←──────┐
   ↓                │
计算L方程, 得L变量值  │
   ↓                │
计算A方程, 得A变量值  │
   ↓                │
计算R方程, 得R变量值  │  k = k+1
   ↓                │
是输出时间吗 ─否─────┤
   │是              │
输入存储器           │
   ↓                │
是仿真终止时间吗 ─否─┘
   │是
输出数据表和坐标图
   ↓
仿真结束
```

图 9-4　仿真计算顺序

9.3.3　系统动力学模型建立

1. 因果关系图

系统的模拟对象是飞机由于起落架故障迫降后起火的应急救援过程，构思如下：从空间上将系统分为机舱内与机舱外。

机舱内救助对象分类与伤情转化：机舱内的救助对象分为四类，即机舱内未受伤人员、机舱内受轻伤且能够自行撤离的人员、机舱内受伤且伤势较重无法自动撤离的人员和机舱内已经死亡的人员；随着灾情的发展，机舱内被困人员的伤情也随之发生转化，机舱内未受伤人员可能向轻伤人员转化，机舱内轻伤人员可能向重伤人员转化，机舱内重伤人员可能向死亡转化。转化速率与灾害严重程度有关，即火势越大、转化的时间越短，转化的速率越快。

机舱外人员分类与机舱内人员向舱外的转移：同样，机舱外的救助对象分为四类，即机舱外未受伤的安全人员、机舱外受轻伤的人员、机舱外受重伤的人员和机舱外死亡的人员。机舱外的人员是由机舱内的人员转移出来的：机舱内未受伤人员可自行撤离到机舱外，成为机舱外未受伤的安全人员；机舱内受轻伤的人员可自行撤离到机舱外，成为机舱外受轻伤人员；机舱内受重伤的人员无法自行撤离，只能等待地服营救人员将其营救出去，成为机舱外受重伤的人员。假设机舱内的死亡人员不在救助对象范围内。

机舱外人员伤情转化与治疗：机舱外的轻伤人员和重伤人员等待救治，如果救治资源较少，使救治不及时，将导致机舱外轻伤人员向重伤人员转化，机舱外重伤人员向死亡人员转化。机舱外轻伤人员主要靠医护人员的简单包扎等手段进行救治；机舱外的重伤人员则需要救护车运送到医院，依靠手术等手段来救治。

救助对象除了人，还有飞机内的货邮行李。因此，地服人员分为两类：一类救人，另一类救货。地服总人数一定的情况下，营救受伤人员的地服人员人数越多，处置货邮行的地服人员人数就越少，货邮行的处置速率就越小，待处置的货邮行数量就越多。

通过以上对系统的分析，系统的主要变量有：①机舱内未受伤可撤离人数；②机舱内受伤可撤离人数；③机舱内受伤不可撤离人数；④机舱内死亡人数；⑤机舱外未受伤的安全人数；⑥机舱外轻伤未救治人数；⑦机舱外重伤未救治人数；⑧机舱外死亡人数；⑨机舱内未受伤向受伤可撤离的转化速率；⑩机舱内受伤可撤离向受伤不可撤离的转化速率；⑪机舱内受伤不可撤离向死亡的转化速率；⑫机舱外轻伤向重伤的转化速率；⑬机舱外重伤向死亡的转化速率；⑭未受伤撤离速率；⑮受伤撤离速率；⑯地服营救速率；⑰货邮行处置速率；⑱轻伤员救治速率；⑲重伤员运送速率。

系统中的其他变量都是由系统主要变量派生出来的。确定了系统的主要变量后，下一步应当确定各变量之间的因果关系，即哪一个为"因"，哪一个为"果"，因果链的极性如何。例如，未受伤撤离速率受两个因素的影响，分别是单个窗口的撤离速率和有效出口的个数。单个出口的撤离速率越大、有效出口个数越多，未受伤撤离速率越大，因此，单个出口的撤离速率-未受伤撤离速率因果链的极性为"+"，有效出口个数-未受伤撤离速率因果链的极性也为"+"。系统的因果关系图如图9-5所示。

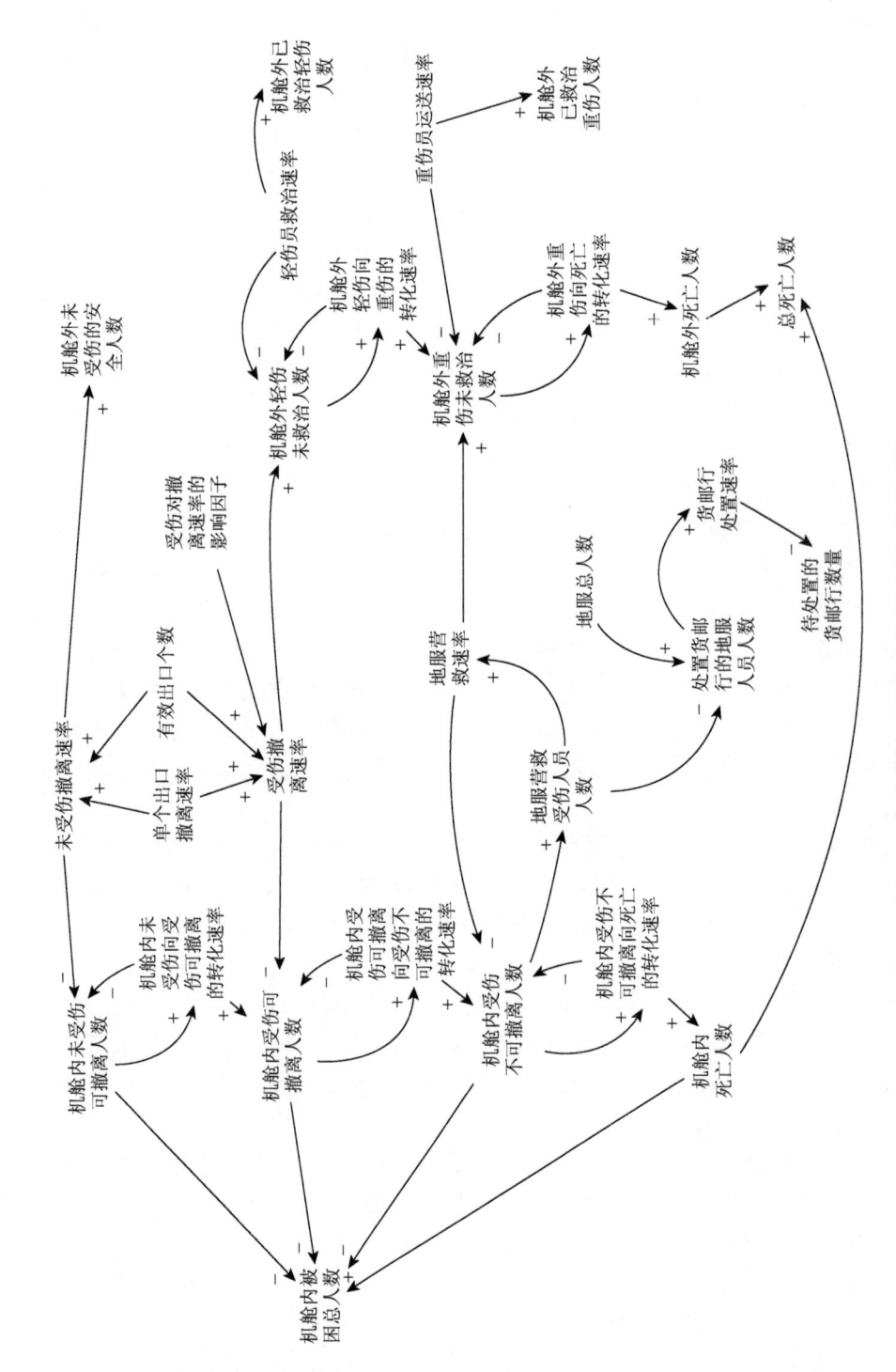

图 9-5　起落架放不下故障救援过程因果关系图

图 9-5 中存在若干负反馈环，以地服营救负反馈环为例，如图 9-6 所示。机舱内受伤不可撤离人数越多，地服营救受伤人员人数就越多，地服营救速率就越快，这样，机舱内受伤不可撤离人数就越少。这种负反馈环保证机舱内不可撤离人数随着时间的推移逐渐减少，但减少速率越来越慢，并趋近于某一个目标值。最终机舱内受伤不可撤离人数如何变化也取决于其他影响因素。

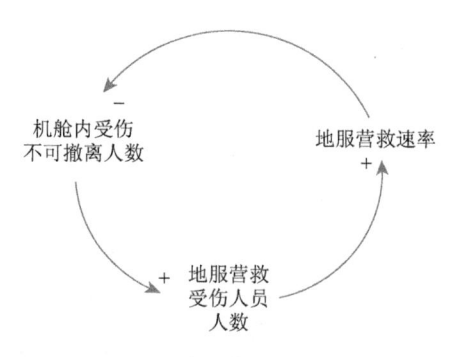

图 9-6　地服营救负反馈环

2. 流图

图 9-7 为起落架故障救援过程系统流图。在本小节第 1 部分列出的主要变量中，①～⑧为状态变量，⑨～⑲为速率变量。

3. 系统方程与参数设置

系统方程主要包括速率方程和平衡方程两类，速率主要包括撤离速率、转化速率、营救-处置-救治与运送速率，平衡主要是指节点进出流量（人数等）的平衡。以下将用到一些变量说明，见表 9-4。

1）未受伤撤离速率有关方程

$$AA = AA_0 + \int_0^t (-AE - AH)dt$$

$$AE = \begin{cases} 0, & AA \leq 0 \\ BB \times BC, & AA > 0 \end{cases}$$

$$BP = BP_0 + \int_0^t AE dt$$

未受伤撤离速率与单个出口的撤离速率、有效出口个数有关。单个出口的撤离速率和有效出口个数均为外生变量，与飞机发生迫降后的火势大小以及断裂程度有关。因此，有

$$AE = BB \times BC$$

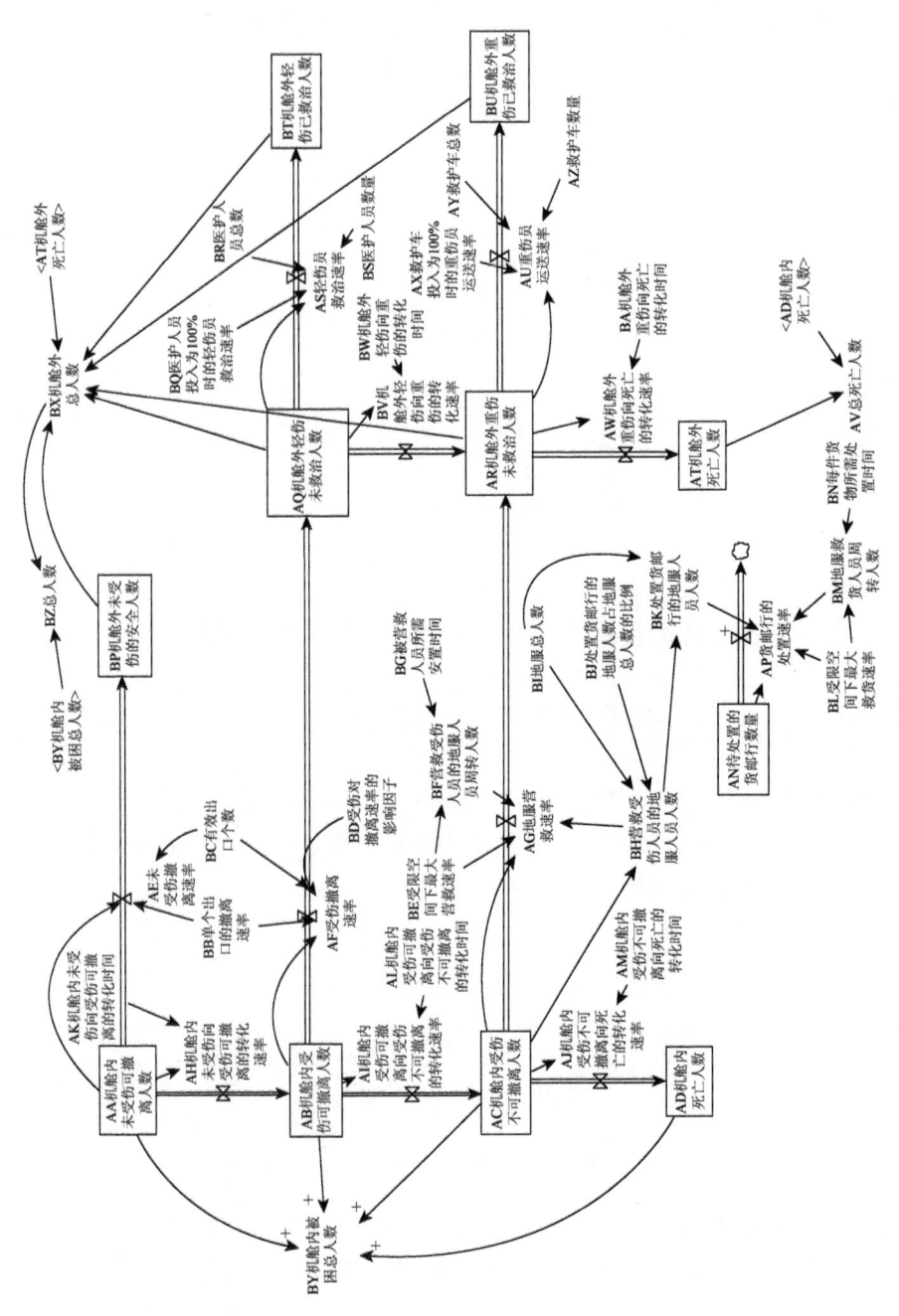

图 9-7 起落架故障救援过程系统流图

表 9-4 起落架放不下救援过程系统变量说明表

变量名称	变量解释	单位
AA	机舱内未受伤可撤离人数	人
AB	机舱内受伤可撤离人数	人
AC	机舱内受伤不可撤离人数	人
AD	机舱内死亡人数	人
AE	未受伤撤离速率	人/min
AF	受伤撤离速率	人/min
AG	地服营救速率	人/min
AH	机舱内未受伤向受伤可撤离的转化速率	人/min
AI	机舱内受伤可撤离向受伤不可撤离的转化速率	人/min
AJ	机舱内受伤不可撤离向死亡的转化速率	人/min
AK	机舱内未受伤向受伤可撤离的转化时间	min
AL	机舱内受伤可撤离向受伤不可撤离的转化时间	min
AM	机舱内受伤不可撤离向死亡的转化时间	min
AN	待处置的货邮行数量	件
AP	货邮行的处置速率	件/min
AQ	机舱外轻伤未救治人数	人
AR	机舱外重伤未救治人数	人
AS	轻伤员救治速率	人/min
AT	机舱外死亡人数	人
AU	重伤员运送速率	人/min
AV	总死亡人数	人
AW	机舱外重伤向死亡的转化速率	人/min
AX	救护车投入为100%时的重伤员运送速率	人/min
AY	救护车总数	辆
AZ	救护车数量	辆
BA	机舱外重伤向死亡的转化时间	min
BB	单个出口的撤离速率	人/min
BC	有效出口个数	
BD	受伤对撤离速率的影响因子	
BE	受限空间下最大营救速率	人/min
BF	营救受伤人员的地服人员周转人数	人
BG	被营救人员所需安置时间	min
BH	营救受伤人员的地服人员人数	人
BI	地服总人数	人
BJ	处置货邮行的地服人数占地服总人数的比例	
BK	处置货邮行的地服人员人数	人
BL	受限空间下最大救货速率	人/min
BM	地服救货人员周转人数	人
BN	每件货物所需处置时间	min

变量名称	变量解释	单位
BP	机舱外未受伤的安全人数	人
BQ	医护人员投入为100%时的轻伤员救治速率	人/min
BR	医护人员总数	人
BS	医护人员数量	人
BT	机舱外轻伤已救治人数	人
BU	机舱外重伤已救治人数	人
BV	机舱外轻伤向重伤的转化速率	人/min
BW	机舱外轻伤向重伤的转化时间	min
BX	机舱外总人数	人
BY	机舱内被困总人数	人
BZ	总人数	人

2）受伤撤离速率有关方程

$$AB = AB_0 + \int_0^t (AH - AF - AI) dt$$

$$AF = \begin{cases} 0, & AB \leqslant 0 \\ BB \times BC \times BD, & AB > 0 \end{cases}$$

一般情况下，受伤人员的撤离速率比未受伤人员的撤离速率小，因此，有

$$AE = BB \times BC \times BD$$

3）机舱内伤情转化速率有关方程

$$AH = \begin{cases} 0, & AA \leqslant 0 \\ \dfrac{AA}{AK}, & AA > 0 \end{cases}$$

$$AI = \begin{cases} 0, & AB \leqslant 0 \\ \dfrac{AB}{AL}, & AB > 0 \end{cases}$$

$$AJ = \begin{cases} 0, & AC \leqslant 0 \\ \dfrac{AC}{AM}, & AC > 0 \end{cases}$$

建立过程如下：系统动力学仿真软件 Vensim 中设计了延迟函数，例如，n 阶延迟函数为

输出速率 = delay$n$（输入速率，平均延迟时间）

第 9 章 应急处置团队的能力评估

一阶延迟函数为

输出速率 = delay1（输入速率，平均延迟时间）。

事实上，delay1 函数与下面的方程组是等价的：

$$\begin{cases} \text{LEV}(t) = \text{LEV}(t-\Delta t) + \Delta t \times (\text{IN}(t-\Delta t) - \text{OUT}(t-\Delta t)) \\ \text{LEV}(t_0) = \text{IN}(t_0) \times \text{DEL}_1 \\ \text{OUT}(t) = \text{LEV}(t) / \text{DEL}_1 \\ \text{DEL}_1 = 常数 \end{cases}$$

其中，LEV(t) 为延迟状态变量；IN(t) 和 OUT(t) 分别为输入速率和输出速率；DEL$_1$ 为平均延迟时间；LEV(t_0) 为 LEV(t) 的初值。高阶延迟的方程组是由多个一阶延迟方程组构成的。

机舱内被困人员从变为轻伤到变为死亡之间存在延迟，该过程可用二阶延迟来刻画，如图 9-8 所示。用机舱内受伤可撤离人数（轻伤人数）和机舱内受伤不可撤离人数（重伤人数）两个状态变量来表示这种延迟。同时，虽然未受伤人员受轻伤的时间不同，但由于机舱内的人员离危险源的远近可能不同，且各自的自救能力不同，采取的自救措施也不同，此处假设受伤可撤离的轻伤人员变为重伤人员的概率都相同。类似地，也假设受伤不可撤离的重伤人员死亡的概率也相同，与成为重伤人员的先后顺序无关。

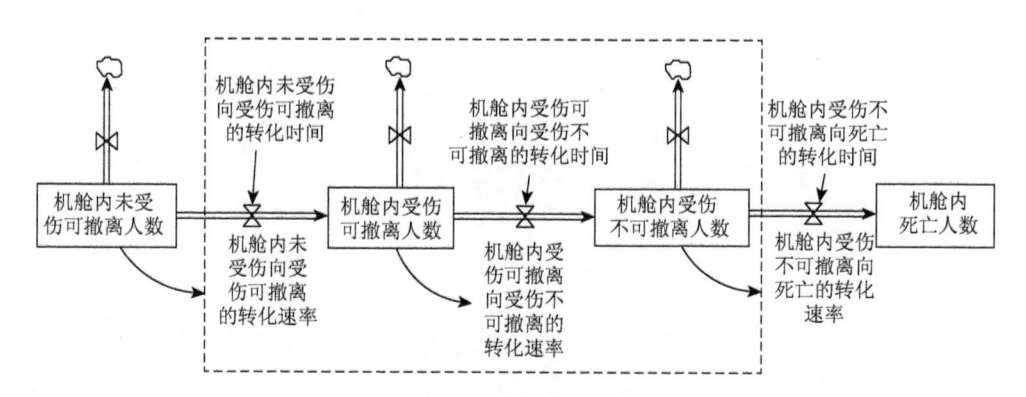

图 9-8 机舱内伤情转化流图

假设受伤可撤离的轻伤人员要经过平均总延迟时间 D 才可能转化为死亡。D 的取值一般通过实证调查、数据收集和现场研究获得[27]。此处，假设 D = 50min，则机舱内受伤可撤离向受伤不可撤离的转化时间 AL = 机舱内受伤不可撤离向死亡的转化时间 AM = $\dfrac{D}{2}$ = 25min。

因此，该二阶延迟用如下方程来刻画：

$$\begin{cases} AB = AB_0 + \int_0^t (AH - AF - AI)\mathrm{d}t \\ AI = \dfrac{AB}{AL} \\ AC = AC_0 + \int_0^t (AI - AG - AJ)\mathrm{d}t \\ AJ = \dfrac{AC}{AM} \end{cases}$$

由于 Vensim 中没有二阶延迟函数 delay2，这里用上述方程组表达二阶延迟。

该二阶延迟的输入速率为机舱内未受伤向受伤可撤离的转化速率，输出速率为机舱内受伤不可撤离向死亡的转化速率。延迟效果如图 9-9 所示，可见，机舱内未受伤向受伤可撤离的转化速率从起初的最大值 6 人/min 逐渐减小，而机舱内受伤不可撤离向死亡的转化速率延迟了一段时间，才逐渐增加到最大值 0.9 人/min。

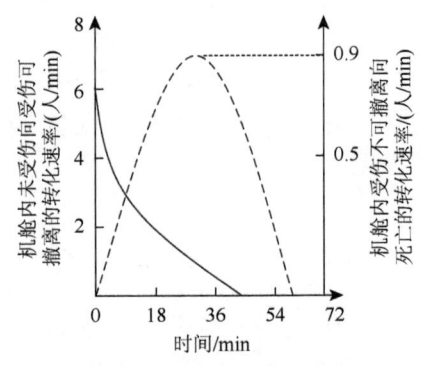

图 9-9　二阶延迟效果图

类似地，机舱外轻伤未救治人员先转化为重伤人员，再转化为死亡的过程，可以用一阶延迟来刻画。

4）机舱外伤情转化速率有关方程

$$BV = \begin{cases} 0, & AQ \leqslant 0 \\ \dfrac{AQ}{BW}, & AQ > 0 \end{cases}$$

$$AW = \begin{cases} 0, & AR \leqslant 0 \\ \dfrac{AR}{BA}, & AR > 0 \end{cases}$$

5）轻伤员救治速率有关方程

$$AQ = AQ_0 + \int_0^t (AF - AS - BV)dt$$

$$AS = \begin{cases} 0, & AQ \leqslant 0 \\ BQ \times \dfrac{BS}{BR}, & AQ > 0 \end{cases}$$

$$BT = BT_0 + \int_0^t AS dt$$

轻伤员救治速率由医护人员投入为 100%时的轻伤员救治速率和医护人员的投入比例确定，因此，有

$$AS = BQ \times \dfrac{BS}{BR}$$

6）重伤员运送速率有关方程

$$AR = AR_0 + \int_0^t (AG + BV - AU - AW)dt$$

$$AU = \begin{cases} 0, & AR \leqslant 0 \\ AX \times \dfrac{AZ}{AY}, & AR > 0 \end{cases}$$

$$BU = BU_0 + \int_0^t AU dt$$

$$AT = AT_0 + \int_0^t AW dt$$

重伤人员救治涉及的主要资源为救护车。重伤员运送速率由救护车投入为 100%时的重伤员运送速率和救护车的投入比例确定，因此，有

$$AU = AX \times \dfrac{AZ}{AY}$$

7）地服营救速率与营救受伤人员的地服人员人数有关方程

$$AG = \begin{cases} 0, & AC \leqslant 0 \\ BE, & AC > 0 \text{且} BH \geqslant BF \\ BE, & AC > 0 \text{且} BH < BF \text{且} AC \leqslant BH \\ \dfrac{BH}{BF} \times BE, & AC > 0 \text{且} BH < BF \text{且} AC > BH \end{cases}$$

$$BF = BE \times BG$$
$$BH = \min\{AC, BI \times (1-BJ)\}$$

注：假设营救受伤人员的地服人员人数与机舱内受伤不可撤离人员人数的比例为 1∶1。

$$AC = AC_0 + \int_0^t (AI - AG - AJ)\mathrm{d}t$$

$$AD = AD_0 + \int_0^t AJ\mathrm{d}t$$

由于机舱内空间有限，地服人员营救受伤人员时，存在最大营救速率。由于每个被营救的人都需要一定的安置时间，假设被营救人员和所需的地服人员的比例为 1∶1，则营救受伤人员的地服人员周转人数为

$$BF = BE \times BG$$

当营救受伤人员的地服人员人数大于或等于营救受伤人员的地服人员周转人数时，地服营救速率为受限空间下最大营救速率。当营救受伤人员的地服人员人数小于营救受伤人员的地服人员周转人数时，分为两种情况：如果机舱内受伤不可撤离人数大于营救受伤人员的地服人员人数，仍然假设受伤人员和所需的地服人员的比例为 1∶1，则地服营救速率小于最大营救速率，假设其比例系数为营救受伤人员的地服人员人数与机舱内受伤不可撤离人数之比；反之，如果机舱内受伤不可撤离人数小于等于营救受伤人员的地服人员人数，地服营救速率仍然为受限空间下的最大营救速率。这样，地服营救速率为分段函数：

$$AG = \begin{cases} 0, & AC \leqslant 0 \\ BE, & AC > 0\ \text{且}\ BH \geqslant BF \\ BE, & AC > 0\ \text{且}\ BH < BF\ \text{且}\ AC \leqslant BH \\ \dfrac{BH}{BF} \times BE, & AC > 0\ \text{且}\ BH < BF\ \text{且}\ AC > BH \end{cases}$$

货邮行的处置速率方程与地服营救速率方程的原理类似。

8）货邮行的处置速率有关方程

$$BK = BI - BH$$
$$BM = BL \times BN$$

$$AP = \begin{cases} BL, & BK \geqslant BM \\ BL \times \dfrac{BK}{BM}, & BK < BM \end{cases}$$

$$AN = AN_0 + \int_0^t (-AP)\mathrm{d}t$$

9）平衡方程

$$AV = AT + AD$$

$$BX = BP + AT + AQ + AR + BT + BU$$

$$BZ = BX + BY$$

$$BY = AA + AB + AC + AD$$

此外，一些参数设置如下：$AA_0 = 150$ 人，$BB = 0.7$ 人/min，$BC = 2$，$BP_0 = 0$，$BD = 0.8$，$AB_0 = 50$ 人，$AK = 25$min，$AL = 25$min，$AM = 25$min，$BW = 60$min，$BA = 60$min，$BQ = 1$ 人/min，$BS = 8$ 人，$BR = 10$ 人，$BT_0 = 0$，$AR_0 = 0$，$AX = 0.4$ 人/min，$AY = 10$ 辆，$AZ = 8$ 辆，$BU_0 = 0$，$AT_0 = 0$，$BE = 0.8$ 人/min，$BG = 5$min，$BI = 15$ 人，$BJ = 0.2$，$AC_0 = 0$，$AD_0 = 0$，$BL = 1$ 件/min，$BN = 5$min，$AN_0 = 150$ 件，$AQ_0 = 0$

4. 模型运行结果

模型步长取值为 (0.5, 2.5)。从理论上讲，仿真计算步长取充分小，可使仿真计算结果与理论结果精确到任意期望的程度[26]。按照选择步长的经验法则，步长取值 0.1~0.5 倍模型中的最小时间常数。取小于 0.5 倍可防止出现不合理的计算结果，但取小于 0.1 倍则对计算的准确度提高不大，且需要耗费大量的计算机时[28]。模型中的最小时间常数为 $BG = 5$min，模型步长取值为（0.5，2.5）。模型在处理边界时，状态变量 AA、AB、AC、AQ 和 AR 的含义为人数，其取值从理论上讲应当大于等于 0，但实际上存在一定的误差，如表 9-5 所示。

表 9-5 状态变量 AA 的步长和误差关系

步长	0.5	0.25	0.125	0.062 5	0.031 25
AA 的误差	60%	20%	20%	8%	4%

由表 9-5 可知，步长不同，误差不同，当步长设定为 0.0625 时，误差可以接受。为了展示曲线的完整性，设定仿真开始时间 Initial time = 0，仿真结束时间 Final time = 180。考虑到事故发生的背景，设定运行的时间单位为 min。

在上述设定下，系统的运行结果如图 9-10~图 9-23 所示（采用系统动力学软件 Vensim 5.6a 实现），可见，系统的仿真是和实际比较吻合的，例如，图 9-11 是机舱内受伤可撤离人数随时间 t 变化的曲线。起初，由于机舱内未受伤向受伤可撤离的转化速率大于受伤撤离速率与机舱内受伤可撤离向受伤不可撤离的转化速率之和，机舱内受伤可撤离人数是不断增加的。渐渐地，机舱内未受伤人员向受伤可撤离人员的不断转化，导致受伤撤离速率与机舱内受伤可撤离向受伤不可撤离的转化速率之和大于机舱内未受伤向受伤可撤离的转化速率，因此，机舱内受伤可撤离人数逐渐减小，直至最终减小为 0。

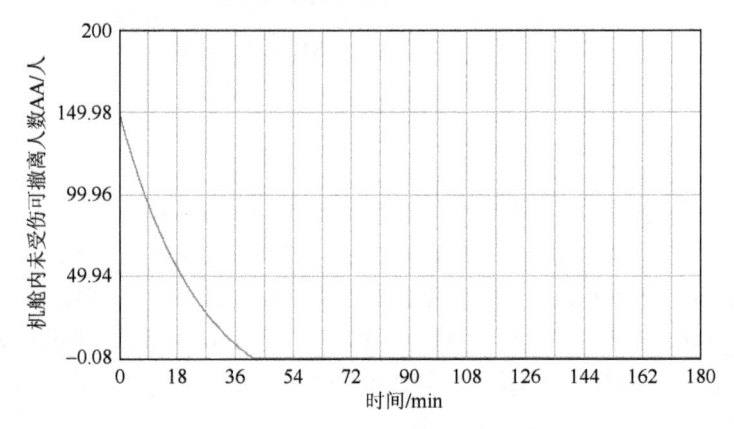

图 9-10 机舱内未受伤撤离人数

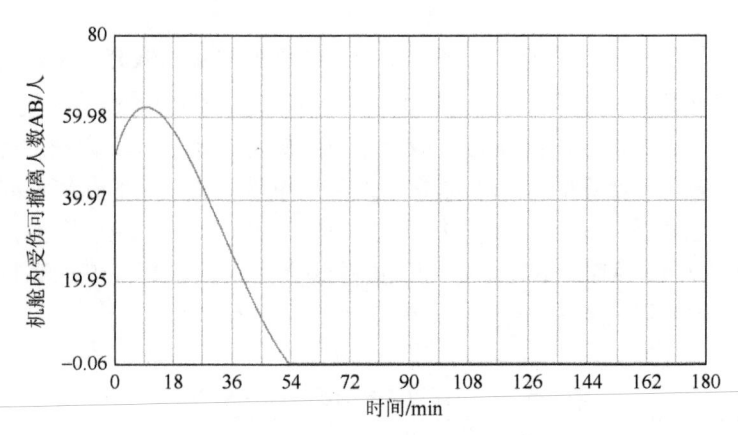

图 9-11 机舱内受伤可撤离人数

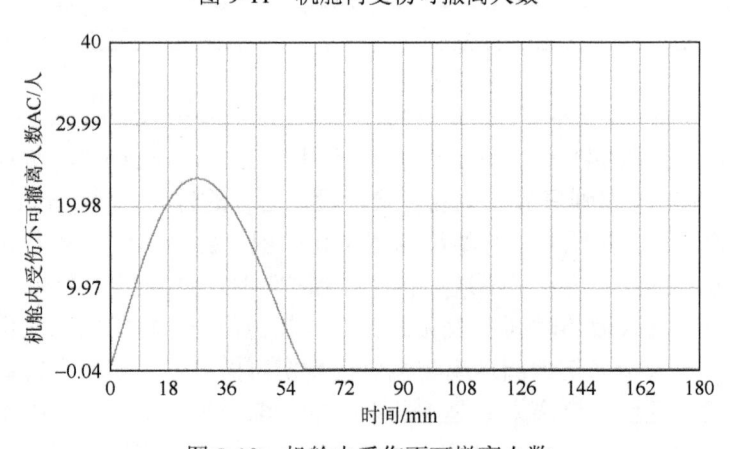

图 9-12 机舱内受伤不可撤离人数

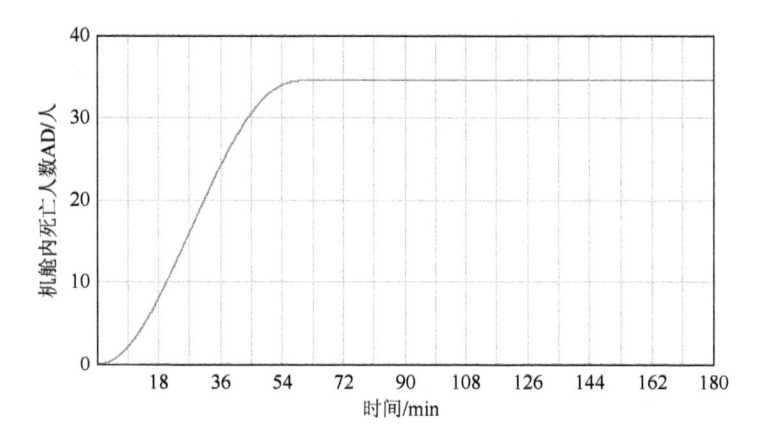

图 9-13 机舱内死亡人数

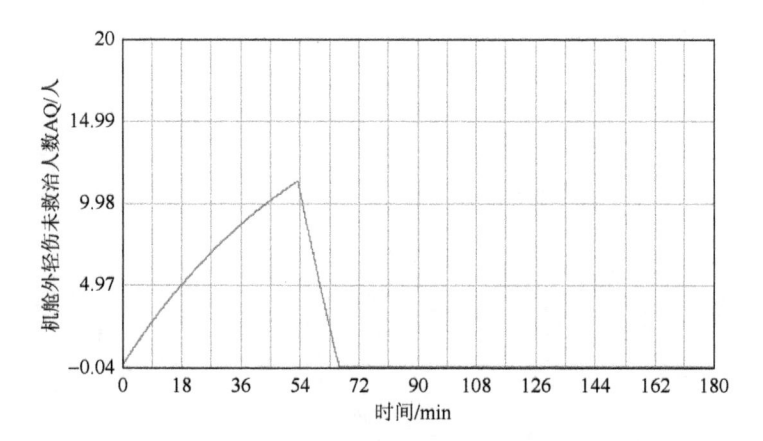

图 9-14 机舱外轻伤未救治人数

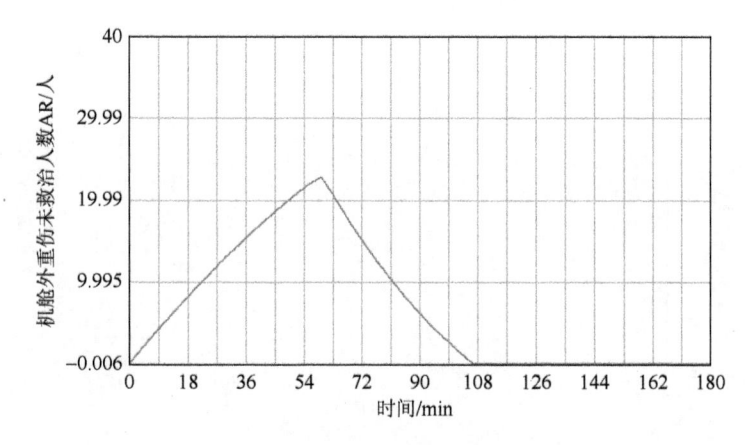

图 9-15 机舱外重伤未救治人数

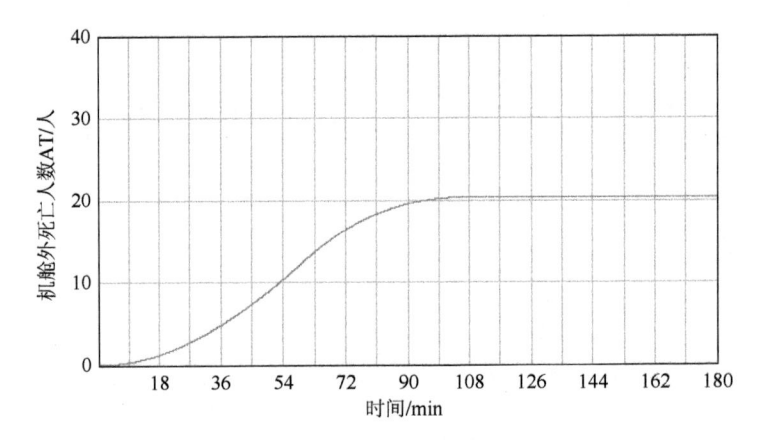

图 9-16　机舱外死亡人数

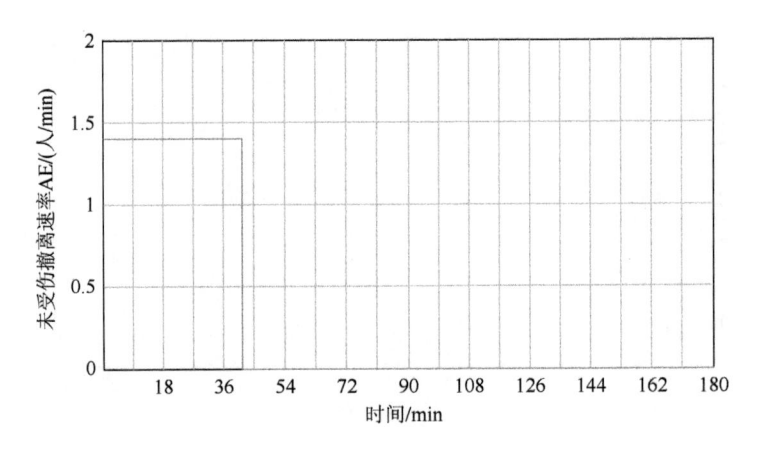

图 9-17　未受伤撤离速率

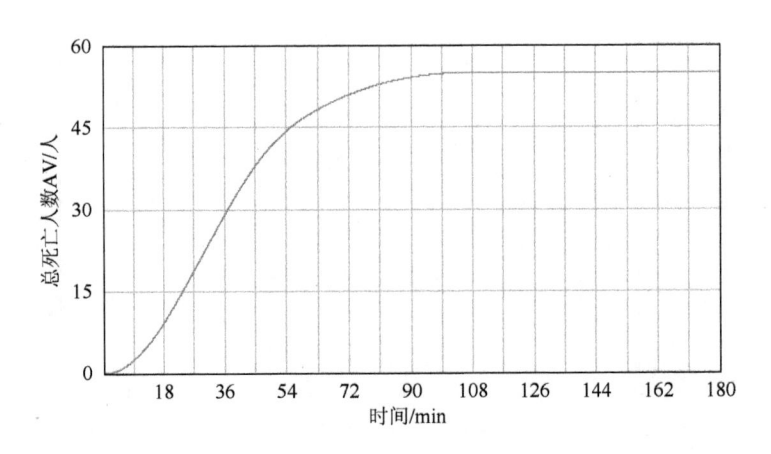

图 9-18　总死亡人数

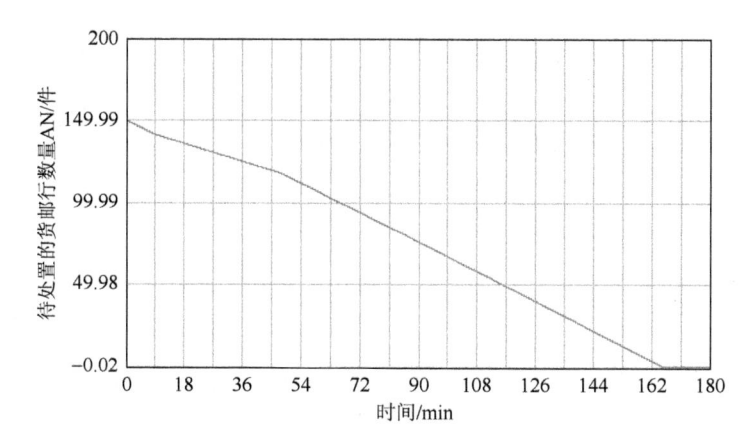

图 9-19　待处置的货邮行数量

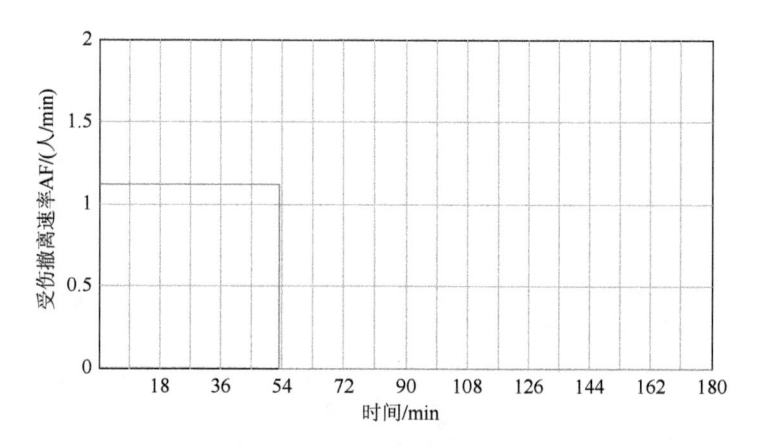

图 9-20　受伤撤离速率

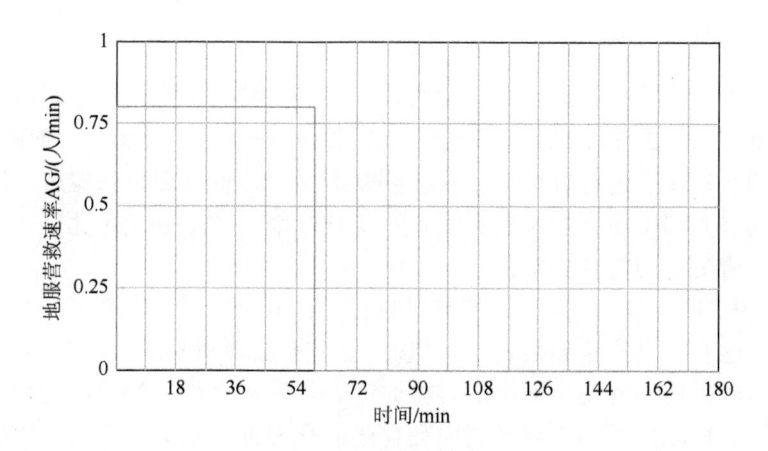

图 9-21　地服营救速率

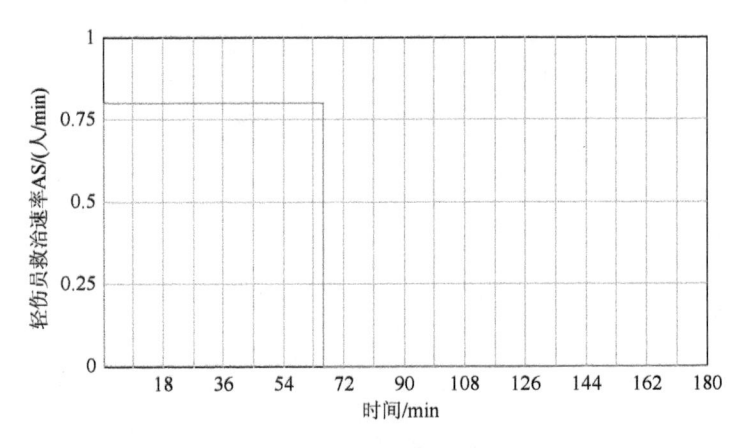

图 9-22 轻伤员救治速率

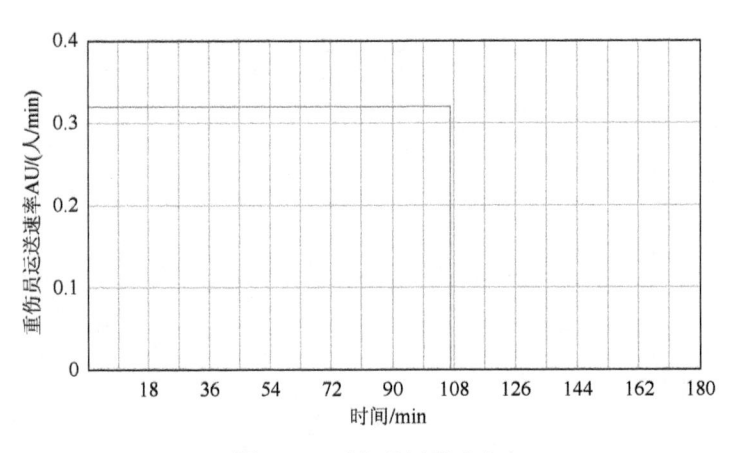

图 9-23 重伤员运送速率

9.3.4 团队能力的估计

为评估飞机落地起火后，由地服营救人员、医护人员和救护车组成的应急团队能力，仍采用 9.2 节中的题目反应模型。将一次救援过程看作一道题目，以死亡人数的多少对团队进行评分。要求解团队能力 θ，假设题目的难度与区分度参数已知，则首先利用仿真结果求解团队的得分概率 $p_j(\theta)$，$p_j(\theta)$ 是团队在多次完成演练测试的情况下的得分概率。

由式（9-2）可知，团队能力的测试条件是：同一个团队应对同一个题目，且资源相同。这里，同一个题目是指救援时所处的灾害环境相同，在此系统中则意味着机舱内未受伤向受伤可撤离的转化时间、机舱内受伤可撤离向受伤不可撤离的转化时间、机舱内受伤不可撤离向死亡的转化时间、机舱外轻伤向重伤的转化时间、机舱外重伤向死亡的转化时间、单个出口的撤离速率和有效出口个数是不变的参数。资源相同则是指地服总人数、处置货邮行的地服人数占地服总人数的比例、医护人员数量、救护车数量是不变的参数。每次测试（每次救援）的随机因素设定为受限空间下最大营救速率、医护人员投入为 100%时的轻伤员救治速率、救护车投入为 100%时的重伤员运送速率。

现假设同时有两个团队进行测试，应对同一个题目，且资源相同，如表 9-6 所示。

表 9-6 两个被测团队的随机因素设定

	受限空间下最大营救速率服从分布	医护人员投入为 100%时轻伤员救治速率服从分布	救护车投入为 100%时重伤员运送速率服从分布
团队 1	$N(1,0.1)$	$N\left(\dfrac{1}{3},\dfrac{1}{12}\right)$	$N(0.1,0.02)$
团队 2	$N(0.8,0.1)$	$N\left(\dfrac{1}{4},\dfrac{1}{12}\right)$	$N(0.15,0.02)$

从数值上看，受限空间下最大营救速率与地服营救速率成正比，医护人员投入为 100%时轻伤员救治速率与轻伤员救治速率成正比，救护车投入为 100%时重伤员运送速率与重伤员运送速率成正比。

利用 Vensim 软件中的 Random Normal 函数产生正态分布随机数的功能，使受限空间下最大营救速率、医护人员投入为 100%时轻伤员救治速率和救护车投入为 100%时重伤员运送速率产生 100 组不同的随机数，来模拟 100 次事故。当系统主要参数如表 9-7 所示时，通过输入产生的 100 组随机数，产生了 100 个系统运行结果，即系统稳定后的死亡人数，团队 1 和团队 2 产生的运行结果。

表 9-7 系统的主要参数

系统变量（参数）	取值
机舱内未受伤可撤离人数初值	200
机舱内受伤可撤离人数初值	0
机舱内受伤不可撤离人数初值	0
机舱内死亡人数初值	0
单个出口的撤离速率	2
有效出口个数	3
受伤对撤离速率的影响因子	0.8
机舱内未受伤向受伤可撤离的转化时间	25
机舱内受伤可撤离向受伤不可撤离的转化时间	25
机舱内受伤不可撤离向死亡的转化时间	25

续表

系统变量（参数）	取值
地服总人数	15
处置货邮行的地服人数占地服总人数的比例	0.2
医护人员总数	10
医护人员数量	8
救护车总数	10
救护车数量	8
机舱外轻伤向重伤的转化时间	35
机舱外重伤向死亡的转化时间	35
每人所需安置时间	5

飞行事故分为如下等级：①如果人员死亡，死亡人数在40人及其以上者，为特别重大飞行事故；②如果人员死亡，死亡人数在39人及其以下者，为重大飞行事故；③如果人员重伤，重伤人数在10人及其以上者，为一般飞行事故。

系统模拟有一定的局限性，仅模拟特别重大飞行事故与重大飞行事故两种情况。统计100次运行结果，得表9-8。

表9-8 两个被测团队的系统模拟结果

	特别重大飞行事故发生频次（频率）	重大飞行事故发生频次（频率）
团队1	69（0.69）	31（0.31）
团队2	58（0.58）	42（0.42）

假设区分度 $a=1$，难度 $b=2$，回归系数 $D=1$。
对于团队1，$p=0.31$，由式（9-2），可得 $\theta_1=1.2$。
对于团队2，$p=0.42$，由式（9-2），可得 $\theta_2=1.7$。

结果显示，团队2的能力大于团队1的能力。事实上，当团队1与团队2在应对同一道题目，且所具有的资源条件相同时，尽管团队1的地服营救速率和轻伤员救治速率都大于团队2，但由于团队1重伤员运送速率小于团队2，导致团队2死亡人数小于40的概率大于团队1死亡人数小于40的概率。

9.3.5 敏感性分析

除应急团队能力的大小，应急管理者也关心影响团队能力的关键因素中，哪一个因素对整体的影响最大，这样可以有针对性地采取改善措施。在本节构建的系统中，由地服营救人员、医护人员和救护车队共同构成了应急团队，影响团队整体表现的主要因素是地服营救速率、轻伤员救治速率和重伤员的运送速率。若以死亡人数来衡量团队的整体表现，则可通过推导死亡人数与地服营救速率、轻伤员救治速率和重伤员运送速率之间的关系，分析哪一个因素对系统的影响最大。

1. 理论推导过程

理论推导思路：从图 9-7 可以看到，总死亡人数包括两部分，即机舱内死亡人数和机舱外死亡人数。机舱内死亡人数是由机舱内未受伤可撤离人数、机舱内受伤可撤离人数和机舱内受伤不可撤离人数依次逐步转化而来的，因此，首先推导机舱内未受伤可撤离人数与受伤撤离速率、机舱内未受伤向受伤可撤离转化时间之间的关系；机舱内受伤不可撤离人数是由机舱内受伤可撤离人数转化而来的，因此，机舱内受伤不可撤离人数除了与受伤撤离速率、机舱内受伤可撤离向受伤不可撤离的转化时间有关联关系，也与受伤撤离速率、机舱内未受伤向受伤可撤离转化时间之间建立了关联关系；依次类推，就可以得到机舱内死亡人数与系统中各主要因素之间的关系式。同理，可以得到机舱外死亡人数与系统中各主要因素之间的关系式。

具体的推导过程如图 9-24 所示。首先，将描述状态变量 AA 的积分方程 $AA = AA_0 + \int_0^t (-AE - AH) dt$ 对 t 求导，转化为 AA 关于 t 的常微分方程，求解常微分方程，得到 AA 关于 t 的函数关系表达式；将描述状态变量 AB 的积分方程 $AB = AB_0 + \int_0^t (AH - AF - AI) dt$ 对 t 求导，转化为 AB 关于 t 的常微分方程，将 AA 关于 t 的函数关系表达式代入，求解该常微分方程，得到 AB 关于 t 的函数关系表达式；依次类推，分别求出 AC、AD、AQ、AR 和 AT 的表达式。最终，得到总死亡人数 AV 关于地服营救速率 AG、轻伤员救治速率 AS 和重伤员的运送速率 AU 的表达式。

由图 9-7 可知，当系统运行时，随着时间的推移，状态变量机舱内未受伤可撤离人数 AA 首先减少至 0，然后机舱内受伤可撤离人数 AB 和机舱内受伤不可撤离人数 AC 也相继减少至 0。设 AA、AB 和 AC 减少至 0 的时刻分别为 t_1、t_2 和 t_3。当 $0 < t < t_1$ 时，系统中与机舱内伤亡情况有关的状态变量的方程分别为

$$\begin{cases} AA = AA_0 + \int_0^t (-AE - AH) dt \\ AB = AB_0 + \int_0^t (AH - AF - AI) dt \\ AC = AC_0 + \int_0^t (AI - AG - AJ) dt \\ AD = AD_0 + \int_0^t AJ dt \end{cases}$$

$$AA = AA_0 + \int_0^t \left(-AE - \frac{AA}{AK}\right) dt \longrightarrow AA = f(t)$$

$$AB = AB_0 + \int_0^t \left(\frac{AA}{AK} - AF - \frac{AB}{AL}\right) dt \longrightarrow AB = g(t)$$

$$AC = AC_0 + \int_0^t \left(\frac{AB}{AL} - AG - \frac{AC}{AM}\right) dt \longrightarrow AC = h(t)$$

$$AD = AD_0 + \int_0^t \frac{AC}{AM} dt \longrightarrow AD = p(t)$$

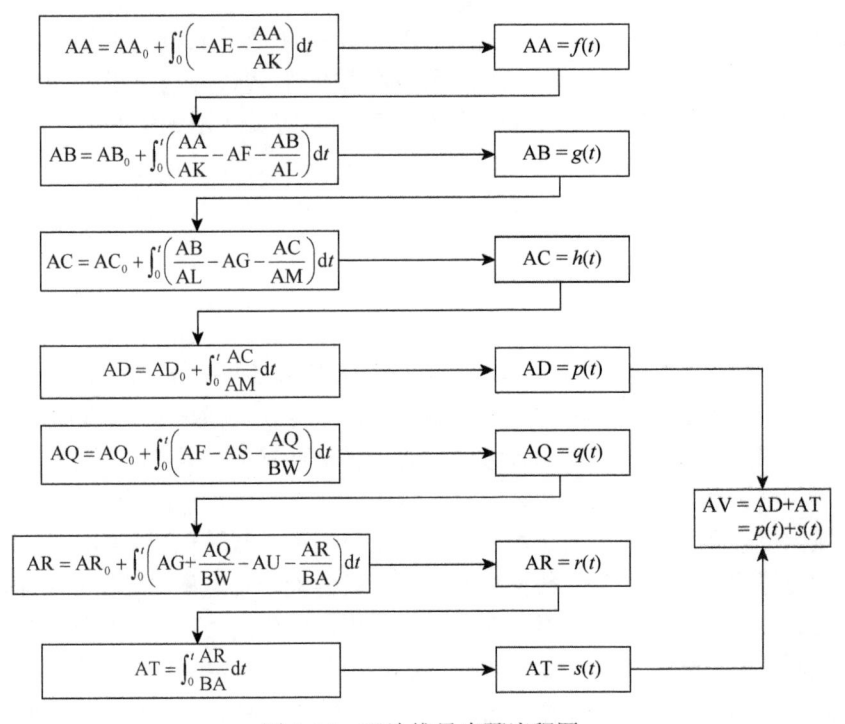

$$AQ = AQ_0 + \int_0^t \left(AF - AS - \frac{AQ}{BW}\right) dt \longrightarrow AQ = q(t)$$

$$AR = AR_0 + \int_0^t \left(AG + \frac{AQ}{BW} - AU - \frac{AR}{BA}\right) dt \longrightarrow AR = r(t)$$

$$AT = \int_0^t \frac{AR}{BA} dt \longrightarrow AT = s(t)$$

$$AV = AD + AT = p(t) + s(t)$$

图 9-24 理论推导步骤流程图

当 $t_1 \leqslant t < t_2$ 时，状态变量 AA 变为 0，相应地，未受伤撤离速率 AE 和机舱内未受伤向受伤可撤离的转化速率 AH 也为 0，此时，系统中与机舱内伤亡情况有关的状态变量的方程分别为

$$\begin{cases} AB = AB_0 + \int_0^t (-AF - AI) dt \\ AC = AC_0 + \int_0^t (AI - AG - AJ) dt \\ AD = AD_0 + \int_0^t AJ dt \end{cases}$$

当 $t_2 \leqslant t < t_3$ 时，状态变量 AA 和 AB 变为 0，相应地，未受伤撤离速率 AE、机舱内未受伤向受伤可撤离的转化速率 AH、受伤撤离速率 AF 和机舱内受伤可撤离向受伤不可撤离的转化速率 AI 也为 0，此时，系统中与机舱内伤亡情况有关的状态变量的方程分别为

$$\begin{cases} AC = AC_0 + \int_0^t (-AG - AJ) dt \\ AD = AD_0 + \int_0^t AJ dt \end{cases}$$

当 $t \geqslant t_3$ 时，状态变量 AA、AB 和 AC 变为 0，相应地，未受伤撤离速率 AE、机舱内未受伤向受伤可撤离的转化速率 AH、受伤撤离速率 AF、机舱内受伤可撤

第 9 章　应急处置团队的能力评估　　·175·

离向受伤不可撤离的转化速率 AI、地服营救速率 AG 和机舱内受伤不可撤离向死亡的转化速率 AJ 也为 0，此时，机舱内的死亡人数 AD 将不再发生变化。

本小节针对 $0<t<t_1$ 时的情况进行理论推导。推导 AA 的解析表达式过程如下：

$$AA = AA_0 + \int_0^t (-AE - AH) dt \quad (9\text{-}15)$$

由 $AH = \dfrac{AA}{AK}$，且 AE 为常数，则式（9-15）变为

$$AA = AA_0 - AE \times t - \int_0^t \dfrac{AA}{AK} dt$$

等式两边求导，得

$$\dfrac{dAA}{dt} = -\dfrac{1}{AK} \times AA - AE \quad (9\text{-}16)$$

由于 AA 是状态变量，实际是时间 t 的函数，上述方程为非齐次线性常微分方程[29]，其通解为

$$AA = (-AE \times AK \times e^{\frac{t}{AK}} + c_3) \times e^{-\frac{t}{AK}} \quad (9\text{-}17)$$

其中，c_3 为常数。

由于式（9-16）是由式（9-15）求导得到的，求导过程会损失式（9-15）的部分信息，于是，将式（9-17）代回式（9-15）中，可求得常数 c_3，常数 c_3 由式（9-15）唯一确定：

$$c_3 = AA_0 + AE \times AK$$

则

$$AA = -AE \times AK + (AA_0 + AE \times AK) \times e^{-\frac{t}{AK}}$$

则可求得使 AA = 0 的时刻：

$$t_1 = (-AK) \times \ln\left(\dfrac{AE \times AK}{AA_0 + AE \times AK}\right)$$

当 $AE = BB \times BC = 0.7 \times 2 = 1.4$，且 $AK = 25$，$AA_0 = 150$ 时，$t_1 = 41.6$。

以同样的参数运行系统，仿真结果如图 9-25 所示。图 9-25 中第一行数字为仿真时间，第二行数字为相应时间下机舱内未受伤可撤离人数。由图 9-25 可见，当时间 $t = 41.625$ 时，AA 机舱内未受伤可撤离人数为 −0.0726，近似为 0。这与推导结果当 $t_1 = 41.6$ 时，AA = 0，基本一致。

Time (Minute)	41.5	41.5625	41.625	41.6875	41.75	41.8125
"AA 机舱内未受伤可撤离人数" Runs:		Current				
AA 机舱内未受伤可撤离人数	0.1026	0.0149	−0.0726	−0.0726	−0.0726	−0.0726

图 9-25　机舱内未受伤可撤离人数 AA 的仿真结果

AB、AC、AD、AQ、AR、AT 的解析表达式推导方法与 AA 类似，推导结果如下：

$$AB = \left[(-AE-AF) \times AL \times e^{\frac{t}{AL}} + \frac{AA_0 + AE \times AK}{AK} \times \frac{AK \times AL}{AK-AL} \times e^{\frac{AK-AL}{AK \times AL} \times t}\right.$$

$$\left. + AB_0 - \frac{AL \times (AA_0 + AE \times AK)}{AK-AL} + (AE+AF) \times AL\right] \times e^{-\frac{t}{AL}}$$

特别地，若 AK = AL，有

$$AB = \left[-AL(AE+AF)e^{\frac{t}{AL}} + \left(AE + \frac{AA_0}{AL}\right)t + AL(AE+AF) + AB_0\right] \times e^{-\frac{t}{AL}}$$

$$AC = \left\{AM \times (-AE-AF-AG) \times e^{\frac{t}{AM}} + \frac{AM \times AK}{AK-AM} \times \frac{AA_0 + AE \times AK}{AK-AL} \times e^{\left(\frac{1}{AM}-\frac{1}{AK}\right) \times t}\right.$$

$$+ \frac{AB_0 - \frac{AL \times (AA_0 + AE \times AK)}{AK-AL} + (AE+AF) \times AL}{AL}$$

$$\times \frac{AM \times AL}{AL-AM} \times e^{\left(\frac{1}{AM}-\frac{1}{AL}\right) \times t} + AC_0 - \frac{AA_0 + AE \times AK}{AK-AL} \times \frac{AK \times AM}{AK-AM}$$

$$-\left[AB_0 - \frac{AL \times (AA_0 + AE \times AK)}{AK-AL} + (AE+AF) \times AL\right]$$

$$\left. \times \frac{AM}{AL-AM} + AM \times (AE+AF+AG)\right\} \times e^{-\frac{t}{AM}}$$

特别地，若 AK = AL = AM，有

$$AC = -AL(AE+AF+AG) + \frac{1}{2AL}\left(AE + \frac{AA_0}{AL}\right)t^2 e^{-\frac{t}{AL}}$$

$$+ \left(AE + AF + \frac{AB_0}{AL}\right)te^{-\frac{t}{AL}} + [AC_0 + AL(AE+AF+AG)]e^{-\frac{t}{AL}}$$

$$AD = (-AE-AF-AG) \times t - \frac{AK^2}{AK-AM} \times \frac{AA_0 + AE \times AK}{AK-AL}$$

$$\times e^{-\frac{t}{AK}} - \left[AB_0 - AL \times \frac{AA_0 + AE \times AK}{AK-AL} + (AE+AF) \times AL\right]$$

$$\times \frac{AL}{AL-AM} \times e^{-\frac{t}{AL}} - \left\{AC_0 - \frac{AA_0 + AE \times AK}{AK-AL} \times \frac{AK \times AM}{AK-AM}\right.$$

$$-\left[AB_0 - AL \times \frac{AA_0 + AE \times AK}{AK-AL} + (AE+AF) \times AL\right]$$

$$\left. \times \frac{AM}{AL-AM} + AM(AE+AF+AG)\right\} \times e^{-\frac{t}{AM}} + \frac{AK^2}{AK-AM}$$

$$\times \frac{AA_0 + AE \times AK}{AK - AL} + \left[AB_0 - AL \times \frac{AA_0 + AE \times AK}{AK - AL} + (AE + AF) \times AL \right]$$

$$\times \frac{AL}{AL - AM} + \left\{ AC_0 - \frac{AA_0 + AE \times AK}{AK - AL} \times \frac{AK \times AM}{AK - AM} \right.$$

$$- \left[AB_0 - AL \times \frac{AA_0 + AE \times AK}{AK - AL} + (AE + AF) \times AL \right]$$

$$\left. \times \frac{AM}{AL - AM} + AM(AE + AF + AG) \right\} + AD_0$$

特别地,若 $AK = AL = AM$,有

$$AD = -\frac{1}{2AL}\left(AE + \frac{AA_0}{AL}\right)t^2 e^{-\frac{t}{AL}} - \left(2AE + AF + \frac{AA_0}{AL} + \frac{AB_0}{AL}\right)te^{-\frac{t}{AL}}$$

$$- (3AL \times AE + 2AL \times AF + AL \times AG + AA_0 + AB_0 + AC_0)e^{-\frac{t}{AL}}$$

$$- (AE + AF + AG)t + 3AL \times AE + 2AL \times AF + AL \times AG$$

$$+ AA_0 + AB_0 + AC_0 + AD_0$$

$$AQ = BW(AF - AS) + [AQ_0 - BW(AF - AS)]e^{-\frac{t}{BW}}$$

$$AR = BA(AG + AF - AS - AU) + \frac{BA \times BW}{BW - BA}\left(\frac{AQ_0}{BW} - AF + AS\right)e^{-\frac{t}{BW}}$$

$$+ \left[-BA(AG + AF - AS - AU) - \frac{BA \times AQ_0}{BW - BA} \right.$$

$$\left. + \frac{BA \times BW}{BW - BA}(AF - AS) + AR_0 \right] e^{-\frac{t}{BA}}$$

特别地,若 $BA = BW$,有

$$AR = BA(AG + AF - AS - AU) + \left(\frac{AQ_0}{BW} - AF + AS\right)te^{-\frac{t}{BA}}$$

$$+ [AR_0 - BA(AG + AF - AS - AU)]e^{-\frac{t}{BA}}$$

$$AT = (AG + AF - AS - AU)t - \frac{BW^2}{BW - BA}\left(\frac{AQ_0}{BW} - AF + AS\right)e^{-\frac{t}{BW}}$$

$$- BA\left[-(AG + AF - AS - AU) - \frac{AQ_0}{BW - BA} + \frac{BW}{BW - BA}(AF - AS) + \frac{AR_0}{BA} \right]e^{-\frac{t}{BA}}$$

$$+ \frac{BW^2}{BW - BA}\left(\frac{AQ_0}{BW} - AF + AS\right) + BA\left[-(AG + AF - AS - AU) - \frac{AQ_0}{BW - BA} \right.$$

$$\left. + \frac{BW}{BW - BA}(AF - AS) + \frac{AR_0}{BA} \right] + AT_0$$

特别地，若 $BA = BW$，有

$$AT = AT_0 + (AG + AF - AS - AU)t - \left(\frac{AQ_0}{BW} - AF + AS\right)$$
$$\times \left(te^{-\frac{t}{BA}} + BAe^{-\frac{t}{BA}} - BA\right) - [AR_0 - BA(AG + AF - AS - AU)]e^{-\frac{t}{BA}}$$
$$+ AR_0 - BA(AG + AF - AS - AU)$$

综合以上计算结果，当 $AK \neq AM$ 且 $AL \neq AM$ 且 $AL \neq AK$ 且 $BA \neq BW$ 时，有

$$AV = AD + AT = (-AE - AF - AG) \times t - \frac{AK^2}{AK - AM} \times \frac{AA_0 + AE \times AK}{AK - AL}$$
$$\times e^{-\frac{t}{AK}} - \left[AB_0 - AL \times \frac{AA_0 + AE \times AK}{AK - AL} + (AE + AF) \times AL\right]$$
$$\times \frac{AL}{AL - AM} \times e^{-\frac{t}{AL}} - \left\{AC_0 - \frac{AA_0 + AE \times AK}{AK - AL} \times \frac{AK \times AM}{AK - AM}\right.$$
$$- \left[AB_0 - AL \times \frac{AA_0 + AE \times AK}{AK - AL} + (AE + AF) \times AL\right]$$
$$\left. \times \frac{AM}{AL - AM} + AM(AE + AF + AG)\right\} \times e^{-\frac{t}{AM}} + \frac{AK^2}{AK - AM}$$
$$\times \frac{AA_0 + AE \times AK}{AK - AL} + \left[AB_0 - AL \times \frac{AA_0 + AE \times AK}{AK - AL} + (AE + AF) \times AL\right]$$
$$\times \frac{AL}{AL - AM} + \left\{AC_0 - \frac{AA_0 + AE \times AK}{AK - AL} \times \frac{AK \times AM}{AK - AM}\right.$$
$$- \left[AB_0 - AL \times \frac{AA_0 + AE \times AK}{AK - AL} + (AE + AF) \times AL\right]$$
$$\left. \times \frac{AM}{AL - AM} + AM(AE + AF + AG)\right\} + AD_0$$
$$+ (AG + AF - AS - AU)t - \frac{BW^2}{BW - BA}\left(\frac{AQ_0}{BW} - AF + AS\right)e^{-\frac{t}{BW}}$$
$$- BA\left[-(AG + AF - AS - AU) - \frac{AQ_0}{BW - BA}\right.$$
$$\left. + \frac{BW}{BW - BA}(AF - AS) + \frac{AR_0}{BA}\right]e^{-\frac{t}{BA}} + \frac{BW^2}{BW - BA}\left(\frac{AQ_0}{BW} - AF + AS\right)$$
$$+ BA\left[-(AG + AF - AS - AU) - \frac{AQ_0}{BW - BA}\right.$$
$$\left. + \frac{BW}{BW - BA}(AF - AS) + \frac{AR_0}{BA}\right] + AT_0$$

特别地，若 $\mathrm{AK}=\mathrm{AL}=\mathrm{AM}$ 且 $\mathrm{BA}=\mathrm{BW}$，有

$$\begin{aligned}
\mathrm{AV}=\mathrm{AD}+\mathrm{AT}=&-\frac{1}{2\mathrm{AL}}\left(\mathrm{AE}+\frac{\mathrm{AA}_0}{\mathrm{AL}}\right)t^2\mathrm{e}^{-\frac{t}{\mathrm{AL}}}\\
&-\left(2\mathrm{AE}+\mathrm{AF}+\frac{\mathrm{AA}_0}{\mathrm{AL}}+\frac{\mathrm{AB}_0}{\mathrm{AL}}\right)t\mathrm{e}^{-\frac{t}{\mathrm{AL}}}-(3\mathrm{AL}\times\mathrm{AE}+2\mathrm{AL}\times\mathrm{AF}\\
&+\mathrm{AL}\times\mathrm{AG}+\mathrm{AA}_0+\mathrm{AB}_0+\mathrm{AC}_0)\mathrm{e}^{-\frac{t}{\mathrm{AL}}}-(\mathrm{AE}+\mathrm{AF}+\mathrm{AG})t+3\mathrm{AL}\\
&\times\mathrm{AE}+2\mathrm{AL}\times\mathrm{AF}+\mathrm{AL}\times\mathrm{AG}+\mathrm{AA}_0+\mathrm{AB}_0+\mathrm{AC}_0+\mathrm{AD}_0+\mathrm{AT}_0\\
&+(\mathrm{AG}+\mathrm{AF}-\mathrm{AS}-\mathrm{AU})t-\left(\frac{\mathrm{AQ}_0}{\mathrm{BW}}-\mathrm{AF}+\mathrm{AS}\right)\\
&\times\left(t\mathrm{e}^{-\frac{t}{\mathrm{BA}}}+\mathrm{BAe}^{-\frac{t}{\mathrm{BA}}}-\mathrm{BA}\right)-[\mathrm{AR}_0-\mathrm{BA}(\mathrm{AG}+\mathrm{AF}-\mathrm{AS}-\mathrm{AU})]\mathrm{e}^{-\frac{t}{\mathrm{BA}}}\\
&+\mathrm{AR}_0-\mathrm{BA}(\mathrm{AG}+\mathrm{AF}-\mathrm{AS}-\mathrm{AU})
\end{aligned}$$

下面验证仿真结果与理论推导结果的一致性。上述推导都是在 $0<t<t_1$ 时展开的，由本节推导 AA 的解析表达式过程可知，$t_1=(-\mathrm{AK})\times\ln\left(\frac{\mathrm{AE}\times\mathrm{AK}}{\mathrm{AA}_0+\mathrm{AE}\times\mathrm{AK}}\right)$。

当 $\mathrm{AK}\neq\mathrm{AM}$ 且 $\mathrm{AL}\neq\mathrm{AM}$ 且 $\mathrm{AL}\neq\mathrm{AK}$ 且 $\mathrm{BA}\neq\mathrm{BW}$ 时，推导结果 AV 与仿真结果会有一定的误差，但基本保持一致，误差主要来源于仿真中以差分代替微分。

系统的参数取值见 9.3.3 小节第 3 部分中的设置，其中部分参数值更改为：AK=25，AL=30，AM=35，BW=60，BA=70。在上述参数设置下，经计算，$t_1=41.6$。因此，当 $0<t<41.6$ 时，AV 的推导结果都应为上述表达式。经计算，当 $t=20$ 时，计算结果为 AV=7.2275。而仿真结果如图 9-26 所示，当 t=20 时，AV=7.233。

Table						
Time (Minute)	19.875	19.9375	20	20.0625	20.125	20.1875
"AV总死亡人数" Runs:	Current					
AV总死亡人数	7.146	7.190	7.233	7.276	7.319	7.363

图 9-26　总死亡人数仿真结果 1

当 $\mathrm{AK}=\mathrm{AL}=\mathrm{AM}$ 且 $\mathrm{BA}=\mathrm{BW}$ 时，推导结果 AV 与仿真结果有一定误差，但基本保持一致。

系统的参数取值见 9.3.3 小节第 3 部分中的设置。在这种参数设置下，经计算，$t_1=41.6$。因此，当 $0<t<41.6$ 时，AV 的推导结果都应为上述表达式。经计算，当 $t=20$ 时，计算结果为 AV=11.2221。而仿真结果如图 9-27 所示，当 t=20 时，AV=11.23。

Time (Minute)	19.8125	19.875	19.9375	20	20.0625	20.125
"AV总死亡人数" Runs:	Current					
AV总死亡人数	11.04	11.10	11.16	11.23	11.29	11.35

图 9-27　总死亡人数仿真结果 2

2. 影响因素敏感性分析

当 $AK = AL = AM$ 且 $BA = BW$ 时，将 AV 分别对 AG、AS 和 AU 求偏导，有

$$\frac{\partial AV}{\partial AG} = -AL \times e^{-\frac{t}{AL}} + BA \times e^{-\frac{t}{BA}} + AL - BA$$

$$\frac{\partial AV}{\partial AS} = -t \times e^{-\frac{t}{BA}} - 2BA \times e^{-\frac{t}{BA}} + 2BA - t$$

$$\frac{\partial AV}{\partial AU} = -BA \times e^{-\frac{t}{BA}} + BA - t$$

前面已经明确：当 $AE = BB \times BC = 0.7 \times 2 = 1.4$，且 $AK = 25$，$AA_0 = 150$ 时，状态变量 AA 变为 0 的时刻 $t_1 = 41.6$。因此，当 $0 < t < 41.6$ 时，作出 $\frac{\partial AV}{\partial AG}$、$\frac{\partial AV}{\partial AS}$ 和 $\frac{\partial AV}{\partial AU}$ 的曲线，如图 9-28 所示。

图 9-28　$\frac{\partial AV}{\partial AG}$、$\frac{\partial AV}{\partial AS}$ 和 $\frac{\partial AV}{\partial AU}$ 的曲线图

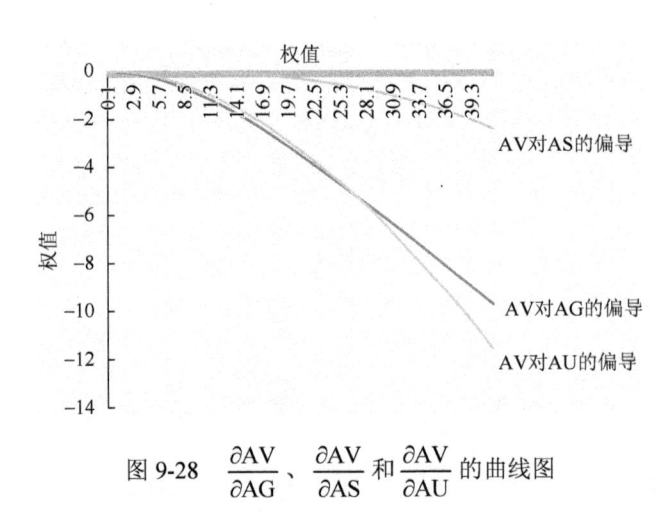

从图 9-28 可以直观地看出，当 $0 < t < 41.6$ 时，对总死亡人数 AV 的影响中，轻伤员救治速率 AS 的影响最小；救援一开始，地服营救速率 AG 的影响大于重伤员运送速率 AU 的影响，随着救援过程的持续进行，从 $t = 26.5$ 开始，地服营救速率 AG 的影响小于重伤员运送速率 AU 的影响。

上述现象的原因是：救援开始时，机舱内环境比较危险，而机舱外相对安全，机舱内受伤不可撤离向死亡的转化时间明显小于机舱外重伤向死亡的转化时间，因此，机舱内受伤不可撤离向死亡的转化速率比机舱外重伤向死亡的转化速率快，地服营救速率的增加比重伤员运送速率增加更能减少死亡；随着救援的持续进行，机舱内受伤不可撤离人员不断地转化为机舱外重伤未救治人员，机舱外重伤向死亡的转化速率逐渐增加到大于机舱内受伤不可撤离向死亡的转化速率，此时，重伤员运送速率的增加比地服营救速率的增加更能减少死亡。

9.4 本章小结

应急管理者面临在应急演练中如何评估应急能力的问题。本章在个人培训或单项演练的历史数据已知条件下，研究团队能力评估问题。主要从以下两个角度研究。

（1）基于个人能力，从理论上分析了应急团队能力，主要采用教育测验领域中个人能力评估的题目反应模型：①建立了个人任务完成的得分概率与个人能力关系的概率模型，以及团队整体演练完成的得分概率与团队能力关系的概率模型；②分别针对应急任务互相独立和相关两种情况（其中相关包括串联和并联两种关系），建立评分规则，从各角色对各任务完成的得分概率，分析得到团队对整个演练的得分概率；③通过算例说明团队能力分析计算方法的有效性。

（2）利用机理分析方法构建起落架放不下故障救援过程的系统动力学模型，主要包括机舱内和机舱外的伤情转化速率方程、地服营救速率方程等：①利用模拟仿真结果，分析计算应急团队完成整个演练的得分概率，结合题目反应模型，求解团队能力；②通过求解所建方程，推导出总死亡人数与地服营救速率、轻伤员救治速率和重伤员运送速率等系统关键因素之间的关系式，经过验证，理论推导的结果与仿真结果具有一致性；③运用方程推导的结果，分析了总死亡人数相对于系统中关键因素的敏感性，包括地服营救速率、轻伤员救治速率、重伤员运送速率，分析表明，在一定的时间段内，轻伤员救治速率对总死亡人数的影响最小，在初始阶段，地服营救速率的影响大于重伤员运送速率，随着救援过程的持续进行，重伤员运送速率对死亡人数的影响超过了地服营救速率，这为应急资源的合理分配提供了理论依据。

参 考 文 献

[1] 贾建锋. 基于能力的知识型企业人力资源开发研究[D]. 沈阳：东北大学，2007.
[2] 查尔斯·爱德华·斯皮尔曼. 人的能力：它们的性质与量度[M]. 袁军译. 杭州：浙江教育出版社，1999.
[3] 奥图. 人的潜能[M]. 北京：世界图书出版公司，1988.

[4] 彼得·罗夫斯基. 普通心理学[M]. 朱智贤, 伍棠棣, 卢盛忠, 等译. 北京: 人民教育出版社, 1981.
[5] 阿·阿·斯米尔诺夫, 阿·恩·列昂节夫, 斯·耳·鲁宾斯坦, 等. 心理学[M]. 朱智贤, 龙叔修, 张世臣, 等译. 北京: 人民教育出版社, 1957.
[6] 李效忠. 能力心理学[M]. 西安: 陕西人民教育出版社, 1985.
[7] 韩庆祥, 雷鸣. 能力建设与当代中国发展[J]. 中国社会科学, 2005 (1): 22-33.
[8] Boyatzis R E. The Competent Manager: A Model for Effective Performance [M]. New York: Willey, 1982.
[9] Schroder H M. Managerial Competencies: The Key to Excellence [M]. Dubuque, Lowa: Kendall/Hunt, 1989.
[10] Fletcher S. Competency-Based Assessment Techniques [M]. London: Kogan Page, 1992.
[11] Spencer L M, Spencer P S M. Competence at Work: Models for Superior Performance [M]. New York: Willey, 1993.
[12] 石伟平. 比较职业技术教育[M]. 上海: 华东师范大学出版社, 2001.
[13] Christine V. An alternative conception of competence: Implications for vocational education[J]. Journal of Vocational Education and Training, 1999, 51 (3): 437-456.
[14] 杜泽文. 企业安全生产应急能力量化及其管理对策研究[D]. 哈尔滨: 哈尔滨工程大学, 2013.
[15] 王文娟. 突发公共卫生事件政府应急能力指标体系研究[D]. 大连: 大连理工大学, 2006.
[16] 程红群. 医院应急医学救援能力建设研究[D]. 北京: 中国人民解放军军事医学科学院, 2007.
[17] 韩尧. 国防工业企业生产安全事故应急管理能力评估方法标准化的探讨[J]. 国防技术基础, 2008 (6): 18-20.
[18] 杨宇, 王子龙. 社会公众应急能力建设途径研究[J]. 生产力研究, 2009 (16): 95-97.
[19] 何薇, 宋建岩. 浅析提高政府行政应急能力的对策[J]. 法制与社会, 2010 (3): 154.
[20] 邓砚, 聂高众, 苏桂武. 县(市)绝对地震应急能力评估方法的初步研究[J]. 地震地质, 2011, 33 (1): 36-44.
[21] 王兴平. 应急管理中社会公众的应急能力研究[J]. 商业时代, 2012 (2): 118-119.
[22] 漆书青. 现代测量理论在考试中的应用[M]. 上海: 华中师范大学出版社, 2003.
[23] 余嘉元. 项目反应理论及其应用[M]. 南京: 江苏教育出版社, 1992.
[24] Frederic M L. Applications of Item Response Theory to Practical Testing Problems[M]. Hillsdale: Lawrence Erlbaum Associates, 1980.
[25] 戴海崎. IRT 等级反应模式研究[J]. 中国考试, 1994, 5: 11-14.
[26] 贾仁安, 丁荣华. 系统动力学: 反馈动态性复杂分析[M]. 北京: 高等教育出版社, 2002.
[27] 钟永光, 贾晓菁, 李旭, 等, 系统动力学[M]. 1 版. 北京: 科学出版社, 2010.
[28] 王其藩, 系统动力学[M]. 1 版. 北京: 清华大学出版社, 1988.
[29] 王高雄, 常微分方程[M]. 3 版. 北京: 高等教育出版社, 2007.

第 10 章　航班延误应对决策辅助方法

航班延误是指航班实际起飞（或降落）时间比计划起飞（或降落）时间（航班时刻表上的时间）延迟某个时间标准（多以 30min 为标准）以上或航班取消的情况。航班延误影响航空公司的运行效率和服务质量，对航班延误的应对能力是航空企业核心竞争力的重要体现。

本章将按照航班延误分析、航班延误顺延情景分析和地面作业排序三节内容，分别对航班延误的原因分析及定量刻画方式、航班延误下航班计划调整以及面向航班延误应对的地面服务保障三个方面进行研究。10.1 节首先从统计角度对航班延误的原因进行分析；然后给出航班延误定量刻画的一种方式，即航班延误时间概率分布。10.2 节针对航班延误，在不考虑飞机、机组和旅客调整的情况下，仅对航班时刻进行调整，按照航班起降优先顺序原则，给出一种航班时刻调整方法，构建数学模型并设计启发式算法。考虑到地面作业效率对航班延误应对的影响关系，10.3 节构建资源量与开工时刻双重限制下地面作业排序模型，并设计算法，通过优化地面作业排序，提高作业效率，尽可能减少航班延误。

与航班有关的名词繁多，有的名词极易引起混淆和歧义，如轮挡时间（block time）；有的名词在不同的文献中含义并不统一，如缓冲时间；有时同一个概念有不同的名词，如中转时间与过站时间基本同义，缓冲时间、冗余时间、富裕时间、时间余量也是含义无别。本书将对有关的重要概念加以严格的定义，特别是关于时间的变量，如缓冲时间、过站耽搁时间等。

航段（leg）：由起飞机场和落地机场组成的有序二元机场对。例如，$A \rightarrow B$，A 为起飞机场，B 为落地机场。

航线（rotation）：若干航段组成的连续有序多元机场串。例如，$A \rightarrow B \rightarrow C \rightarrow D$，其中 B、C 是经停机场，既是落地机场，也是起飞机场。如果一天之中的始发航班从机场 A 出发，则机场 A 称为始发机场。

航班（flight）：航段加上出发时刻与到达时刻。例如，计划 8:00 从北京首都机场出发，9:30 到达上海浦东机场。

一般情况下，在考虑的时间窗口内，两个航班的航段与航班时刻不能同时相等。

航班串（connected flights）：可由一架飞机执行的若干个相连的航班。

航班周期（period）：航班重复出现的最小时间窗口。例如，每天都有一个相同的航班8:00从北京出发，9:30到达上海，则此航班的周期为一天。

航线的航班密度（density）：在某段时间内，如一天，执行某条航段任务的航班次数。例如，从北京到上海的航段，在一天内可能有两个航班，也可能只有一个航班，那么前者的航班密度较大。

航班时刻表（flight schedule table）：某段时间内的所有航班，加上对应的机型。某航空公司相邻两天的航班时刻表未必相同，因为某些航班的周期未必为一天。由于很少有航班的周期大于一周，相邻两周的航班时刻表一般都是相同的。

航班计划（flight schedule）：航空公司对未来一段时间内所有航班的整体安排。一段时间，如一个月，其航班时刻表就是这个月的航班计划。制订一个月的航班计划，就是制订一个月的航班时刻表。

出发时刻（departure）：飞机在出发机场关闭舱门、准备出发的时刻。出发时刻有计划与实际之别，一般用STD（schedule time of departure）表示计划出发时刻，用ATD（actual time of departure）表示实际出发时刻。出发时刻有时称为离站时刻，含义相同，在民航局关于航班正常性统计办法中，这个时刻是指飞机做好准备，关闭舱门的时刻。出发时刻与实际飞机离开地面的时刻含义不同，在实际执行过程中，出发时刻一定早于离地时刻，因为中间还有一段飞机在地面的滑行时间。

到达时刻（arrival）：飞机到达目的机场后，进入停机位，挡好轮挡，打开舱门的时刻。STA（schedule time of arrival）表示计划到站时刻，ATA（actual time of arrival）表示实际到站时刻。在实际执行中，到站时刻晚于飞机的落地时刻，因为飞机落地后，要经过一段时间的滑行才能到达停机位，飞机打开舱门后，乘客才能离开飞机。

延误时间（delay time）：实际执行时刻与计划时刻的差，就是延误时间。如果差值小于0，实际上就是提前了；如果大于0，就是延误了。若延误时间大于0，则称发生了延误；否则称没有发生延误。

出发延误时间（departure delay time）：只考虑出发时刻对应的延误时间。

到达延误时间（arrival delay time）：只考虑到达时刻对应的延误时间。

实际情况是，提前出发的航班较少，即使有也几乎没有提前20min以上的；但是，提前到达的却是常见的，此时，到达延误时间是负值。另外，在国内，出发延误受到旅客、航空公司以及民航监管部门更多的关注。所以本书重点考虑出发延误，如不特别指明，延误即指出发延误。

过站时间（turnaround time）：在经停机场，本次航班的出发时刻与前序航班的到站时刻之差。过站时间有两种：计划过站时间与实际过站时间，分别对应计划时刻与实际执行的时刻。特别地，对于始发航班，实际上也有过站时间。执行航班的飞机必须提前到达停机位，接受必要的地面服务，等待乘客登机。所有乘客登机并且所有的准备工作都完成后，才能关闭舱门，申请离站。实际关闭舱门的时刻减去实际到达停机位的时刻，即始发航班的实际过站时间，而计划出发时刻减去计划到停机位的时刻即为始发航班的计划过站时间。

飞行时间（flight time）：本次航班的到站时刻减去出发时刻。同样，飞行时间也有两种：计划飞行时间与实际飞行时间。在实际的航班执行过程中，飞行时间与空中时间含义不同，空中时间是飞行时间的一部分，地面滑行时间是另外一部分。因为出发时刻是指飞机做好准备、关闭舱门的时刻，一般情况下也是撤去飞机轮挡的时刻，而到站时刻是飞机已经滑到停机位，打开舱门，乘客可以下飞机的时刻，此时需要给飞机上好轮挡，防止飞机滑动。飞行时间恰好是上好轮挡的时刻减去撤去轮挡的时刻，因为这个缘故，飞行时间有时称为轮挡时间。

最小过站时间（minimum turnaround time）：在理想条件下的最小可能过站时间。实际过站时间不可能小于最小过站时间。

标准过站时间（standard turnaround time）：民航局颁布的民航航班正常统计办法中，对标准过站时间是这样定义的，通常情况下航班过站需要的最少时间。航空公司安排航班计划时，不得少于标准过站时间。不同的机型，以及在不同的出发机场，标准过站时间是不同的。民航局有如下规定：60 座以下的航空器不少于 35min，如 EMB145、ATR72、CRJ200、DORNIER328 和 SAAB340 等；61～150 座的航空器不少于 50min，如 B737（700 型以下）、A319、MD82 和 BAEl46 等；151～250 座的航空器不少于 60min，如 MD90、B767、A310、A320、A321、B757-200 和 B737-800 等；251 座以上的航空器不少于 75min，如 A300、B747、A330、A340、MD11、B777 和 IL86 等。另外，北京、浦东、广州机场航班过站时间在相应机型过站时间基础上增加 15min，虹桥、深圳、成都、昆明机场航班过站时间在相应机型过站时间基础上增加 10min。

严格来说，最小过站时间与标准过站时间的含义不同。最小过站时间理论上是一个极限值，或者说是过站时间的下确界。实际过站时间不可能小于最小过站时间。而标准过站时间是一个监管部门的规定，定义并不严格。实际过站时间有可能小于标准过站时间，此时意味着航班有可能提前出发。

过站缓冲（slack）时间：计划过站时间减去最小过站时间，简称为缓冲时间。一般情况下，航班时刻表的计划过站时间大于最小过站时间，即缓冲时间大于 0。

飞行时间余量（flight time allowance）：计划飞行时间减去最小飞行时间。实际飞行时间不会小于最小飞行时间。

过站耽搁（turnaround delay）时间：在经停机场的实际过站时间与最小计划过站时间之差。按照定义，过站耽搁时间不会小于 0。这里用耽搁一词，而不是延误，有两层含义：一是耽搁是针对过程或阶段而言的，而延误是针对时刻而言的，例如，路上耽搁了一会儿，所以在本书中这两个词出现在不同的场合；二是耽搁未必一定延误，虽然路上耽搁了一会儿，但提前到达了，并没有延误的情况时有发生，可能是与别人约会时为了保险起见，在最少所需时间之外又预留了一段时间。

飞行耽搁（flight delay）时间：实际飞行时间与最小飞行时间之差。按照定义，飞行耽搁时间不会小于 0。

独立延误（independent delay）时间：实际过站时间与标准过站时间之差。独立延误时间可以为负值。除了过站耽搁时间，现在引入独立延误时间的概念。过站耽搁时间有一个很好的性质，即它是非负数，本章中的延误时间函数表达式以及第 11 章的延误时间概率分布函数表达式都用到了这个概念。但是在实际中，这个概念用起来不太方便，因为最小过站时间的统计很麻烦。因而在航班时刻表的优化模型中，采用这个独立延误时间的概念代替过站耽搁时间。这两个概念的本质作用是相同的，都表达了实际过站时间的随机性以及与某个固定时间的随机性偏离。

10.1　航班延误分析

本节给出任意航班的延误时间的函数表达式以及概率分布函数的通项表达式，试图解决航班延误的量化问题。

航班延误的量化问题一直在困扰着航空公司，因为影响航班延误的因素具有随机性、动态性和复杂性。随机性是指恶劣天气、流量控制等因素的影响具有不确定性；动态性是指一架飞机执行的连续航班中，后面的航班延误会受到前面航班的波及影响；复杂性是指航班延误时间与影响因素之间一般是非线性的多元函数关系。

航班时刻表的时间既是公开的承诺，也具有法律的约束力，航班的票价与时刻表是密切相关的。因为有不可抗拒的因素存在，不能保证航班时刻表能按时执行。从世界各国民航运输看，恶劣天气均是影响航班正常的重要因素，也是目前难以克服的因素。天气的变化既是不可抗拒的，也是瞬息万变的，具有不确定性。除了天气的影响，空管、旅客晚到等其他因素对航空公司来讲也具有不确定性的特点。

除了影响航班延误的随机性因素，还有系统性的因素。这些因素主要是针对一种航班延误，一般称为波及延误（propagated delay），该延误是受到前一个航班延误的影响而发生的。它与飞机、机组的行程安排有关。传统意义上的航班运行计划优化的主要目标集中在最大限度地发挥航空公司飞机、机组人员等生产资源的使用效率，其基本前提是假定整个运行过程是严格按计划实施的，可能会导致航班的衔接时间过于紧凑。此时基于上述优化理论所得出的航班计划就会显示出它的弊端，容易导致局部的航班延误迅速扩散为大面积的航班不正常。

目前，航空界对于航班延误产生的机理以及量化的表达并没有彻底搞清楚，对应提出的降低航班延误的措施也难免顾此失彼。

决定航班延误时间的变量主要分为两类：计划过站时间（从而决定了缓冲时间，二者具有等价的作用）以及独立延误时间。缓冲时间是内生变量，而独立延误时间是外生变量。这两类变量之间存在一定的数量关系。本节将给出一个关于航班延误时间的函数表达式。在此基础上，又因为航班延误时间是一个随机变量，再得到航班延误时间的概率分布函数，从而可以完整地表达航班延误时间的概率性质。

10.1.1 问题描述

本小节的任务是要给出航空公司的任意航班延误时间的概率分布函数。由于各个航班包含在不同的航班串中，只要求出每一个航班串中的航班延误时间的概率分布函数，就不难得到整个航空公司的航班延误情况了。下面的工作针对一个航班串进行。

给定：①某航空公司一个航班串的航班时刻表；②执行此航班串的飞机型号；③此型号飞机在各个航段之间飞行耽搁时间的密度函数；④此型号飞机在每个经停机场的过站耽搁时间的密度函数。

求：此航班串中任意航班的出发延误时间的概率分布函数。这里假定飞行耽搁时间与过站耽搁时间独立。

简要说明四个已知条件的含义以及为什么需要这四个条件。首先看后面的两个条件，即过站耽搁时间与飞行耽搁时间的密度函数是已知的，这两类耽搁时间都是随机变量，并且对于航空公司的计划部门来讲，它们是外在的变量，是无法改变的，是一种客观存在的现象。另外，不论是过站耽搁还是飞行耽搁，都有两个重要的特点：一是独立于航班计划，无论航班计划怎么改变，都无法改变这两个变量的概率性质；二是本次航班的过站耽搁以及飞行耽搁都独立于前面航班的过站耽搁以及飞行耽搁，例如，前面的航段之间无论飞行过程中耽搁多长时间，都不能影响后面航段的飞行耽搁，本次航班的飞行耽搁时间仅由本次航班的飞行耽搁时间的概率分布函数决定。

再来看前两个条件。第二个条件是飞机的型号，其他条件相同的情况下，不同的飞机型号飞行时间与过站时间可能不同，最小飞行时间与最小过站时间也可能不同，过站耽搁时间与飞行耽搁时间的密度函数也可能不同。给定机型之后，就无须考虑机型对过站耽搁与飞行耽搁的影响了。第一个条件是航班时刻表，航班时刻表包含了两个重要的参数会对航班延误时间有较大影响，即过站缓冲时间与飞行时间余量。如果两个连续航班之间的缓冲时间为 0，前面航班的到站延误就会百分之百地导致后面航班的延误。但前面航班的到站延误时间再加上过站耽搁的时间，二者之和如果小于缓冲时间，那么后面航班就不会发生出发延误。虽然缓冲时间与飞行余量不会改变过站耽搁时间与飞行耽搁时间，但是对航班延误的波及与吸收却有着重要的影响。因此，航班延误时间的概率分布函数中必定含有缓冲时间与飞行余量这两个参数。

10.1.2　航班延误时间的函数表达式

引理 10-1　（航班延误时间的递推表达式）由一架飞机执行的航班串中，第 n 个航班的延误时间与前序航班的延误时间的关系可由式（10-1）表示：

$$y_n = (y_{n-1} + \hat{x}_{n-1} - W_{n-1})_+ + x_n - T_n \tag{10-1}$$

其中，$(f)_+ = \begin{cases} f, & f > 0 \\ 0, & \text{否则} \end{cases}$；$y_n$ 表示第 n 个航班的出发延误时间；x_n 表示飞机在第 n 个机场的过站耽搁时间；$\hat{x}_{n-1}$ 表示飞机在第 $n-1$ 个航段的飞行耽搁时间；T_n 表示飞机在第 n 个机场的缓冲时间；W_{n-1} 表示飞机在第 $n-1$ 个航段的飞行余量。

特别地：

$$y_1 = x_1 - T_1 \tag{10-2}$$

证明　注意到式（10-1）中的 $y_{n-1} + \hat{x}_{n-1} - W_{n-1}$ 恰为前序航班的到站延误时间，用 z_{n-1} 表示。当 $z_{n-1} > 0$ 时，式（10-1）变为 $y_n = z_{n-1} + x_n - T_n$，意为前序航班发生了到站延误，前序航班的到站延误时间加上在当前机场的过站耽搁时间再减去在当前机场的缓冲时间，正是当前航班的离站延误时间。而当 $z_{n-1} \leq 0$ 时，前序航班提前或者准点到达目的机场，式（10-1）变为 $y_n = x_n - T_n$，说明当前航班的延误只受到飞机在本站的过站耽搁与缓冲时间的影响，这与实际情况是相符的。

因为第一个航班，即始发航班没有前序航班，所以它的延误只受到在出发机场过站的影响，式（10-2）的成立是显然的。证毕。

值得注意的是，由式（10-2）可以得到始发航班可以提前出发的结论，但提前出发的时间不会超过在始发机场的缓冲时间 T_1。一般情况下，航班提前出发的必要条件是乘客全部登机、关好舱门。因而提前出发的时间不会太长，一般不会超过 20min。所以始发航班的缓冲时间一般是不会超过 20min 的。

推论 10-1　（航班延误时间的解析表达式）在一个航班串中，始发航班之后的每个航班的延误时间可由式（10-3）表示：

$$y_2 = (x_1 - T_1 + \hat{x}_1 - W_1)_+ + x_2 - T_2 \tag{10-3}$$

$$y_3 = ((x_1 - T_1 + \hat{x}_1 - W_1)_+ + x_2 - T_2 + \hat{x}_2 - W_2)_+ + x_3 - T_3 \tag{10-4}$$

$$\vdots$$

1. 航班延误时间的概率分布函数

引理 10-2 （正部函数的性质）对于任意的实数变量 x, y, z, t，不等式：

$$x_+ + y \leqslant t \tag{10-5}$$

与不等式组：

$$\begin{cases} y \leqslant t \\ x + y \leqslant t \end{cases} \tag{10-6}$$

等价。

证明 充分性：如果 (x, y) 是式（10-5）的一个解，需证它也是式（10-6）的一个解。当 $x > 0$ 时，式（10-5）变为 $x + y \leqslant t$，同时也有 $y \leqslant t$ 成立，即式（10-6）成立；当 $x \leqslant 0$ 时，式（10-5）变为 $y \leqslant t$，同时也有 $x + y \leqslant t$ 成立，即式（10-6）也成立。

必要性：当 $x > 0$ 时，式（10-5）变为式（10-6）中的第二个不等式，此时若式（10-6）成立，式（10-5）必然成立。当 $x \leqslant 0$ 时，式（10-5）变为式（10-6）中的第一个不等式，此时若式（10-6）成立，式（10-5）也必然成立。证毕。

定理 10-1 始发航班延误时间的概率分布函数可由式（10-7）表示：

$$\overline{F}_1(t) = \int_0^{t+T_1} f_1(x_1) \mathrm{d}x_1 \tag{10-7}$$

其中，$\overline{F}_1$ 为始发航班延误时间 y_1 的分布函数；f_1 为始发航班在出发机场 A_1 的过站耽搁时间 x_1 的概率密度函数；T_1 为始发航班在 A_1 的缓冲时间。

证明 由引理 10-1 中的式（10-2）及分布函数的定义，有

$$F_1(t) = \int_0^{t+T_1} f_1(x_1) \mathrm{d}x_1$$

$$\overline{F}_1(t) = P(y_1 \leqslant t) = P(x_1 \leqslant t+T) = \int_0^{t+T_1} f_1(x_1) \mathrm{d}x_1$$

证毕。

定理 10-2 第二个航班延误时间的概率分布函数可由式（10-8）表示：

$$\overline{F}_2(t) = \iiint_{\substack{x_2 \leqslant t+T_2 \\ x_2 + x_1 + \hat{x}_1 \leqslant t+T_1+T_2+W_1 \\ x_1, \hat{x}_1, x_2 \geqslant 0}} f_1(x_1) \hat{f}_1(\hat{x}_1) f_2(x_2) \mathrm{d}x_1 \mathrm{d}\hat{x}_1 \mathrm{d}x_2 \tag{10-8}$$

证明 由推论 10-1 中的式（10-3）知，随机变量 y_2 是变量 $x_1, \hat{x}_1, x_2$ 的函数，记 y_2 的密度函数为 $\overline{f}_2(y_2) = \overline{f}_2(x_1, \hat{x}_1, x_2)$，于是有

$$\overline{F}_2(t) = P(y_2 \leqslant t) = \int_{y_2 \leqslant t} \overline{f}_2(y_2) \mathrm{d}y_2 = \iiint_{\substack{(x_1-T_1+\hat{x}_1-W_1)_+ + x_2-T_2 \leqslant t \\ x_1, \hat{x}_1, x_2 \geqslant 0}} \overline{f}_2(x_1, \hat{x}_1, x_2) \mathrm{d}x_1 \mathrm{d}\hat{x}_1 \mathrm{d}x_2$$

$$= \iiint_{\substack{x_2 \leqslant t+T_2 \\ x_2+x_1+\hat{x}_1 \leqslant t+T_1+T_2+W_1 \\ x_1, \hat{x}_1, x_2 \geqslant 0}} f_1(x_1) \hat{f}_1(\hat{x}_1) f_2(x_2) \mathrm{d}x_1 \mathrm{d}\hat{x}_1 \mathrm{d}x_2$$

最后一个等号的成立由引理 10-2 及 x_1、$\hat{x}_1$、x_2 三个随机变量的独立性而得。证毕。

一般地，有定理 10-3。

定理 10-3 （任意航班的延误时间的分布函数）航班串中第 n 个航班的延误时间的概率分布函数可由式（10-9）表示：

$$\overline{F}_n(t) = \iiint \cdots \iint_{\substack{x_n \leqslant t+T_n \\ x_n+x_{n-1}+\hat{x}_{n-1} \leqslant t+W_{n-1}+T_{n-1}+T_n \\ \vdots \\ x_n+x_{n-1}+\cdots+x_1+\hat{x}_1+\cdots+\hat{x}_{n-1} \leqslant t+T_1+\cdots+T_n+W_1+\cdots+W_{n-1} \\ x_i \geqslant 0, i=1,2,\cdots,n \\ \hat{x}_i \geqslant 0, i=1,2,\cdots,n-1}} f_1(x_1) \hat{f}_1(\hat{x}_1) \cdots f_n(x_n) \mathrm{d}x_1 \mathrm{d}\hat{x}_1 \cdots \mathrm{d}x_n$$

（10-9）

证明 对于任意的 n，根据联合密度函数定义及独立性假设，有

$$\overline{F}_n(y_n \leqslant t) = \iiint \cdots \iint_{y_n \leqslant t} f_1(x_1) \hat{f}_1(\hat{x}_1) \cdots f_n(x_n) \mathrm{d}x_1 \mathrm{d}\hat{x}_1 \cdots \mathrm{d}x_n$$

因此，只需证明不等式 $y_n \leqslant t$ 与下面的不等式组式（10-10）等价，则式（10-9）成立：

$$\begin{cases} x_n \leqslant t+T_n \\ x_n + x_{n-1} + \hat{x}_{n-1} \leqslant t + W_{n-1} + T_{n-1} + T_n \\ \quad \vdots \\ x_n + x_{n-1} + \cdots + x_1 + \hat{x}_1 + \cdots + \hat{x}_{n-1} \leqslant t + T_1 + \cdots + T_n + W_1 + \cdots + W_{n-1} \\ x_i \geqslant 0, \quad i=1,2,\cdots,n \\ \hat{x}_i \geqslant 0, \quad i=1,2,\cdots,n-1 \end{cases} \quad （10\text{-}10）$$

用数学归纳法。$n=1$、2 的情形，前面已经证过。

假设 $n=k$ 时结论成立，即 $y_k \leqslant t$ 与

$$\begin{cases} x_k \leqslant t+T_k \\ x_k + x_{k-1} + \hat{x}_{k-1} \leqslant t + T_k + T_{k-1} + W_{k-1} \\ \quad \vdots \\ x_k + x_{k-1} + \cdots + x_1 + \hat{x}_1 + \cdots + \hat{x}_{k-1} \leqslant t + T_k + \cdots + T_1 + W_1 + \cdots + W_{k-1} \\ x_i \geqslant 0, \quad i=1,2,\cdots,n \\ \hat{x}_i \geqslant 0, \quad i=1,2,\cdots,n-1 \end{cases}$$

等价。

由引理 10-2 知，不等式 $y_{k+1} = x_{k+1} - T_{k+1} + (y_k + \hat{x}_k - W_k)_+ \leqslant t$ 与下面的不等式组等价：

$$\begin{cases} x_{k+1} - T_{k+1} \leq t \\ x_{k+1} - T_{k+1} + y_k + \hat{x}_k - W_k \leq t \end{cases}$$

此不等式组的第二个不等式 $x_{k+1} - T_{k+1} + y_k + \hat{x}_k - W_k \leq t$ 可化为

$$y_k \leq t + T_{k+1} + W_k - x_{k+1} - \hat{x}_k$$

根据 $n = k$ 时的假设，可知上述不等式与下面的不等式组等价：

$$\begin{cases} x_k \leq t + T_{k+1} + W_k - x_{k+1} - \hat{x}_k + T_k \\ x_k + x_{k-1} + \hat{x}_{k-1} \leq t + T_{k+1} + W_k - x_{k+1} - \hat{x}_k + T_k + T_{k-1} + W_{k-1} \\ \quad\quad \vdots \\ x_k + \cdots + x_1 + \hat{x}_1 + \cdots + \hat{x}_{k-1} \leq t + T_{k+1} + W_k - x_{k+1} - \hat{x}_k + T_k + \cdots + T_1 + W_1 + \cdots + W_{k-1} \\ x_i \geq 0, \quad i = 1, 2, \cdots, n \\ \hat{x}_i \geq 0, \quad i = 1, 2, \cdots, n-1 \end{cases}$$

上述不等式组可简单变为

$$\begin{cases} x_{k+1} + x_k + \hat{x}_k \leq t + T_{k+1} + W_k + T_k \\ x_{k+1} + x_k + x_{k-1} + \hat{x}_k + \hat{x}_{k-1} \leq t + T_{k+1} + T_k + T_{k-1} + W_k + W_{k-1} \\ \quad\quad \vdots \\ x_{k+1} + \cdots + x_1 + \hat{x}_1 + \cdots + \hat{x}_k \leq t + T_{k+1} + T_k + \cdots + T_1 + W_1 + \cdots + W_k \\ x_i \geq 0, \quad i = 1, 2, \cdots, n \\ \hat{x}_i \geq 0, \quad i = 1, 2, \cdots, n-1 \end{cases}$$

此不等式组增添一个不等式 $x_{k+1} - T_{k+1} \leq t$ 后，即与不等式 $y_{k+1} = x_{k+1} - T_{k+1} + (y_k + \hat{x}_k - W_k)_+ \leq t$ 等价。这意味着 $n = k+1$ 时结论成立。证毕。

定理 10-3 中的式（10-9）表明，航班时刻表确定后，只需知道某机型飞机飞行某些航段的飞行耽搁时间的概率分布以及经停机场的过站耽搁时间的概率分布，就可以计算这架飞机连续飞行这些航段的任意航班的延误时间的概率分布，这一点具有重要意义。即使这条航线以前没有飞行过，缺乏实际的延误数据，有了式（10-9），也可以对整条航线的正点率有一个较为可靠的估计。另外，概率分布函数表达式中含有航班计划的成分，从而可以建立航班优化模型，通过改变计划飞行时间或者计划过站时间，来提高正点率方面的差别。而传统的直接统计实际航班延误的方法，无法把航班计划的因素剥离出来，在形式上就掩盖了航班计划对航班延误的影响。

2. 实例

从某航空公司某年某月运行的航班数据中，选取四条相连接的航段：上海—昆明—上海—广州—上海，见表 10-1。前三行表示的是航班时刻表，后 28 行表示的是该月份 28 天中每天执行航班任务的实际数据。

表 10-1　某年某月某航空公司的航班飞行数据（部分）

日期	航段 时刻	上海—昆明		昆明—上海		上海—广州		广州—上海	
		出发时刻	到达时刻	出发时刻	到达时刻	出发时刻	到达时刻	出发时刻	到达时刻
	计划	8:15	11:25	12:25	14:50	15:50	18:00	19:10	21:00
1	执行	8:26	11:17	12:37	15:00	15:52	17:51	19:07	20:35
2	执行	8:28	11:25	12:31	14:53	15:59	17:51	19:21	20:43
3	执行	8:19	11:08	12:33	15:00	16:17	18:10	19:12	20:38
4	执行	8:20	11:28	12:31	14:50	16:02	17:54	19:12	20:36
5	执行	8:21	11:33	12:28	14:42	16:02	17:59	19:16	20:40
6	执行	8:24	11:20	12:38	15:03	16:30	18:32	19:21	20:49
7	执行	8:32	11:31	12:35	15:00	16:05	18:04	19:15	20:39
8	执行	8:40	11:43	12:40	15:13	16:39	18:37	19:36	21:06
9	执行	8:30	11:32	12:39	15:26	16:03	17:57	19:15	20:38
10	执行	8:23	11:39	12:34	14:52	15:58	17:51	19:21	20:41
11	执行	8:29	11:50	12:44	15:01	16:09	18:19	19:18	20:42
12	执行	8:19	11:39	12:17	14:50	16:15	18:19	19:19	20:40
13	执行	8:26	11:25	12:23	14:50	15:54	17:49	19:18	20:41
14	执行	8:22	11:05	12:22	14:43	16:36	18:29	19:26	20:46
15	执行	8:15	11:21	12:26	14:47	16:17	18:13	19:27	20:49
16	执行	8:27	11:33	12:25	14:41	15:50	17:49	19:14	20:36
17	执行	8:17	11:29	12:29	14:51	16:05	18:03	19:28	20:49
18	执行	10:21	13:36	14:22	16:33	17:46	19:54	20:58	22:18
19	执行	8:21	11:35	12:30	15:00	15:56	17:57	19:12	20:46
20	执行	8:29	11:33	12:25	14:42	16:26	18:24	19:23	20:51
21	执行	8:30	11:23	12:32	15:03	16:07	18:03	19:22	20:46
22	执行	8:23	11:34	12:20	14:44	15:59	17:57	19:18	20:43
23	执行	8:20	11:26	12:26	14:51	15:54	17:45	19:22	20:46
24	执行	8:22	11:17	12:24	14:59	15:58	17:50	19:17	20:47
25	执行	8:14	11:15	12:31	15:01	16:27	18:33	19:39	21:05
26	执行	8:25	11:23	12:41	15:15	16:29	18:18	19:14	20:45
27	执行	8:26	11:28	12:25	14:55	16:15	18:06	19:27	20:57
28	执行	8:25	11:23	12:28	14:28	16:04	17:57	19:22	20:50

资料来源：国内某航空公司某年某月实际航班数据。

要求出此航班时刻表下四个航班的延误时间的概率分布函数。为此，先要确定如下的一些参数：①执行此航班串的机型飞机在各个机场的最小过站时间及缓冲时间；②此机型飞机在各个航段之间的最小飞行时间及飞行余量；③此机型飞机在各航段之间的飞行耽搁时间的密度函数；④此机型飞机在各机场的过站耽搁时间的密度函数。

需要说明如下几点。

（1）确定最小过站时间方法：根据实际过站时间的历史数据，选取其中的最小者作为最小过站时间。这个数据未必百分之百准确，但可以作为一个较好的近似。

（2）确定始发机场的缓冲时间方法：历史数据中没有始发航班的到站时刻，既没有计划到站时刻，也没有实际的到站时刻。在这里假定，飞机在始发机场能够保证提前到达停机位，使距离计划出发的时间超过最小过站时间，也就是说，当不发生过站耽搁时，提前出发的时间恰好等于缓冲时间。统计一下始发航班的实际出发延误情况，出现许多负值，表明确实提前出发了。选取提前时间的最大者，可以近似视为缓冲时间。

（3）计算始发航班的过站耽搁时间方法：由于没有始发航班的计划过站时间数据，无法根据定义来直接计算过站耽搁时间。但可以根据引理10-1的结果，只需把实际的延误时间加上缓冲时间即可，而由第（2）点说明，缓冲时间已经可以确定了。

于是，可以经过以下几个步骤：①计算计划飞行时间与计划过站时间；②计算实际飞行时间与实际过站时间，并统计最小飞行时间与最小过站时间；③计算缓冲时间与飞行余量；④计算过站耽搁与飞行耽搁；⑤画出过站耽搁与飞行耽搁的直方图并拟合出密度函数；⑥求得各个航班延误时间的概率分布函数。

1）计算计划飞行时间与计划过站时间

计算方法根据前面的定义：

计划飞行时间=班表到达时刻−班表出发时刻

计划过站时间=本次航班的班表出发时刻−前序航班的班表到达时刻

计算结果见表10-2。其中始发航班的计划过站时间无法计算出来，不过这不影响后面的结论。

表 10-2　各航段的计划飞行时间与计划过站时间　（单位：min）

航段	班表出发时刻	班表到达时刻	计划飞行时间	计划过站时间
上海—昆明	8:15	11:25	190	—
昆明—上海	12:25	14:50	145	60
上海—广州	15:50	18:00	130	60
广州—杭州	19:10	21:00	110	70

资料来源：国内某航空公司某年某月实际航班数据。

2）计算实际飞行时间与实际过站时间，并统计最小飞行时间与最小过站时间计算公式如下：

实际飞行时间=实际到达时刻−实际出发时刻

实际过站时间=本次航班的实际出发时刻−前序航班的到达时刻

计算及统计结果见表 10-3 与表 10-4。

表 10-3 各航段实际飞行时间与实际过站时间

日期	上海—昆明 实际飞行	昆明—上海 实际飞行	实际过站	上海—广州 实际飞行	实际过站	广州—上海 实际飞行	实际过站
1	2时51分	2时23分	1时20分	1时59分	0时52分	1时28分	1时16分
2	2时57分	2时22分	1时06分	1时52分	1时06分	1时22分	1时30分
3	2时49分	2时27分	1时25分	1时53分	1时17分	1时26分	1时02分
4	3时08分	2时19分	1时03分	1时52分	1时12分	1时24分	1时18分
5	3时12分	2时14分	0时55分	1时57分	1时20分	1时24分	1时17分
6	2时56分	2时25分	1时18分	2时02分	1时27分	1时28分	0时49分
7	2时59分	2时25分	1时04分	1时59分	1时05分	1时24分	1时11分
8	3时03分	2时33分	0时57分	1时58分	1时26分	1时30分	0时59分
9	3时02分	2时47分	1时07分	1时54分	0时37分	1时23分	1时18分
10	3时16分	2时18分	0时55分	1时53分	1时06分	1时20分	1时30分
11	3时21分	2时17分	0时54分	2时10分	1时08分	1时24分	0时59分
12	3时20分	2时33分	0时38分	2时04分	1时25分	1时21分	1时00分
13	2时59分	2时27分	0时58分	1时55分	1时04分	1时23分	1时29分
14	2时43分	2时21分	1时17分	1时53分	1时53分	1时20分	0时57分
15	3时06分	2时21分	1时05分	1时56分	1时30分	1时22分	1时14分
16	3时06分	2时16分	0时52分	1时59分	1时09分	1时22分	1时25分
17	3时12分	2时22分	1时00分	1时58分	1时14分	1时21分	1时25分
18	3时15分	2时11分	0时46分	2时08分	1时13分	1时20分	1时04分
19	3时14分	2时30分	0时55分	2时01分	0时56分	1时34分	1时15分
20	3时04分	2时17分	0时52分	1时58分	1时44分	1时28分	0时59分
21	2时53分	2时31分	1时09分	1时56分	1时04分	1时22分	1时19分
22	3时11分	2时24分	0时46分	1时58分	1时15分	1时25分	1时21分
23	3时06分	2时25分	1时00分	1时51分	1时03分	1时24分	1时37分

续表

日期	上海—昆明 实际飞行	昆明—上海 实际飞行	实际过站	上海—广州 实际飞行	实际过站	广州—上海 实际飞行	实际过站
24	2时55分	2时35分	1时07分	1时52分	0时59分	1时30分	1时27分
25	3时01分	2时30分	1时16分	2时06分	1时26分	1时26分	1时06分
26	2时58分	2时34分	1时18分	1时49分	1时14分	1时31分	0时56分
27	3时02分	2时30分	0时57分	1时51分	1时20分	1时30分	1时21分
28	2时58分	2时00分	1时05分	1时53分	1时36分	1时28分	1时25分

资料来源：国内某航空公司某年某月实际航班数据。

表10-4　各航段的最小飞行时间与最小过站时间

航段	最小飞行时间	最小过站时间
上海—昆明	2时43分	—
昆明—上海	2时00分	0时38分
上海—广州	1时49分	0时37分
广州—杭州	1时20分	0时49分

资料来源：国内某航空公司某年某月实际航班数据。

需要说明的是，这里统计的最小飞行时间与最小过站时间分别是这一个月的实际飞行时间与实际过站时间的最小者，未必就是理想状态下的最小飞行时间与最小过站时间，这种统计方法可能会导致一些误差。另外，始发航班的实际过站时间的数据无法计算出来，从而始发机场的最小过站时间也无法统计出来，不过，这不会影响后面的结果。这里需要的关键数据是缓冲时间与过站耽搁时间。后面的缓冲时间与飞行余量的计算将采用另外的办法来得到这些关键数据。

3）计算缓冲时间与飞行余量

计算公式如下：

$$缓冲时间=计划过站时间-最小过站时间$$
$$飞行余量=计划飞行时间-最小飞行时间$$

计算结果见表10-5。

表10-5　各航段的缓冲时间与飞行余量　　（单位：min）

航段	缓冲时间	飞行余量
上海—昆明	14	27
昆明—上海	22	25
上海—广州	23	21
广州—杭州	21	30

资料来源：国内某航空公司某年某月实际航班数据。

特别地，始发航班，即上海至昆明的缓冲时间为 14min，这个数字是统计出来的，并非经过计算而得。因为始发航班的缓冲时间决定了始发航班提前出发的最大量，所以就实际统计这一个月始发航班提前出发的时间，选取其中的最大者作为缓冲时间。始发航班的提前出发量见表 10-6。

表 10-6　始发航班的提前出发量　　　　　　　（单位：min）

日期	始发航班的提前出发量	日期	始发航班的提前出发量
1	2	15	13
2	0	16	1
3	9	17	11
4	8	18	−113
5	7	19	7
6	4	20	−1
7	−4	21	−2
8	−12	22	5
9	−2	23	8
10	5	24	6
11	−1	25	14
12	9	26	3
13	2	27	2
14	6	28	3

资料来源：国内某航空公司某年某月实际航班数据。

一般情况下，航班提前出发超过 20min 是不可想象的。另外，始发航班的缓冲时间是通过飞机提前到达停机位而实现的，要求始发航班过早提前到达停机位，在管理上可能会存在一些困难。还有一个需要考虑的因素是乘客的影响。所有乘客都提前很多时间登机的情况发生的可能性也极小。这些理由解释了为什么始发航班的缓冲时间明显比后面的航班少许多。

4）计算过站耽搁与飞行耽搁

计算公式如下：

过站耽搁=实际过站时间−最小过站时间

飞行耽搁=实际飞行时间−最小飞行时间

计算结果见表 10-7。

表10-7　各航段的过站耽搁与飞行耽搁　　　　（单位：min）

上海—昆明		昆明—上海		上海—广州		广州—上海	
过站耽搁	飞行耽搁	过站耽搁	飞行耽搁	过站耽搁	飞行耽搁	过站耽搁	飞行耽搁
12	8	42	23	15	10	27	8
14	14	28	22	29	3	41	2
5	6	47	27	40	4	13	6
6	25	25	19	35	3	29	4
7	29	17	14	43	8	28	4
10	13	40	25	50	13	0	8
18	16	26	25	28	10	22	4
26	20	19	33	49	9	10	10
16	19	29	47	0	5	29	3
9	33	17	18	29	4	41	0
15	38	16	17	31	21	10	4
5	37	0	33	48	15	11	1
12	16	20	27	27	6	40	3
8	0	39	21	76	4	8	0
1	23	27	21	53	7	25	2
13	23	14	16	32	10	36	2
3	29	22	22	37	9	36	1
127	32	8	11	36	19	15	0
7	31	17	30	19	12	26	14
15	21	14	17	67	9	10	8
16	10	31	31	27	7	30	4
9	28	8	24	38	9	32	5
6	23	22	25	26	2	48	4
8	12	29	35	22	3	38	10
0	18	38	30	49	17	17	6
11	15	40	34	37	0	7	11
12	19	19	30	43	2	32	10
11	15	27	0	59	4	36	8

资料来源：国内某航空公司某年某月实际航班数据。

5）画出过站耽搁与飞行耽搁的直方图并拟合出密度函数

过站耽搁与飞行耽搁的直方图如图10-1所示。假定飞行员的技术与实际表现是稳定的，则飞行耽搁时间只取决于飞行过程中的不确定因素，如气流等气象条件。不确定因素决定了飞行耽搁时间的概率分布的形态和参数。所以，航段确定后，飞行耽搁时间的密度函数的形态就确定了。

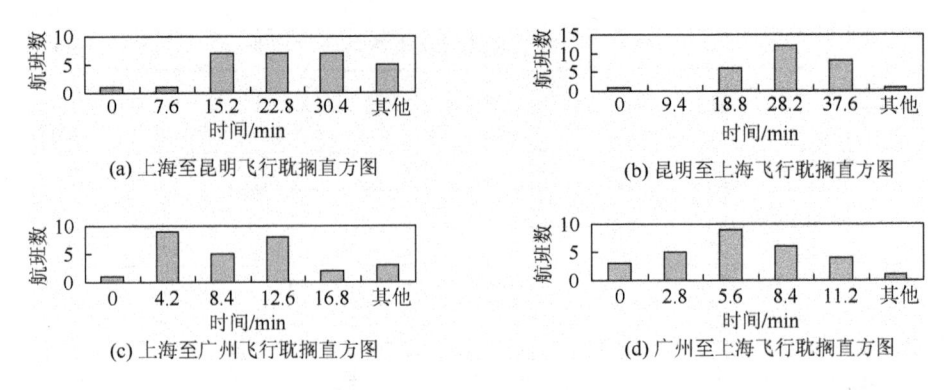

图 10-1 各航段飞行耽搁直方图

过站耽搁时间的密度函数受到很多因素的影响，如地面服务的水平、乘客登机的情况、机场的繁忙程度、机场的气象条件、空管等。随着航空公司及机场的地面服务工作的水平不断提高，因地面服务而引起的过站耽搁越来越少。这里假定过站耽搁主要取决于机场的繁忙程度以及当地的气象等各种客观条件，而这些条件是航空公司难以改变的，只能把过站耽搁视为固定不变的外在变量。因而，机场给定之后，在同样的季节，一天中的同样时段，过站耽搁时间的密度也随之而定。

用正态分布来拟合这些直方图，密度函数的参数见表 10-8。

表 10-8 各变量的密度函数的参数

航段	过站耽搁时间密度函数		飞行耽搁时间密度函数	
	均值	标准差	均值	标准差
上海—昆明	14.4	22.8	20.5	9.4
昆明—上海	24.3	11.4	24.2	9
上海—广州	37.3	15.9	8	5.3
广州—杭州	24.9	12.8	5.1	3.7

资料来源：国内某航空公司某年某月实际航班数据。

观察过站耽搁时间与飞行耽搁时间的密度函数的特征，可以看出二者有明显的区别：总体上，飞行耽搁时间的方差是远远小于过站耽搁时间的方差的。因为实际飞行时间的方差与飞行耽搁时间的方差是相同的，两者的均值之差是一个常数：最小飞行时间。这说明在实际的飞行中，飞行时间是相对稳定的，距离均值的偏差不会太大。为了使问题简化，很多文献中把飞行时间视为常数是有一定道理的。而过站时间由于受到许多不利因素影响的叠加，不确定性更强，方差更大。

把表 10-5 与表 10-8 合起来得到表 10-9，更容易比较航班计划中缓冲时间、飞行余量以及过站耽搁、飞行耽搁的均值和标准差。

表 10-9　航班过程中的关键参数　　　　　（单位：min）

航段	过站阶段			飞行阶段		
	过站耽搁均值	缓冲时间	过站耽搁标准差	飞行耽搁均值	飞行余量	飞行耽搁标准差
上海—昆明	14.4	14	22.8	20.5	27	9.4
昆明—上海	24.3	22	11.4	24.2	25	9
上海—广州	37.3	23	15.9	8	21	5.3
广州—杭州	24.9	21	12.8	5.1	30	3.7

资料来源：国内某航空公司某年某月实际航班数据。

6）求得各个航班延误时间的概率分布函数

先写出各过站耽搁时间与飞行耽搁时间的密度函数：

$$f_1(x) = \frac{1}{22.8\sqrt{2\pi}} \exp[-(x-14.4)^2/22.8^2]$$

$$\hat{f}_1(x) = \frac{1}{9.4\sqrt{2\pi}} \exp[-(x-20.5)^2/9.4^2]$$

$$f_2(x) = \frac{1}{11.4\sqrt{2\pi}} \exp[-(x-24.3)^2/11.4^2]$$

$$\hat{f}_2(x) = \frac{1}{9\sqrt{2\pi}} \exp[-(x-24.2)^2/9^2]$$

$$f_3(x) = \frac{1}{15.9\sqrt{2\pi}} \exp[-(x-37.3)^2/15.9^2]$$

$$\hat{f}_3(x) = \frac{1}{5.3\sqrt{2\pi}} \exp[-(x-8)^2/5.3^2]$$

$$f_4(x) = \frac{1}{12.8\sqrt{2\pi}} \exp[-(x-24.9)^2/12.8^2]$$

然后利用定理 10-3 的结论写出各个航班的延误时间的概率分布函数：

$$\overline{F}_1(t) = \int_0^{t+T_1} f_1(x_1)\mathrm{d}x_1 = \int_0^{t+14} f_1(x_1)\mathrm{d}x_1$$

$$\overline{F}_2(t) = \iiint_{\substack{x_2 \leq t+22 \\ x_2+x_1+\hat{x}_1 \leq t+63 \\ x_1,\hat{x}_1,x_2 \geq 0}} f_1(x_1)\hat{f}_1(\hat{x}_1)f_2(x_2)\mathrm{d}x_1\mathrm{d}\hat{x}_1\mathrm{d}x_2$$

$$\overline{F}_3(t) = \iiiint_{\substack{x_3 \leq t+23 \\ x_3+x_2+\hat{x}_2 \leq t+70 \\ x_3+x_2+\hat{x}_2+x_1+\hat{x}_1 \leq t+111 \\ x_1,\hat{x}_1,x_2 \geq 0}} f_1(x_1)\hat{f}_1(\hat{x}_1)f_2(x_2)\hat{f}_2(\hat{x}_2)f_3(x_3)\mathrm{d}x_1\mathrm{d}\hat{x}_1\mathrm{d}x_2\mathrm{d}\hat{x}_2\mathrm{d}x_3$$

$$\overline{F}_4(t) =$$
$$\iiiint\!\!\iint_{\substack{x_4 \leq t+21 \\ x_4+x_3+\hat{x}_3 \leq t+65 \\ x_4+x_3+\hat{x}_3+x_2+\hat{x}_2 \leq t+112 \\ x_4+x_3+\hat{x}_3+x_2+\hat{x}_2+x_1+\hat{x}_1 \leq t+153 \\ x_1,\hat{x}_1,x_2 \geq 0}} f_1(x_1)\hat{f}_1(\hat{x}_1)f_2(x_2)\hat{f}_2(\hat{x}_2)f_3(x)\hat{f}_3(\hat{x}_3)f(x_4)$$

$$\mathrm{d}x_1\mathrm{d}\hat{x}_1\mathrm{d}x_2\mathrm{d}\hat{x}_2\mathrm{d}x_3\mathrm{d}\hat{x}_3\mathrm{d}x_4$$

3. 小结

本小节通过过程分解来分析连续航班延误时间的波及和吸收，对于正确判断延误的真正原因非常重要。例如，看表 10-1 中 18 日的一条数据，航班发生了最严重的始发延误，延误时间为 126min，原始的航班记录中注明延误原因是上海机场大雪，飞行条件达不到要求。这导致后续三个航班皆发生了严重延误，其中昆明返回上海的航班延误 117min，上海至广州的航班延误 116min，广州至上海的航班延误 108min。可以看出，延误在减轻，也可以说延误被层层吸收了一部分。那么后面三个航班延误的真实原因其实就是延误的波及，或者说是前面航班的延误所造成的。原始记录中延误原因确实正确地都注明为上海机场的天气原因，而与昆明、广州机场无关。此航班出发时已经是下午 5 点多，根据过程分解的分析结果，此时过站耽搁时间仅为 13min，完全在正常的范围内。据此可以判断，上海机场雪已停止，并且基本恢复正常。

把一个航班过程分成两个主要的阶段来考虑，一是过站阶段，二是飞行阶段。可以想象，在每个阶段，如果耽搁时间不超过缓冲时间，说明这个阶段顺利；否则可以说这个阶段遇到了一些麻烦，实际执行的时间超过了计划时间。假如计划确定，那么每个阶段的航班任务顺利与否不仅与耽搁时间的均值有关，而且与方差有关。

10.2 航班延误顺延情景分析

顺延情景分析是指在不取消和合并航班、不改变航班串中航班衔接关系的情况下，根据航班放行优先序规律，对未来时段的航班起降时刻进行预估，给出可能发生的航班延误情景的分析方法。该方法的研究旨在帮助航班延误应对决策者对航班延误形势进行合理判断，同时为航班调整提供依据和支持。

民航企业在安排航班起降时，往往根据国际惯例按一定的优先顺序进行操作，在发生航班延误的情况下，对航班时刻进行调整时，决策者也会遵循这样的优先顺序进行航班时刻安排或调整，重要性越高的航班具备越高的起降优先权。假设优先权顺序如下。
（1）载有重要旅客（very important person，VIP）的航班。
（2）衔接航班有重要旅客（衔接航班载有 VIP）。
（3）国际远程航班。
（4）有宵禁限制的航班。
（5）过夜航班。
（6）计划起降时刻较早的航班。

本节将根据以上优先权原则，对航班延误顺延情景分析进行建模，并以某航空公司某天的数据为例，进行实证分析。

10.2.1 顺延情景分析模型

在顺延情景分析过程中，主要考虑以下几方面。
（1）顺延目标是尽可能保证航班按照优先权顺序安排起降。
（2）航班起降需满足航班串中航班衔接可行性。即同一架飞机执行的多个航班，必须满足前面航班执行完成且符合过站时间要求后，才能安排后续航班。
（3）每个时段（如每小时）安排起降的航班数量不能超过各时段的指定机场的航班处理能力。
（4）已起飞航班必须在最迟落地时刻降落（油量限制）。

考虑到以上几方面，进行数学建模如下。

变量和参数列表：F 表示所有航班集合；F_k 表示各类航班集合，其中 $k=1$ 表示已落地航班，$k=2$ 表示未起飞航班，$k=3$ 表示空中飞行航班，$k=4$ 表示登机航班，即旅客正在登机中的航班，$k=5$ 表示客齐航班，即旅客登机完成航班，$k=6$ 表示推出航班，即执行飞机已推出停机位等待起飞的航班，显然，$F = F_1 \cup F_2 \cup F_3$ 并且 $F_4 \cup F_5 \cup F_6 \subset F_2$；$L_i$ 表示航班串 i；$l_{i,j}$ 表示航班串 i 中的第 j 个航班；$Dp_{i,j}$、$Ap_{i,j}$ 表示 $l_{i,j}$ 的起飞机场和落地（目的）机场；$TA_{i,j}$ 表示 $l_{i,j} \in F_3$ 的最迟落地时刻；$D_{i,j}$ 表示 $l_{i,j} \in F_2$ 的计划起飞时刻或者 $l_{i,j} \in F_1 \cup F_3$ 的实际起飞时刻；$A_{i,j}$ 表示 $l_{i,j} \in F_2 \cup F_3$ 的计划落地时刻或者 $l_{i,j} \in F_1$ 的实际落地时刻；$t_{i,j}$ 表示 $l_{i,j}$ 计划飞行时间，即计划落地时刻与计划起飞时刻的时间差；$P_{i,j}$ 表示 $l_{i,j}$ 的起降优先序，$P_{i,j}$ 越小表示优先序越靠前，即优先权重越大；$G_{i,j}$ 表示航班 $l_{i,j}$ 在机场 $Ap_{i,j}$ 的标准过站时间；M 表示足够大的数；$En_r[t_1,t_2)$ 表示机场 r 在时段 $[t_1,t_2)$ 的跑道起降能力，例如，$En_r[7:00,8:00)=10$ 表示机场 r 在 7:00～8:00 时段最大能起飞和降落的航班总量为 10。

假设：调整后航班起降时刻均匀分布在各个时段内。

那么针对每个机场，按照各时段航班起降能力就把时间轴分成了若干时间刻度，作为备选航班时刻，记 T_r 为机场 r 备选航班时刻集合。

决策变量列表：$\tilde{D}_{i,j}$ 表示航班 $l_{i,j} \in F_4 \cup F_5 \cup F_6$ 调整后的起飞时刻；$\hat{D}_{i,j}$ 表示航班 $l_{i,j} \in F_2$ 调整后的起飞时刻；$\hat{A}_{i,j}$ 表示航班 $l_{i,j} \in F_2 \cup F_3$ 调整后的落地时刻。

数学模型如下。

模型（P1）：

$$\max_{l_{i,j}, l_{k,l} \in F_4 \cup F_5 \cup F_6} \sum_{i \neq k} (M \times u_{i,j,k,l} - \tilde{D}_{i,j}) \tag{10-11}$$

$(\tilde{D}_{i,j} - \tilde{D}_{k,l})(u_{i,j,k,l} - 0.5) > 0$, $\mathrm{Dp}_{i,j} = \mathrm{Dp}_{k,l}$, $i \neq k$, $l_{i,j} \in F_m$, $l_{k,l} \in F_n$, $m > n$ （10-12）

$(\tilde{D}_{i,j} - \tilde{D}_{k,l})(u_{i,j,k,l} - 0.5) > 0$, $\mathrm{Dp}_{i,j} = \mathrm{Dp}_{k,l}$, $P_{i,j} > P_{k,l}$, $i \neq k$, $l_{i,j} \in F_m$, $l_{k,l} \in F_n$, $m = n$

（10-13）

$(\tilde{D}_{i,j} - \tilde{D}_{k,l})(D_{i,j} - D_{k,l})(u_{i,j,k,l} - 0.5) > 0$, $\mathrm{Dp}_{i,j} = \mathrm{Dp}_{k,l}$, $P_{i,j} = P_{k,l}$, $i \neq k$, $l_{i,j} \in F_m$, $l_{k,l} \in F_n$, $m = n$

（10-14）

$$\tilde{D}_{i,j} \geq D_{i,j} \tag{10-15}$$

$\tilde{D}_{i,j} \in T_{\mathrm{Dp}_{i,j}}$；$l_{i,j}, l_{k,l} \in F_4 \cup F_5 \cup F_6$；$u_{i,j,k,l}, v_{i,j}$ 为 0，1 变量 （10-16）

规划（P1）的目标函数式使起降优先权高的航班尽可能早安排，式（10-12）～式（10-14）是对目标的保障约束，式（10-15）保证航班不能早于计划执行，式（10-16）是变量约束和说明。

通过规划（P1），可以计算航班 $l_{i,j} \in F_4 \cup F_5 \cup F_6$ 的 $\tilde{D}_{i,j}$。将 $\tilde{D}_{i,j}$ 值赋值给 $D_{i,j}$，并令 $\tilde{D}_0 = \{\tilde{D}_{i,j}\}, F_3' = F_3 \cup F_4 \cup F_5 \cup F_6$。通过规划（P2）计算其他航班的调整时刻。

模型（P2）：

$$\max \sum_{\substack{i \neq k l_{i,j} \\ l_{k,l} \in F_2 \cup F_3'}} \left(M \times u_{i,j,k,l} - \sum_{l_{i,j} \in F_2 \cup F_3'} (\hat{D}_{i,j} + \hat{A}_{i,j}) \right) \tag{10-17}$$

$(\hat{D}_{i,j} - \hat{D}_{k,l})(u_{i,j,k,l} - 0.5) > 0$, $\mathrm{Dp}_{i,j} = \mathrm{Dp}_{k,l}$, $P_{i,j} > P_{k,l}$, $i \neq k$, $l_{i,j} \in F_2$, $l_{k,l} \in F_2$ （10-18）

$(\hat{A}_{i,j} - \hat{A}_{k,l})(u_{i,j,k,l} - 0.5) > 0$, $\mathrm{Ap}_{i,j} = \mathrm{Ap}_{k,l}$, $P_{i,j} > P_{k,l}$, $i \neq k$, $l_{i,j}, l_{k,l} \in F_2 \cup F_3'$ （10-19）

$(\hat{D}_{i,j} - \hat{A}_{k,l})(u_{i,j,k,l} - 0.5) > 0$, $\mathrm{Dp}_{i,j} = \mathrm{Ap}_{k,l}$, $P_{i,j} > P_{k,l}$, $i \neq k$, $l_{i,j} \in F_2$, $l_{k,l} \in F_2 \cup F_3'$ （10-20）

$(\hat{A}_{i,j} - \hat{D}_{k,l})(u_{i,j,k,l} - 0.5) > 0$, $\mathrm{Ap}_{i,j} = \mathrm{Dp}_{k,l}$, $P_{i,j} > P_{k,l}$, $i \neq k$, $l_{i,j} \in F_2 \cup F_3'$, $l_{k,l} \in F_2$ （10-21）

$(D_{i,j} - D_{k,l})(\hat{D}_{i,j} - \hat{D}_{k,l})(u_{i,j,k,l} - 0.5) > 0$, $\mathrm{Dp}_{i,j} = \mathrm{Dp}_{k,l}$, $P_{i,j} = P_{k,l}$, $i \neq k$, $l_{i,j}, l_{k,l} \in F_2$ （10-22）

$(A_{i,j} - A_{k,l})(\hat{A}_{i,j} - \hat{A}_{k,l})(u_{i,j,k,l} - 0.5) > 0$, $\mathrm{Ap}_{i,j} = \mathrm{Ap}_{k,l}$, $P_{i,j} = P_{k,l}$, $i \neq k$, $l_{i,j}, l_{k,l} \in F_2 \cup F_3'$

（10-23）

$$(D_{i,j} - A_{k,l})(\hat{D}_{i,j} - \hat{A}_{k,l})(u_{i,j,k,l} - 0.5) > 0, \quad \mathrm{Dp}_{i,j} = \mathrm{Ap}_{k,l}, \; P_{i,j} = P_{k,l}, \; i \neq k, \; l_{i,j} \in F_2, \; l_{k,l} \in F_2 \bigcup F_3' \tag{10-24}$$

$$(A_{i,j} - D_{k,l})(\hat{A}_{i,j} - \hat{D}_{k,l})(u_{i,j,k,l} - 0.5) > 0, \quad \mathrm{Ap}_{i,j} = \mathrm{Dp}_{k,l}, \; P_{i,j} = P_{k,l}, \; i \neq k, \; l_{i,j} \in F_2 \bigcup F_3', \; l_{k,l} \in F_2 \tag{10-25}$$

$$\hat{D}_{i,j} \geqslant D_{i,j}, \quad l_{i,j} \in F_2 \tag{10-26}$$

$$\hat{A}_{i,j} \geqslant \hat{D}_{i,j} + t_{i,j}, \quad l_{i,j} \in F_2 \tag{10-27}$$

$$\hat{A}_{i,j} \geqslant D_{i,j} + t_{i,j}, \quad l_{i,j} \in F_3' \tag{10-28}$$

$$\hat{A}_{i,j} + G_{i,j} \leqslant \hat{D}_{i,j+1}, \quad l_{i,j} \in F_2 \bigcup F_3' \tag{10-29}$$

$$\hat{D}_{i,j} \geqslant A_{i,j-1} + G_{i,j-1}, \quad l_{i,j} \in F_2, \; l_{i,j-1} \in F_1 \tag{10-30}$$

$$\hat{A}_{i,j} \leqslant TA_{i,j} + t_{i,j}, \quad l_{i,j} \in F_3 \tag{10-31}$$

$$\hat{D}_{i,j}, \hat{A}_{i,j} \in T_{\mathrm{Dp}_{i,j}} \setminus \tilde{D}_0, \quad u_{i,j,k,l}, v_{i,j} \text{均为 0-1 整数变量} \tag{10-32}$$

规划（P2）的目标函数式使起降优先权高的航班尽可能早安排，式（10-18）～式（10-25）、式（10-27）～式（10-31）是对目标的保障约束，式（10-26）保证航班不能早于航班计划安排，式（10-33）是变量约束和说明。

10.2.2 算例

以某航空公司某天的首都机场（简称：京；机场代码：PEK）航后数据为样本。

假设当前时刻为北京时间 10:00，由于大雾影响，首都机场出现大面积航班延误，根据本节的模型算法来进行航班延误顺延情景分析（以目标时刻为 12:00 为例，即以 10:00～12:00 顺延情景为例）；假设国内主要航线为京沪（机场代码：SHA，PVG）、京蓉（机场代码：CTU）、京穗（机场代码：CAN）、京杭（机场代码：HGH）、京深（机场代码：SZX）、京港（机场代码：HKG）、京哈（机场代码：HRB）。首都机场每个时段航班起降能力如表 10-10 所示。

表 10-10 首都机场在航班的每个时段处理能力

时段	10:00～11:00	11:00～12:00
航班起降量	42	33

当天班表计划中 VIP 所在航班以及衔接有 VIP 的航班如表 10-11 所示。

表 10-11 VIP 航班及衔接有 VIP 的航班

航班号	所在航班串号	起飞机场	计划起飞时刻	计划落地时刻	落地机场	是否载有 VIP 旅客
A181	18	CKG	9:00:00	11:30:00	PEK	是
A182	18	PEK	12:30:00	15:00:00	CKG	是
A183	18	CKG	16:00:00	18:30:00	PEK	否
A184	18	PEK	19:30:00	22:00:00	CKG	是
A621	62	PEK	11:00:00	13:45:00	CTU	是
A641	64	CTU	8:00:00	10:30:00	PEK	否
A642	64	PEK	12:00:00	14:45:00	CTU	是
A651	65	PEK	8:00:00	10:45:00	CTU	否
A652	65	CTU	12:00:00	14:30:00	PEK	是

按照 10.2.1 小节模型算法，可得到表 10-12、表 10-13 的结果。

表 10-12 顺延情景下的航班计划表

序号	航班串号	起飞机场	计划起飞时刻	计划落地时刻	落地机场	优先级标识	顺延预计起飞时间	顺延预计落地时间	延误时间
1	54	PEK	8:45	10:50	TAO	28	10:00	12:05	1时15分
2	39	PEK	7:50	9:40	YNJ	32	10:01	11:51	2时11分
3	8	PEK	7:55	11:25	ZHA	32	10:02	13:32	2时07分
4	65	PEK	8:00	10:45	CTU	32	10:04	12:49	2时04分
5	28	PEK	8:10	9:10	DAT	32	10:05	11:05	1时55分
6	15	PEK	8:10	9:10	XIL	32	10:07	11:07	1时57分
7	31	PEK	8:25	10:10	HRB	32	10:08	11:53	1时43分
8	27	PEK	8:30	9:45	DLC	32	10:10	11:25	1时40分
⋮	⋮	⋮	⋮	⋮	⋮	⋮	⋮	⋮	⋮
71	6	FRA	2:20	11:50	PEK	28	2:20	11:50	0时00分
72	33	KIX	8:30	11:50	PEK	28	8:32	11:52	0时02分
73	35	PEK	11:40	12:55	SHE	32	11:54	13:09	0时14分
74	46	NGO	8:20	11:55	PEK	28	8:21	11:56	0时01分
75	17	PEK	11:40	14:30	XMN	32	11:58	14:48	0时18分

表 10-13 顺延情景下的航班运行模拟状态统计表

航线		出港延误 31~60min			进港延误 31~60min			出港延误 61min 及以上			进港延误 61min 及以上		
		航班量	旅客量	含VIP航班量	航班量	旅客量	含VIP航班量	航班量	旅客量	含VIP航班量	航班量	旅客量	含VIP航班量
不满足宵禁的国际航班		0		0							0		0
国际远程航班		0		0							1		0
其他国际航班		0		0							0		0
国内主要航线	京沪（虹桥）	0		0							0		0
	京沪（浦东）	1		1							0		0
	京蓉	1		1							1		0
	京穗	0		0							0		0
	京杭	1		1							0		0
	京深	1		1							1		0
	京港	1		1							0		0
	京哈	1		1							1		0
国内其他航线		9		0							9		0
合计		15		6							13		0

10.2.3 小结

航班延误影响航空安全，尤其是大面积航班延误发生时，机场起降能力无法满足航班按照计划时刻起降的需求，势必要求航空企业在保障运行安全的前提下合理调整航班计划，以满足后续航班生产需求。这里的合理性在我国航空业主要表现为：优先序原则下，优先级别越高的航班，其延误时间越短。

面向国内航空企业对航班延误下航班时刻调整优化，尤其是大面积航班延误下航班时刻的重新安排，在不考虑航班取消合并、飞机调换、机组调整和旅客调整的情况下，本节通过情景分析的方式，对航班计划时刻进行调整优化建模，通过算例展示模型算法的可行性。不难发现，顺延情景分析实际上给出了在假设前提下按照航班优先起降原则进行的航班时刻调整方案。同时，由于不考虑取消合并、飞机调换等，而且优化目标以航班优先序保障为第一原则，在实际应用中，所给方案往往不能作为最终方案实施，而是为航空企业全面考虑飞机、机组、旅客时的航班计划调整提供初步方案，航空企业管理人员在此方案基础上进行微调，可以迅速获得航班调整可行方案。

10.3 资源量与开工时刻双重限制下航空公司地面作业排序问题

地面作业，是指从飞机进港到离港过程中，对飞机、乘客、行李货物等所做的一系列地面保障工作，例如，清洁、飞机加油、上水、更换食物等。当航班延误发生时，如何合理安排地面作业，提高工作效率，最大限度地减少航班延误是航空公司管理层面临的一个重要课题。这个问题可从两个层面来考虑。

首先，从单机的层面考虑，一架飞机的地面作业包括若干个工序。有些研究利用网络优化技术，特别是利用关键路径的方法来优化一架飞机的地面作业[1-3]。

其次，在单机地面作业优化的基础上，考虑一段时间内多架飞机地面作业的合理安排。大型航空公司在重要机场，一天中降落起飞的飞机可能会有几十架，甚至上百架。多机问题比单机问题更为复杂，很多情况下会出现 NP 难问题。郑洁和高剑明[4]、解天荣[5]探讨过此类问题。现在考虑多飞机的调度问题，问题可描述如下：若干架飞机在不同时刻降落在某机场，希望在计划起飞时刻前完成各自的地面作业；而每架飞机的开始作业时刻不能早于落地时刻；另外，如果把每架飞机的作业看作一个任务，那么可把地面作业人员视为一种资源，而资源的数量是有限的。问题是如何安排每架飞机的开始作业时刻，使产生最大延误的那架飞机的延误时间最少。这是一个资源量和开工时刻双重限制的排序（scheduling）问题。

排序问题，有人也称为调度问题。解决排序问题就是要找到一个最优排序，使目标函数达到最优。经典的排序问题把工作视为零件，需要机器来加工。早期对该类问题的算法的有效性的研究多关注单处理机（single machine）问题，后来 Carlier[6]讨论了平行机（parallel machines）问题。Baker 和 Su[7]、Grabowski 等[8]，McMahon 和 Florian[9]讨论具有到达时刻（arrival time）和完工期限（due date）的排序问题，这类问题有了开工时刻限制，即每个任务的开工时刻不能早于到达时刻。Potts[10]、Carlier[6, 11]、Grabowski 等[8]基于对关键路径的研究，得到有关问题的算法的解和最优解的近似比值。

但是机器或处理机概念下的排序模型不能解决现在考虑的问题。因为经典意义下的机器概念中一个暗含的假设是：每个工件在某一时刻最多由一台机器来加工。这与并行处理的概念截然不同。并行处理的含义下，多个处理器可以同时处理一个任务。所以用处理器（processor）的概念代替机器（machine）。现在的问题与经典的生产领域的机器排序问题（production scheduling）有了一个很大的不同，可称为多处理器任务排序（multiprocessor task scheduling）[12, 13]或并行任务调度（parallel job scheduling）[14, 15]。

并行任务调度问题可以分为两种情况。

第一种情况下任务之间有序关系，实际上是项目排序问题（project scheduling problem）。项目排序问题一般都有资源的限制，就是说资源不是无限供给的，称为资源限制下的项目排序问题（resource constraints project scheduling problem, RCPSP）。这个问题在项目管理和生产调度等领域中的实际重要性，引起了排序领域以及组合优化领域的研究者的关注。这类问题的精确算法主要有 0-1 规划[16]、动态规划[17]、利用分枝-定界的穷举法[18]。由于 RCPSP 为 NP 难问题，精确算法最多只能处理大约 60 个任务。所以在实际中，主要运用启发式算法来处理 PCPSP。Kochetov 和 Stolyar[19]运用基于路径再连接、禁忌搜索、领域搜索的演进算法。Zhang 等[20]运用了蜂群优化算法。Mobini 等[21]运用了分散搜索算法。Debels 等[22]的方法是一种杂交的分散搜索电磁学算法。Alcaraz 等[23]运用了基因算法。Mobini 等[24]提供了一个人工免疫算法。

第二种情况下任务之间相互独立。如果任务的开工时刻没有限制，则问题相对简单一些。Beaumont 和 Marchal[25]断言，大多数相互独立的、可中断的延展性（malleable）任务排序问题是多项式时间可解的（延展性是指某工件的处理时间长短和使用的资源数量有关系。例如，对 Boeing 737 清洁工作可以使用的人数为 6 人、8 人和 12 人三种情况，三种情况下相应的处理时间也是不同的）。例如，Beaumont 和 Marchal[25]考虑了一种特殊的情况，即每个任务的处理时间与所用资源数量的乘积为常数，并证明了当目标函数为最大完工时间时，这个问题在 $O(n^2)$ 时间内可解。但是如果要求任务不可中断，问题则是 NP 难的，如果再加上开工时间的限制，则问题也是 NP 难的。

现在考虑的问题属于各个任务之间相互独立的情况，任务不可中断的假设是合理的，所以问题是 NP 难的。因为有开工时间的限制，问题又变得更为复杂。本节将给出这个问题的一个启发式算法，内容安排如下：先描述问题的模型，并估计出一个最优解的范围，然后给出一个启发式算法。本节的重点是：给出这个启发式算法的近似解与最优解的误差的表达式以及详细的证明。

10.3.1 模型

给定 n 个任务（书中有时称为工作、工件，含义相同）的集合 $T=\{J_1,J_2,\cdots,J_n\}$；m 个相同的处理器（是一种资源，在本书考虑的问题中，指处理工作的人）的集

合 $\{1, 2, \cdots, m\}$。任务之间相互独立，任务不可中断。每个任务有一个到达时刻 r_i，还有一个要求完工的期限（due date）d_i。如果完工时刻恰好等于 d_i，那就是准时（on time）完工，也有可能提前完工或者延误。另外假设，每件工作的处理时间与使用的资源数量成反比。

记 $F_i = \{f_{i,1}, f_{i,2}, \cdots, f_{i,k}\} \subset \{1, 2, \cdots, m\}$ 是第 i 个任务可能需要的处理器的数量的集合，$p_i: F_i \to \mathbb{R}^+$ 定义了一个函数，当 F_i 中的元素取 $f_{i,j}$ 时，$p_i(f_{i,j}) = p_{i,j}$ 为一个确定的处理时间。考虑到实际情况，本书假定，每个任务的处理时间与使用的处理器数量成反比，即 p_i 是一个反比例函数。如果每个任务的资源需求量是固定的，则相应的处理时间是唯一的，在不引起歧义的情况下，就简单记为 p_i。

于是每个任务 J_i 给定了一个三元组 $\{r_i, d_i, p_i\}$。r_i 表示到达时刻；d_i 表示要求完工的期限；函数 p_i 表示在某个资源数量下有一个对应的处理时间。

如果任务 J_i 已经安排好，它有一个开工时刻 t_i、分配的资源数量 $f_{i,j}$ 及相对应的处理时间 $p_{i,j}$ 以及完工时刻 c_i。于是每个工作的延误时间为 $c_i - d_i$。本书关心的是 $\max_{J_i \in T}(c_i - d_i)$，即延误最大者的延误时间，简称为最大延误时间。给定一个排序，最大延误时间就确定了。可以将最大延误时间最小的一个排序定义为最优排序。所以面临的问题是，如何安排每个工作的开始时间及资源使用量，使所有工作中最大延误时间最小。

为了数学处理上方便，对原始问题的目标函数作一个简单的变换，而不影响最优排序。只需在目标函数的表达式中加上一个常量，即 $K = \max_{i \in I} d_i$。令 $q_i = K - d_i$，于是新的目标函数变为 $\max_{J_i \in T}((c_i - d_i) + K) = \max_{J_i \in T}(c_i + q_i) = \max_{J_i \in T}(c_i + p_i + q_i)$，记 $L_i = t_i + p_i + q_i$。

这样，问题的模型表示如下：

$$\min \max_{J_i \in T} L_i = \min \max_{J_i \in T}(t_i + p_i + q_i) \tag{10-33}$$

s.t.

$$t_i \geqslant r_i, \quad i = 1, 2, \cdots, n \tag{10-34}$$

$$\sum_{i: t \in [t_i, t_i + p_i(f_i)]} f_i \leqslant m \tag{10-35}$$

$$t_i + p_{i,j} = c_i \tag{10-36}$$

$$f_i \in \mathbb{N}$$

$$t_i, r_i, p_i \in \mathbb{N}$$

式（10-33）是让目标函数最小；式（10-34）表示任何工作的开工时刻在到达时刻之后；式（10-35）表示任意时刻，正在处理的工作所消耗的资源总量不超过给定的总资源量 m；式（10-36）表示任何一个工作都是不可中断的。

引入参数 q_i，除了保证新的目标函数取值为正，还有另外的含义，就是它也可以表示优先权的高低。某个任务的参数 q_i 越大，要求完工的期限就越靠前，意味着任务越紧急。这正好说明此工作具有某种较大的优先权。

这类问题是 NP 难的，因为一维装箱问题是它的特例。这里令所有工作的处理时间为单位时间的整数倍。

10.3.2 算法设计

与资源约束下的调度问题研究密切相关的一个领域是，如果把加工工件时所用的资源作为一维，加工的时间作为一维，该类问题可以看成一个二维装箱问题，但是二者之间具有不同点，因为二维装箱中每个货物将占有一个固定的长方形面积，这相当于调度工作中把机器编上序号，每次只能用序号相邻的一段，如 $\{i, i+1, i+2, \cdots, j-1, j\}$。二维装箱问题比资源约束调度问题约束要强，因此二维装箱问题的解可以作为调度问题的一个界，由于二者之间的相似性，在算法设计上也可以借鉴二维装箱算法，算法如下。

（1）在当前到达的工作中，安排优先权最大的工作（如果相等，任选一个）。检查可用资源量，如果允许，按优先权的大小顺序依次安排剩余的未安排的工作，直到剩余资源不够。

（2）当有新工作到达或有工作完工时，转步骤（1），再次确定当前需要安排的工作。直到全部工作安排完毕。

10.3.3 与最优解的误差估计

本小节给出 10.3.2 小节算法得到的结果与最优解的误差。先给出一个引理，得到最优解的一个下界，然后再给出本书的主要结论。

引理 10-3 假定每一个工作使用的资源量是唯一的。$G(J) = \min_{i \in J} r_i + \left(\sum_{i \in J} f_i p_i \right) \Big/ m + \min_{i \in J} q_i$ 是目标函数的一个下界。

证明 设 $J_{i,1}, J_{i,2}, \cdots, J_{i,n}$ 是最优排序，L_k 是最优解，则 $L_k = t_{i,k} + p_{i,k} + q_{i,k} = \max_{j=1,2,\cdots,n} (t_{i,j} + p_{i,j} + q_{i,j}) = \max_{j=1,2,\cdots,n} L_j$。记 $J_{i,k'}$ 是最优排序中完工时刻最晚的工作，即 $c_{i,k'} = t_{i,k'} + p_{i,k'} = \max_{j=1,2,\cdots,n} (t_{i,j} + p_{i,j})$，那么有 $L_k = \max_{j=1,2,\cdots,n} L_j \geqslant L_{k'} = t_{i,k'} + p_{i,k'} + q_{i,k'} \geqslant \min r_i + T + q_{i,k'}$，其中，$T$ 满足 $mT = \sum_{i=1}^n f_i p_i$。于是，$L_k \geqslant \min r_i + \left(\sum_{i=1}^n f_i p_i \right) / m + \min q_i$。证毕。

定理 10-4 先考虑一种简单的情况。假设对每个 $i \in I$，有 $|F_i|=1$，即只有一种资源使用情况，用 f_i 和 p_i 表示相应的资源数量和处理时间。对这种情况使用 10.3.2 小节算法，令 L_1 表示 10.3.2 小节算法所得到的目标函数值。定义：

$$I(\alpha,\beta) = \{i \in I \mid r_i \geqslant \alpha \text{ 且 } q_i \geqslant \beta\}$$

$$G(\alpha,\beta) = G(I(\alpha,\beta))$$

设由算法得到的目标函数值为 $L_1 = \max_{i \in I}(t_i + p_i + q_i)$，令 i_0 表示达到该值的一个工件，即 $t_{i_0} + p_{i_0} + q_{i_0} = L_1$。令 $s(w)$ 表示从时刻 $w-1$ 到时刻 w 之间工作的资源数目，$f_{\max} = \max_{i \in I} f_i$。定义两个集合：

$$W = \{w \in \mathbb{N} \mid 0 < w \leqslant t_{i_0} \text{ 且 } s(w) < m - f_{\max}\}$$

$$J = \{j \in I \mid t_j < t_{i_0} \text{ 且 } q_j \leqslant q_{i_0}\}$$

W 表示至少有 $f_{\max}$ 个资源量空闲的时间区间。J 表示安排在工件 i_0 之前，但是优先权比工件 i_0 低的工件集合。当 $J \neq \varnothing$ 时，令 j_0 满足 $t_{j_0} = \max_{j \in J} t_j$，否则令 $t_{j_0} = 0$。如果 $W \neq \varnothing$，令 $w_0 = \max_{w \in W} w$，否则令 $w_0 = 0$。有如下的结论：L_1 和最优值 L^* 之间的差别为

$$L_1 - L^* \leqslant \frac{f_{\max}-1}{m}(t_{i_0} - \max\{w_0, t_{j_0}\}) + 2p_{\max} - 1$$

证明 根据 J 与 W 两个集合是否为空，分为四种情形来分别证明：$J = \varnothing$ 且 $W = \varnothing$；$W \neq \varnothing$ 且 $J = \varnothing$；$W = \varnothing$ 且 $J \neq \varnothing$；两者皆不为空。

（1）$J = \varnothing$ 且 $W = \varnothing$。令 Ω 为在 t_{i_0} 前开始处理的工作集合 $\Omega = \{w \in I \mid t_w < t_{i_0}\}$。由于 $W = \varnothing$，则在时间区间 $[0, t_{i_0}]$ 中任意时刻至少有 $m = f_{\max} + 1$ 资源被使用。因此：

$$\sum_{w \in \Omega} p_w f_w \geqslant (m - f_{\max} + 1) t_{i_0}$$

因为 $J = \varnothing$，Ω 中的每个工件都比 i_0 的优先权高，即 $q_w \geqslant q_{i_0}$。因此 $\Omega \subseteq I(0, q_{i_0})$，显然 $i_0 \subseteq I(0, q_{i_0})$，所以有下式成立：

$$L_2 = G(0, q_{i_0}) \geqslant \left(\sum_{w \in \Omega} f_w p_w + f_{i_0} p_{i_0}\right)/m + q_{i_0} \geqslant \frac{m - f_{\max} + 1}{m} t_{i_0} + f_{i_0} p_{i_0}/m + q_{i_0}$$

这样由 $L_1 = t_{i_0} + p_{i_0} + q_{i_0} \geqslant L^* \geqslant L_2$，可以得到：

$$L_1 - L_2 \leqslant \frac{f_{\max}-1}{m} t_{i_0} + \left(1 - \frac{f_{i_0}}{m}\right) p_{i_0} \leqslant \frac{f_{\max}-1}{m} t_{i_0} + 2p_{\max} - 1$$

第 10 章 航班延误应对决策辅助方法

（2）$W \neq \varnothing$ 且 $J = \varnothing$。令 Ω 为在时间区间 $[w_0, t_{i_0}]$ 开始处理的工作集合：$\Omega = \{w \in I \mid w_0 \leq t_w < t_{i_0}\}$。对于 $w \in \Omega$，有 $r_w \geq w_0$ 和 $q_w \geq q_{i_0}$。因为如果 $r_w < w_0$，则 w 的开始时刻过早。$q_w \geq q_{i_0}$ 是根据 J 的定义和 $w_0 > t_{j_0}$ 所得。因此 $\Omega \subseteq I(w_0, q_{i_0})$，显然 $i_0 \subseteq I(w_0, q_{i_0})$，所以有下式成立：

$$L_2 = G(w_0, q_{i_0}) \geq w_0 + \left(\sum_{w \in \Omega} f_w p_w\right)/m + f_{i_0} p_{i_0}/m + q_{i_0}$$

考虑在时间区间 $[w_0 - 1, w_0]$ 处理的工作 $H = \{h \in I \mid t_k < w_0 \leq t_k + p_k\}$，$H$ 中的工件在任意时刻使用的资源量不超过 $m - f_{\max}$，因此 $\sum_{k \in H} f_k \leq m - f_{\max}$。

在时间区间 $[w_0, t_{i_0}]$ 内处理的工件属于 $H \cup \Omega$，因此：

$$\sum_{h \in H} f_h(p_h - 1) + \sum_{w \in \Omega} f_w p_w \geq (m - f_{\max} + 1)(t_{i_0} - w_0)$$

移项，得

$$\left(\sum_{w \in \Omega} f_w p_w\right)/m \geq \frac{m - f_{\max} + 1}{m}(t_{i_0} - w_0) - \sum_{h \in H}(f_h p_h - 1)/m$$

组合两个不等式得到：

$$L_2 = G(w_0, q_{i_0}) \geq w_0 + \frac{m - f_{\max} + 1}{m}(t_{i_0} - w_0) + \sum_{h \in H} f_h(p_h - 1)/m + f_{i_0} p_{i_0}/m + q_{i_0}$$

这样由 $L_1 = t_{i_0} + p_{i_0} + q_{i_0} \geq L^* \geq L_2$，可以得到：

$$L_1 - L_2 \leq \frac{f_{\max} - 1}{m}(t_{i_0} - w_0) + \sum_{h \in H} f_h(p_h - 1)/m + \left(1 - \frac{f_{i_0}}{m}\right) p_{i_0} \leq \frac{f_{\max} - 1}{m}(t_{i_0} - w_0) + 2p_{\max} - 1$$

（3）$W = \varnothing$ 且 $J \neq \varnothing$。令 Ω 为在时间区间 $[t_{j_0}, t_{i_0}]$ 开始处理的工作集合：$\Omega = \{w \in I \mid t_{j_0} \leq t_w < t_{i_0}\}$。对于 $w \in \Omega$，有 $q_w \geq q_{i_0}$ 和 $r_w \geq t_{j_0}$。因为如果 $q_w \geq q_{i_0}$，根据 J 的定义有 $w \in J$ 和 $t_w > t_{j_0}$（和 j_0 的最大性矛盾）。如果 $r_w < t_{j_0}$，则由算法知 w 的开始时刻将比 j_0 早。因此 $\Omega \subseteq I(t_{j_0} + 1, q_{i_0})$，显然 $i_0 \subseteq I(t_{j_0}, q_{i_0})$，所以有下式成立：

$$L_2 = G(t_{j_0} + 1, q_{i_0}) \geq t_{j_0} + 1 + \left(\sum_{w \in \Omega} f_w p_w\right)/m + f_{i_0} p_{i_0}/m + q_{i_0}$$

令 H 为在时间区间 $[t_{j_0} - 1, t_{j_0}]$ 处理的工件集合，即 $H = \{h \in I \mid t_h < t_{j_0} \leq t_h + p_h\}$。在时间区间 $[t_{j_0} + 1, t_{i_0}]$ 内处理的工件属于 $H \cup \Omega$，并且在任意时刻使用的资源量至

少为 $m - f_{\max} + 1$，因此：

$$\sum_{h \in H} f_h(p_h - 1) + \sum_{w \in \Omega} f_w p_w \geq (m - f_{\max} + 1)(t_{i_0} - t_{j_0} - 1)$$

移项，得

$$\left(\sum_{w \in \Omega} f_w p_w\right) / m \geq \frac{m - f_{\max} + 1}{m}(t_{i_0} - t_{j_0} - 1) - \frac{\sum_{h \in H} f_h(p_h - 1)}{m}$$

由这两个不等式可以得到：

$$L_2 = G(t_{j_0} + 1, q_{i_0}) \geq (t_{j_0} + 1) + \frac{m - f_{\max} + 1}{m}(t_{i_0} - t_{j_0} - 1) + \frac{\sum_{h \in H} f_h(p_h - 1)}{m} + f_{i_0} p_{i_0} / m + q_{i_0}$$

这样由 $L_1 = t_{i_0} + p_{i_0} + q_{i_0} \geq L^* \geq L_2$，可以得到：

$$L_1 - L_2 \leq \frac{f_{\max} - 1}{m}(t_{i_0} - t_{j_0} - 1) + \sum_{h \in H} f_h(p_h - 1)/m + \left(1 - \frac{f_{i_0}}{m}\right)p_{i_0}$$

再由 $\sum_{h \in H} f_h \leq m$，得到所要的结论。

（4）J 与 W 皆不为空。当 $w_0 > t_{j_0}$ 时，证明同情形（2）；当 $w_0 \leq t_{j_0}$ 时，证明同情形（3）。证毕。

推论 10-2 对于 F_i 有多种元素的情况，令 $f_{\max\min} = \max_{i \in I}\{\min_{f_i \in F_i} f_i\}$，并且进一步假设对于每个 $i \in I$，有 $f_{ij} \times p_{ij} = f_{ik} \times p_{ik}, j \neq k$，则有下面的结论。

由算法得到的解 L_1 和最优值 L^* 之间的差别为

$$L_1 - L^* \leq \frac{f_{\max\min} - 1}{m}(t_{i_0} - \max\{w_0, t_{j_0}\}) + 2p_{\max} - 1$$

10.3.4 算例

已知某航空公司在某机场将有 4 架飞机降落，降落的时刻分别在 0min、1min、3min、4min 后。这些飞机降落后需要完成地面作业后才能起飞，而每架飞机分别需要 2、1、3、2 名工作人员，作业时间分别为 4min、2min、6min、5min，每架飞机的计划起飞时刻分别在 8min、12min、11min、10min 后。航空公司希望延误最大的那架飞机的延误时间尽量少些。管理者面临的问题是如何安排每架飞机的开工时刻。

下面用排序问题的术语重新描述这个问题。$n=4$，$m=4$，即有 4 个工作，资源总量为 4。每个工作的情况如表 10-14 所示。

表 10-14 4 个工作的情况

J_i	r_i	f_i	p_i	d_i
J_1	0	2	4	8
J_2	1	1	2	12
J_3	3	3	6	11
J_4	4	2	5	10

求：最优排序，使最多延误的工作延误最少。

解：采用上述算法，先计算各工作的优先权：

$$q_1 = 12 - 8 = 4$$
$$q_2 = 12 - 12 = 0$$
$$q_3 = 12 - 11 = 1$$
$$q_4 = 12 - 10 = 2$$

$t=0$ 时，J_1 到达，令 $t_1=0$；$t=1$ 时，J_2 到达，此时资源量可用，令 $t_2=1$；$t=3$ 时，J_2 完工，恰好 J_3 同时到达，但此时资源量不够，所以 J_3 只好等待；$t=4$ 时，J_1 完工，同时 J_4 到达。因为 J_4 比 J_3 优先权高，所以先安排 J_4，令 $t_4=4$；$t=9$ 时，J_4 完工，安排 J_3，令 $t_3=9$。结果如图 10-2 所示。

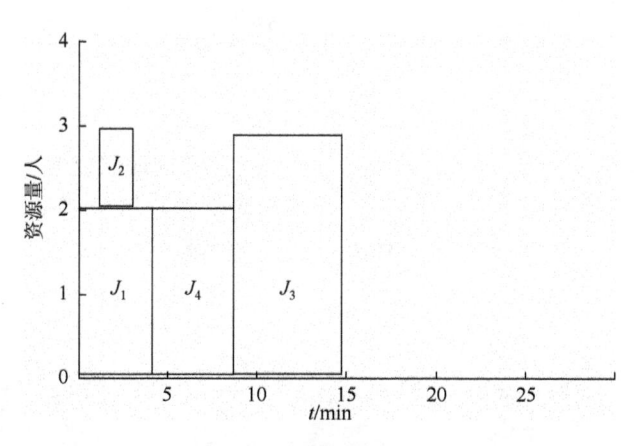

图 10-2 运算结果（一）

在这种安排下，各工作的完工时间如下：

$$C_1 = 4$$
$$C_2 = 1 + 2 = 3$$
$$C_4 = 4 + 5 = 9$$
$$C_3 = 9 + 6 = 15$$

相应的延误时间分别为-4、-9、-1、4。最大延误时间为 4。

下面按照到达顺序来安排工作,然后与上述结果进行比较。按到达顺序对所有工作进行排序,如图 10-3 所示。

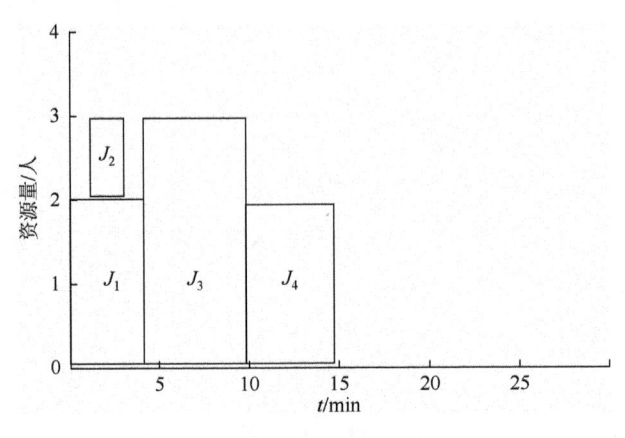

图 10-3 运算结果(二)

各工作的完工时间如下:

$$C_1=0+4=4$$

$$C_2=1+2=3$$

$$C_3=4+6=10$$

$$C_4=10+5=15$$

相应的延误时间分别为-4、-9、-1、5。最大的延误时间为 5。

可以看出,运用算法得到的结果优于根据到达顺序给出的排序。

通过穷举法,可以得到 6 个最优解,对应的最优值为 16。

根据定理 10-4,可以计算利用上述启发式算法得到的目标值与最优值的误差范围:

$$\frac{f_{\max}-1}{m}(t_{i_0}-\max\{w_0,t_{j_0}\})+2p_{\max}-1=\frac{3-1}{4}(9-1)+2\times 6-1=15$$

10.3.5 小结

当发生航班延误时,地面作业效率对后续航班延误的影响是非常大的,本小节提出了一个资源量与开工时刻双重限制下的排序模型,此模型的目标函数是最大的延误时间,最小化最大的延误时间可以避免某些航班出现严重的延误。由于此排序模型为 NP 难问题,所以本小节给出了一个多项式的近似算法,这个算法的基本思想是基于优先权的顺序原则,通过估计目标函数的一个下界,给出此算法得到的近似解与最优解之间的误差范围。面对任何一个实际问题,既可以利用给出的近似算法得到一个较为满意的解,也可以利用它与最优解的误差范围来比较另外的近似算法。

参 考 文 献

[1] 龚涛,刘山,何永明.民航过站飞机的地面作业调度算法研究[J].中国民航学院学报,2002,7:15-16.
[2] 孙宏,李勇.应用网络计划技术优化飞机地面过站作业流程[J].交通运输工程与信息学报,2004,1:45-49.
[3] 邢建民,刘绍华,樊玮,等.基于多Agent的飞机地面作业系统设计[J].中国民航学院学报,2006,3:24-27.
[4] 郑洁,高剑明.机场地面作业调度问题研究[J].河北北方学院学报(自然科学版),2008,6:60-62.
[5] 解天荣.基于延误成本的进港航班调度优化研究[D].北京:北京交通大学,2009.
[6] Carlier J. Scheduling jobs with release dates and tails on identical machines to minimize the makespan[J]. European Journal of Operation Research,1987,29:298-305.
[7] Baker K R,Su Z S. Sequencing with due dates and early start times to minimize tardiness[J]. Naval Research Logistics Quarterly,1974,21:171-176.
[8] Grabowski J,Skubalska E,Smutnicki C. On flow-shop with release and due dates to minimize maximum lateness[J]. Journal of the Operational Research Society,1983,34:615-620.
[9] McMahon G B,Florian M. On scheduling with ready times and due dates to minimize maximum lateness[J]. Operation Research,1975,23:475-482.
[10] Potts P T. Analysis of a heuristic for one machine with release dates and delivery times[J]. Operation Research,1980,28:1436-1441.
[11] Carlier J. The one-machine sequencing problem[J]. European Journal of Operation Research. 1982,11:42-47.
[12] Drozdowski M. Scheduling multiprocessor tasks: An overview[J]. European Journal of Operation Research,1996,94:215-230.
[13] Kurtulus M. Multiprocessor task scheduling[EB/OL]. http: //citeseer.ist.psu.edu/viewdoc/summary?doi=10.1.1.27.5437&rank=1[2008-6-1].
[14] Li K Q. Analysis of an approximation algorithm for scheduling independent parallel tasks[J]. Discrete Mathematics and Theoretical Computer Science,1999,3:155-166.
[15] Schutten J M J,Leussink R A M. Parallel machine scheduling with release dates,due dates and family setup times[J]. International Journal of Production Economics,1996,46:119-126.
[16] Mingozzi A,Maniezzo V,Ricciardelli S,et al. An exact algorithm for the resource-constrained project scheduling problem based on a new mathematical formulation[J]. Management Science,1998,44:714-729.
[17] Carruthers J A,Battersby A. Advances in critical path methods[J]. Journal of the Operational Research Society,1966,17:359-380.
[18] Demeulemeester E,Herroelen W. A branch-and-bound procedure for the multiple resource-constrained project scheduling problem[J]. Management Science,1992,38:1803-1818.
[19] Kochetov Y,Stolyar A. Evolutionary local search with variable neighborhood for the resource constrained project scheduling problem[C]. Proceeding of the 3rd International Workshop of Computer Science and Information Technologies,2003:1-4.

[20] Zhang H, Li X D, Li H, et al. Particle swarm optimization-based schemes for resource-constrained project scheduling[J]. Automation in Construction, 2005, 14: 393-404.

[21] Mobini M, Rabbani M, Amalnik M S, et al. Using an enhanced scatter search algorithm for a resource-constrained project scheduling problem[J]. Soft Computer, 2009, 13: 597-610.

[22] Debels D, Reyck B D, Leus R, et al. A hybrid scatter search/electromagnetism meta-heuristic for project scheduling[J]. European Journal of Operation Research, 2006, 169: 638-653.

[23] Alcaraz J, Maroto C, Ruiz R. Improving the performance of genetic algorithms for the RCPS problem[C]. Proceedings of the Ninth International Workshop on Project Management and Scheduling, 2004: 40-43.

[24] Mobini M, Mobini Z, Rabbani M. An artificial immune algorithm for the project scheduling problem under resource constraints[J]. Applied Soft Computing, 2011, 11: 1975-1982.

[25] Beaumont O, Marchal L. A normal form for scheduling work preserving malleable tasks and its applications[J]. Cuban Journal of Agricultural Science, 2012, 46: 1-12.

第 11 章　航空公司应急管理信息系统

应急管理信息系统是应急管理工作的重要电子平台，可以提高应急管理的信息采集、信息传输、信息存储等工作效率，开展对信息和数据的深入应用，提供决策辅助支持，提高应急指挥的效率。本章介绍应急管理信息系统的主要功能，对应急演练支持子系统进行相对详细的介绍。

11.1　系统概述

系统定位是航空公司突发事件应急管理的业务支撑平台。从定位出发，应急管理信息系统的功能设计要满足应急准备工作和应急响应工作的需求，同时，作为航空公司的应急管理信息系统，功能要覆盖各类型事件对应急管理的功能需求，不但要体现航班安全类的应急管理全流程，还要支撑大面积航班延误下的航班计划管理的特殊要求。

应急管理信息系统要处理好与其他生产管理信息系统之间的关系。应急管理信息系统只从生产系统中获得信息，而不直接返还信息给生产系统。例如，大面积航班延误子系统从地面服务系统、航班运行系统等获得航班延误信息，统计分析航班延误状态，制订航班计划调整方案，但是，计划调整方案并不直接干预航班运行系统（system operations center，SOC），而是由应急指挥认可后，再在 SOC 中进行调整，并非由应急管理系统直接下发航班调整方案。

系统的主要功能包括信息管理、指挥处置、演练与评估，以及大面积延误处置四项，将分别在 11.2 节和 11.3 节具体介绍。

11.2　主　要　功　能

如图 11-1 所示，航空公司应急管理信息系统的主要功能包括四大部分，分别是信息管理、指挥处置、演练与评估、大面积延误处置，其中信息管理和演练与评估主要面向的是平时的应急准备阶段，指挥处置和大面积延误处置主要面向应急状态。

1）信息管理子系统

信息管理子系统的主要功能是对应急管理相关信息，包括应急手册、应急人员、应急设备设施和应急案例等信息，加以采集、传输、存储、查询、编辑、展示等。

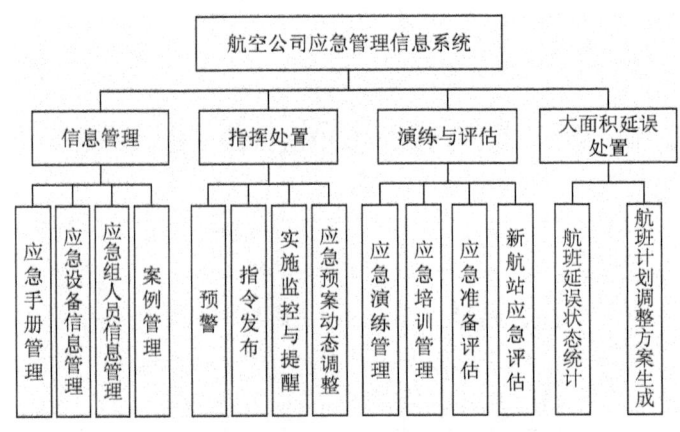

图 11-1　航空公司应急管理信息系统功能框架

应急手册管理功能包括公司应急手册上传、审核、发布、查询、展示等，支撑应急手册的修订、审核、发布、检索等工作。

应急设备信息管理功能包括各种应急设备的状态信息、技术信息等，对相关信息进行统计。

应急组人员信息管理功能包括对公司各应急组成员的相关信息的管理，如姓名、应急岗位、专业、日常职务、电话、日常工作地点等。

案例管理功能包括对航空公司突发事件应急处置的案例进行编辑、查询、展示等。

2）指挥处置子系统

指挥处置子系统面向应急指挥组，提供应急指挥过程中对信息的收集与展示、应急预案展示、应急处置过程的监控、预警和指令发布等功能。

预警功能就是在监控信息的分析基础上，判断预警级别，发布预警信息。

实施监控与提醒功能主要是对应急过程进行实时监控，对应急处置检查单中的未执行工作进行提醒和督办。

应急预案动态调整是面向应急指挥，基于监控信息，提供预案的动态调整方案。

3）演练与评估子系统

演练与评估子系统实现应急演练管理、培训管理以及相关的应急评估功能。

应急演练管理实现对应急演练的计划制订、实施、后评估等过程管理，同时提供应急演练实施过程的技术支撑。演练是应急准备阶段非常重要的工作内容，起到检验预案、锻炼队伍的重要作用，开发演练子系统，可以更好地支撑演练工作，达到降低演练成本、提高演练效率的目的，该功能将在 11.3 节详细介绍。

应急培训管理功能包括对培训计划制订、实施、成绩管理等功能，并实现学员对手册、案例等的自学功能。

应急评估包括对新开航站的应急评估管理，以及对各个分公司、部门的应急准备评估工作管理的功能，包括评估计划、评估记录、评估结论管理等。

4）大面积延误处置子系统

大面积延误处置子系统是航空公司应急管理信息系统的特色功能，主要包括航班延误状态统计和航班计划调整方案生成两大功能。

航班延误状态统计功能包括航班延误量和时间的统计、延误旅客数和延误时间的统计，以及分航线、分航站的延误状态统计。

航班计划调整方案生成功能就是对现有的航班计划进行调整，生成一个新的航班计划。

11.3 演练子系统

11.3.1 设计思想

演练子系统就是将编制完成的应急预案在计算机模拟技术的帮助下实现应急处置过程的推演，使预案中的每一个岗位上的人员在预先设定的情景下，按照预案的要求参与到应急处置过程中，从而在最小的成本下获得应急管理经验，并且从整体上实现对预案可操作性、时效性等方面的评估。

演练子系统的设计有两个原则：一是基于航空公司的应急手册，因为应急处置过程必须遵守手册，准确地讲就是应急响应程序；二是基于实现演练参与者与模拟情景之间的动态交互功能。

11.3.2 演练子系统功能框架

子系统采用角色和流程相结合的方式进行设计。执行应急响应程序是落实到岗位的，每个参与演练的人员都相当于在演练中扮演某一个岗位的角色，这些角色统称为学员机。而预案的执行者之外，必须有人来对学员机出题（动态给出事故情景），监控演练流程，并且对演练效果进行评估，因此设计了教师机的角色。

按照演练角色分工的不同，演练子系统的功能也分为针对教师和学员的功能，分别在教师机和学员机上实现（表 11-1）。

表 11-1 角色与功能需求

角色	教师机	学员机
功能需求	1. 情景生成与推演 2. 单元评估 3. 总评 4. 演练进展监控	1. 学员制定应对措施录入 2. 演练进展监控

教师机作为演练活动的出题方，需要给出应急演练的初始情景，能够监控整个演练的进展情况，并根据这个进程给出下一步的情景演变；同时，有一套对方案执行优劣的评价体系，据此对各终端的演练情况进行评估。教师机主要包含四大功能：情景生成与推演功能、单元评估功能、总评功能和演练进展监控功能。

学员机是若干终端的集合，是演练的操作方。扮演上级指挥者的终端，需要根据教师机给出的初始情景和情景推演结果制定恰当的应对措施，同时能够监控下属终端的演练进程，发出指令。学员机包含两大功能：学员制定应对措施录入功能、演练进展监控功能。

除此之外，演练平台需要对用户进行管理，对后台数据进行存储管理和维护，以及完成一些查询和统计功能。

基于以上分析，演练子系统的功能框架包括核心业务功能和其他业务功能。其中教师机功能包括情景生成与推演、针对应急方案的单元评估与总评、对演练全局的进展监控功能；学员机功能包括应对措施录入和权限范围内的进展监控功能。其他业务功能是为了支持核心业务功能而设计的，包括查询统计、资源存储与数据交换、用户管理与系统维护等功能，如图 11-2 所示。

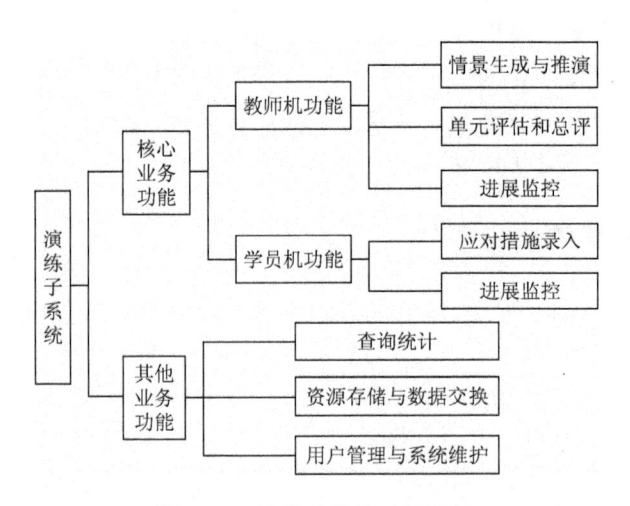

图 11-2　演练子系统功能框架

核心业务功能不是独立存在的，它们之间具有逻辑关系。分析演练流程能够得到如图 11-3 所示的核心功能之间的逻辑关系。

从图 11-3 中可以看出，教师机功能与学员机功能是通过后台的推演引擎和评估引擎连接在一起的。所有学员机都有一个与后台系统交流的界面，每个界面拥有不同的功能和权限。演练开始时，教师机模拟突发事件给出初始化的情景，并

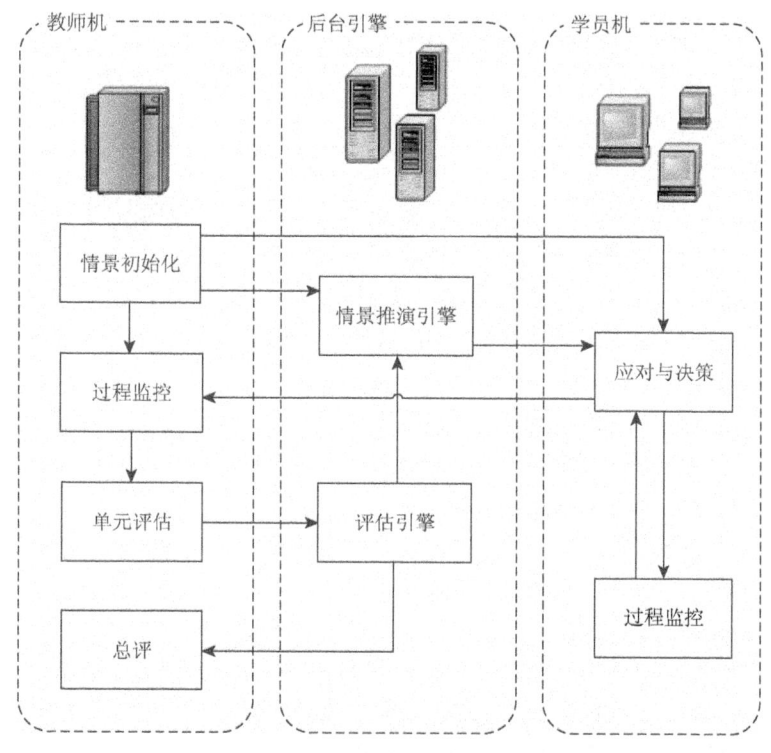

图 11-3　演练平台泳道图

启动后台推演引擎。学员机根据教师机提供的应急演练情景进行决策，并采取相应的处置行动。学员机的行为都被监控并记录在后台数据库中，教师机可以实时对其进行评估。推演引擎在综合了评估结果后，给出下一阶段的情景描述。在演练完成后，教师机对演练效果进行总体评估，并给出改进建议。

下面对核心业务功能分别进行阐述。

1. 教师机功能

教师机主要包含四大功能：情景生成与推演功能、演练进展监控功能、单元评估功能、总评功能。

1）情景生成与推演功能

应急演练的前提是有初始情景的假定，即后续应急处置都必须在这个初始假定情景下开展工作，因此应急演练平台必须要有一个初始情景生成功能。公司启动相应的应急程序后，整个事件会随着应急预案的干预而发展变化，因而还必须根据阶段方案实施评估效果给出事件下一阶段可能发生的情景。

初始情景生成功能需要给出事故发生的时间、地点和故障信息、资源、人员状态等。这是通过对情景库中情景要素值的不同组合得到的。这个组合需符合情景描述的规则，使情景描述能够合理地模拟真实突发事件。情景推演功能则是教师机根据学员机的应急处置效果评估给出下一阶段可能发生的情景。关于情景推演具体模型算法见第4章内容。

2）演练进展监控功能

教师机需要掌控整个应急演练的进展情况。因此从教师机发出初始情景信息到演练结束，所有终端之间的信息流都要反映到教师机上。具体表现形式如下。

（1）预案进度监控。预案进度监控是对整体预案的显示（预案流程的大屏幕显示）和动态跟踪。每收到一个动作信息则对已执行、正在执行的节点用不同的颜色加以区别显示。

（2）操作与方位监控。监控学员机的虚拟方位，或是通过机场现有的视频捕获设备来获得各个角色演练进展情况的画面。通过此功能教师机能够即时了解到各学员机角色在何处、去哪里和做什么。

（3）资源监控。资源监控是监控各角色的资源配置方案，并可以对应急资源的初始状况进行设定。

3）单元评估功能

演练评估是教师机对演练者在应急处置过程中完成任务的效果进行评估。其中针对单元应急程序的评估称为单元评估。单元应急程序是指应急处置中为满足某个特定处置目标而具有特定功能的应急子程序，如起落架放不下应急预案中机务专家进场程序等。每个子程序对应情景推演的一个阶段，子程序完成后需根据评估结果给出下一阶段可能发生的情景。

在给定突发事件、选择了预案之后，应急演练所要考察的是这样一个过程：应急人员是否能及时完成预案和检查单中的步骤（最典型的例子是通知和集结），是否能够保障信息流畅通，是否能够根据现场情况作出合适的决策（包括人员的选择和资源的调配等）。评估考察的是应急处置中的各级指挥者，而对于最底层的操作不予评估。

4）总评功能

总评是对整个应急演练的最后结果进行评估，是事后评估，主要包括两个方面的内容：对演练整体完成情况的评估和对预案的评估。

对演练整体完成情况的评估是基于单元评估的结果，对整个演练过程中各角色的总体表现给予的综合评价。它的评估指标包括演练结果，信息流是否准确、完整和通畅，各学员机制订的应对方案是否恰当，以及各部门协调配合程度。

对预案的评估是专家根据演练结果对预案可行性、有效性以及对资源布局的评估。

2. 学员机功能

学员机包含两大功能：应对措施录入功能和演练进展监控功能。

1) 应对措施录入功能

应对过程的录入就是根据应急手册,在掌握信息的基础上,根据指令或自己需要采取的措施录入相应的应对信息,例如,值班人员要录入通知了哪位排故专家等。系统会自动记录并上传信息给教师机和应急指挥岗位的学员机。

学员机采取应对措施需要三个渠道的信息:教师机提供的情景描述;应急手册和检查单;资源库中对应的资源信息。学员机只能从后台数据库中查询与自己权限相对应的信息。

2) 演练进展监控功能

各级指挥者均能监控下属学员机的演练进展情况,主要包括如下四个功能:本部门进度监控、本部门人员操作与方位监控、部门间协作监控、资源监控。

演练子系统与指挥处置子系统在事态判断、指令发布等功能上有重合,其主要区别是在事件信息上,演练子系统使用了人为设定的情景信息,而不是应急指挥处置子系统调用的真实事件信息。但是,演练子系统中的情景推演功能则可以帮助指挥者在应急处置过程中作出预判。因此,平时做好演练工作,并开发一些决策辅助模块用于演练,并加以不断修正完善,对将来的应急指挥很有意义。

11.4 本章小结

本章介绍了航空公司突发事件应急管理信息系统的主要功能,并相对详细地介绍了演练子系统的功能。应急管理信息系统的开发和建设完成仅仅是个开始,建立相应的针对应急管理信息系统的维护制度十分重要,维护包括信息维护制度、设备维护制度、使用管理制度等,坚持平战结合原则,加强应急准备工作,在日常工作中不断使用该系统,才能够使应急管理信息系统具有生命力。